BARBARA NOACK
Jennys Geschichte

ROMAN

BASTEI LÜBBE TASCHENBUCH
Band 14610

1. Auflage: September 2001

Vollständige Taschenbuchausgabe

Bastei Lübbe Taschenbücher ist ein Imprint
der Verlagsgruppe Lübbe

© 1999 by Langen Müller in der
F. A. Herbig Verlagsbuchhandlung GmbH, München
Lizenzausgabe: Verlagsgruppe Lübbe GmbH & Co. KG,
Bergisch Gladbach
Umschlaggestaltung: Wolfgang Heinzel
Titelfoto: © Photo-Cover: Buchverlage Langen Müller Herbig
»23-jährige Jenny«
Satz: hanseatenSatz-bremen, Bremen
Druck und Verarbeitung: Elsnerdruck, Berlin
Printed in Germany
ISBN 3-404-14610-7

Sie finden uns im Internet unter
http://www.luebbe.de

Inhalt

Stammbaum
von Jennys Familie

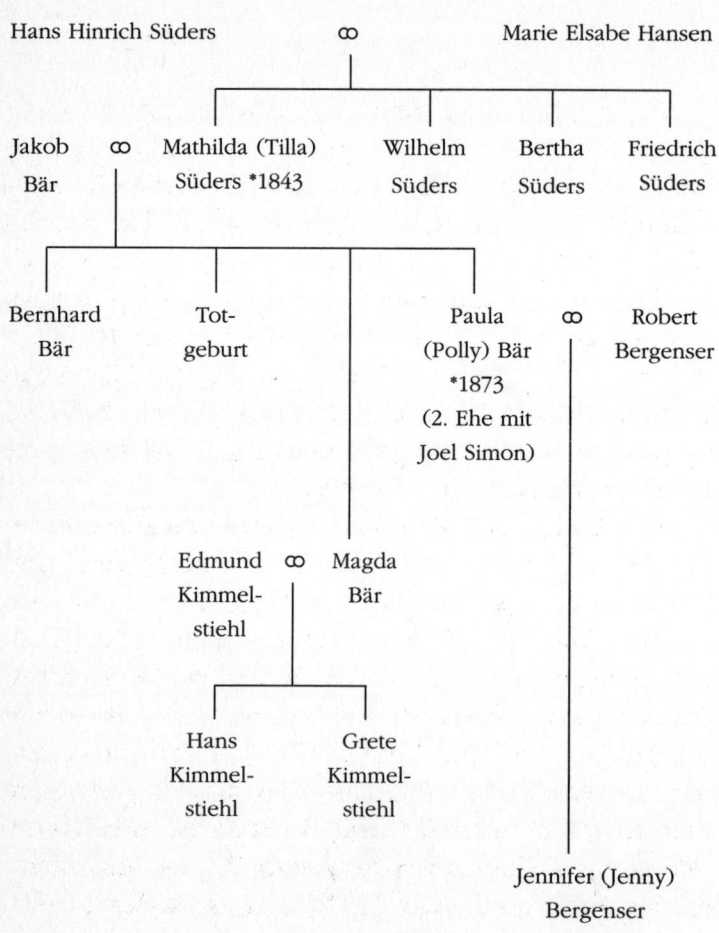

Hans Hinrich Süders ∞ Marie Elsabe Hansen

Jakob ∞ Mathilda (Tilla) — Wilhelm — Bertha — Friedrich
Bär — Süders *1843 — Süders — Süders — Süders

Bernhard — Tot- — Paula ∞ Robert
Bär — geburt — (Polly) Bär — Bergenser
*1873
(2. Ehe mit
Joel Simon)

Edmund ∞ Magda
Kimmel- Bär
stiehl

Hans — Grete
Kimmel- Kimmel-
stiehl stiehl

Jennifer (Jenny)
Bergenser
*1892

Jahrhundertwende

Mathilda Bär, Jennys Großmutter, gehörte zu den ersten Mietern in dem pompösen Neubau am Kurfürstendamm gegenüber der Kaiser-Wilhelm-Gedächtniskirche. Von ihrer geräumigen Wohnung im zweiten Stock aus konnte sie das Vorfahren der Kutschen bei Hochzeiten und Trauerfeiern beobachten – und einmal hatte sie auch den Kaiser hineingehen sehen. Ihr Fernglas lag auf dem Fensterbrett immer parat. Manchmal wehten Orgelfetzen durch die kurz geöffnete Kirchentür, und wenn der Straßenlärm nachließ, hörte sie das Brüllen der Löwen im nahen Zoo.

Jedes Jahr, wenn Mathildas Tochter Paula Bergenser mit ihrem Mann Robert und ihrer Tochter Jenny samt Kinderfräulein aus Hamburg zu Besuch kam – aus der Provinz, wie die Berliner abfällig sagten –, hatte sich das Häuserspalier zu beiden Seiten des Kurfürstendamms Richtung Halensee verlängert. Die Bauweise entsprach ganz dem Prunkgeschmack der gut verdienenden Großbürger: Die Fassaden wurden mit strammen Karyatiden, Säulen und Balustraden, die Dächer mit Kuppeln oder Türmchen bestückt, ein unbekümmertes Stilgemisch, welches das Gesicht des Kurfürstendamms prägte.

Seit der Reichsgründung hatte sich Berlin, die

Hauptstadt des Kaiserreiches, innerhalb weniger Jahrzehnte zur modernsten Industriestadt Europas mit fast zwei Millionen Einwohnern entwickelt. Die Stadt schluckte nach und nach das gesamte Umland: Äcker, Wiesen, ganze Dörfer. Für die vielen Arbeit suchenden Zuwanderer – meist Polen und Schlesier – und für das ansässige Proletariat wurden fünfstöckige Mietskasernen aus dem Boden gestampft, mit mehreren Innenhöfen hintereinander, die nie ein Sonnenstrahl erwärmte. Sie stellten ideale Brutstätten für Tuberkulose dar; »Motten in der Lunge« sagten die Berliner dazu. Die Armut war vor allem im Osten und Norden der Stadt angesiedelt. Die Gewinner des allgemeinen Aufschwungs zog es in den Westen. Alles war hier neu, die Reichen, die Häuser, in denen sie wohnten, der Protz. Selbst die Kaiser-Wilhelm-Gedächtniskirche gegenüber von Madame Bärs Wohnung war erst vor fünf Jahren erbaut worden.

Bergensers kamen zu Weihnachten, das war Tradition, und blieben bis zum zweiten Januar. Dieses Mal sahen sie dem letzten Tag des Jahres nicht ohne Lampenfieber entgegen, denn in der Silvesternacht begann ein neues Jahrhundert: das zwanzigste.

Jenny sollte an diesem Abend früh zu Bett gehen, damit sie um Mitternacht ausgeschlafen war. Selbstverständlich wurde sie von Fräulein Amanda bewacht, die Tag und Nacht um sie war, solange sie denken konnte, blaß und temperamentlos wie Milchsuppe, immer gleichmäßig sanft und geduldig. Es war so bequem mit ihr, sie nahm Jenny jede Bemühung ab mit der Bemerkung: »Das mach ich schon, mein Liebling, du kannst das ja doch nicht.« Dieser Satz sollte lange noch jede Eigeninitiative des Kindes verhindern.

Gegen sieben Uhr rauschte Madame Bärs älteste Tochter Magda mit ihrem Mann Edmund Kimmelstiehl in beeindruckender Gala in die Diele, um Robert und Paula Bergenser zum Theater abzuholen. Unter einem Cape aus imitiertem Breitschwanz schleppte Plissiertes hinter Magda her. Edmund, ihr Gatte, Kaiser Wilhelm II. verblüffend ähnlich, trug einen Pelerinenmantel genau wie S. M., wenn in Zivil, dazu einen Zylinder. Ihre Kinder hatten sie zu Haus beim Personal gelassen.

Tilla Bär betrachtete mißbilligend ihren Schwiegersohn: »Schneidig, schneidig, lieber Edmund, aber wenn ich dir raten darf, dann laß den Hut hier, du weißt, in der Silvesternacht ...«

»Mir passiert schon nichts«, unterbrach er sie. Ein Kimmelstiehl ließ sich von Schwiegermutter nur ungern Ratschläge geben. Bornierter Pinkel, dachte Tilla hinter ihm her.

Dann waren sie fort, auf dem Weg zum Apollotheater, und in der großen Wohnung wurde es still, bis auf das Knacken des Parketts und feines Gläserklingen aus dem Salon, wo Ida den Tisch für das Nachtmahl deckte.

Tilla Bär hatte eine Einladung vom Verein der Künstlerinnen mit der Begründung abgelehnt, verkühlt zu sein. Aber es war wohl mehr ihr Wunsch, die Abendstunden vor der Jahrhundertwende besinnlich zu Hause zu verbringen.

Im Journal hatte sie die Prognosen für das 20. Jahrhundert gelesen. Für Deutschland wurde Weltgeltung vorhergesagt. Zunehmende Motorisierung. Ein Sieg der Sozialdemokraten. Das hätte Bismarck ja nun gar nicht geschmeckt. Er war der neuen Zeit und Technik nicht mehr gewachsen gewesen. Hatte er selber einmal gesagt: »Berlin ist mir über den Kopf gewachsen.«

Als Tilla das Fremdenzimmer betrat, probierte Jenny gerade ihre neuen Buntstifte aus, während Fräulein Amanda ein Puppenkleid umsäumte. »Ich bring sie sofort ins Bett, gnä' Frau«, versicherte Fräulein.

»Was malst du denn da?« fragte Tilla interessiert.

»Ach, das neue Jahrhundert.« Jenny hielt der Großmutter das Zeichenblatt hin. Da war eine Häuserreihe zu sehen, dahinter ein rot gestrichelter Himmel mit Kreisen und Pfeilen. Und eine Mondsichel.

»Kind, das sieht ja aus, als ob die Häuser brennen.«

»Nein, das ist doch bloß das Feuerwerk. Freust du dich auf 1900?«

»Ich weiß nicht«, sagte Tilla, »mir ist immer ein bißchen bange, wenn ein Jahr zu Ende geht. Dabei ist es im Grunde nicht mehr als ein Datumswechsel. Aber wenn sich gleich ein ganzes Jahrhundert verabschiedet! Plötzlich möchte man es festhalten, weil es ein so gutes für uns war.«

»Erzähl mir von deinem Jahrhundert, Großmama«, bat Jenny, um das Ins-Bett-Gehen hinauszuzögern. »Wo warst du als Kind?«

Tilla Bär gab die Geschichte zum besten, die sie zu erzählen pflegte, wenn sie in Berlin nach ihrer Herkunft gefragt wurde.

»Als ich so alt war wie du, habe ich in Kiel gewohnt«,

sagte sie. »Im schönen Giebelhaus meines Großvaters am Markt.

Mein Vater war ein Freiheitsheld. Als sein Aufstand mißlang, mußte er fliehen, um nicht eingesperrt zu werden. Er floh übers Meer. Kurz vor Amerika versank das Auswandererschiff in einem fürchterlichen Sturm mit Mann und Maus und meinem Vater. Wir haben nie mehr von ihm gehört.«

Jenny war beeindruckt. Wer hatte schon einen ertrunkenen Helden zum Großvater!

Vielleicht würde Tilla ihr später einmal die wahre, trostlose Geschichte ihrer Jugend erzählen, als sie zu den Allerärmsten der Armen gehörte, herumgestoßen und von der Stiefmutter als Magd ausgebeutet. Tilla verdrängte ihre Jugenderinnerungen. Sie wollte an nichts Bedrückendes mehr erinnert werden. Sie mied den Geruch der Armut. Um ihr Gewissen zu beruhigen, spendete sie lieber auf Wohltätigkeitsfesten, auf denen es nach schwerem Moschusparfum und kalten Buffets duftete.

»Aber nun muß unser Liebling ganz schnell ins Bett«, mahnte Fräulein, worauf Tilla die beiden allein ließ, in ihr Schlafzimmer ging und nach ihrer Wirtschafterin läutete.

Sie verlangte einen gut gekühlten Niersteiner. »Bring dir auch ein Glas mit, Ida, aber leg vorher noch meine grüne Gesellschaftstoilette heraus, heute ist schließlich eine besondere Nacht.«

Während sie sich umkleidete, schaute sie kritisch in den freistehenden Spiegel. Ihr Haar war frühzeitig weiß geworden, mit einem leichten Gilb wie bei einem alten Hermelinfell. Das Gesicht wirkte wie gemeißelt und zeigte keine Spur von Altersschlaffheit: fein aufgeräumte Fältchen um Augen und Oberlippe, eine schmale, gerade Nase, wachsame Blicke aus aquamarinblauen Augen, ein energisches Kinn, das sie ihrer Tochter Paula vererbt hatte. Ihr einziger Schmuck waren schwere, die Ohrläppchen herabziehende Brillantboutons.

Ida half ihr beim Zuhaken der grünen Robe.

»Knüter nicht so rum«, schimpfte Tilla.

»Ohne Brille jeht das nich schneller, gnä' Frau.«

»Dann hol den Wein. Ich komm schon allein zurecht.«

Ida trank ihr Glas – »Ich bin so frei.« – in einem einzigen geübten Zug aus.

Madame Bär war schwierig und nicht immer gerecht, aber im Laufe von 15 gemeinsamen Jahren hatte Ida das Schicksal Tilla Bärs und ihrer Familie gleichsam als ihr eigenes annektiert. Sie war Ende Fünfzig, genau wie Madame, und mit ihrer Stellung zufrieden, weil sie ihr ein Leben frei von Existenzängsten bot. Eine knausrige, ungeduldige Gnädige in einer gutgeheizten Siebeneinhalb-Zimmer-Wohnung am neuen Kurfürstendamm war weitaus einfacher zu ertragen als ein grober Kerl, der ihr in einer Hinterhofbleibe ein Gör nach dem anderen gemacht hätte und seinen Wochenlohn versoff. Aber daß Madame ihre Weinvorräte seit kurzem in drahtigen Gefängnissen mit starken Schlössern einzubuchten pflegte, das nahm sie ihr übel.

»Na schön«, sagte Tilla Bär, die ihre Gedanken erriet, »schenk dir noch ein Glas ein.«

Nach dem Genuß desselben fing Ida an zu philosophieren: »Jedet Jahrhundert hat sein Schicksal, und jedet Land und jede Stadt hat ooch seins – und wir sowieso.«

»Ja und?« fragte Tilla ungeduldig, weil danach nichts mehr kam.

»Jetzt hab ick den Faden verloren«, bedauerte Ida, dann fiel ihr wieder ein, was sie sagen wollte. »Nehm Se bloß mal det Schicksal von Preußen in dieset Jahrhundert. Anfangs wurden die Pißpötte noch auf die Straße jekippt, und nu ham wa Spülklosetts. Der Fortschritt is nich aufzuhalten und wird immer technischer. Aba«, ihr Zeigefinger stieß warnend in die Höhe, »im nächsten Jahrhundert jibt's 'nen Bruch. Da hat Frau Matzke bloß noch Scherben jesehn und Blut und Zerstörung. Danach fangen die Menschen wieder mit 'nem Plumpsklo an. Und det soll'n se allet 'nem neuen Messias zu verdanken haben.«

»So ein Blödsinn.« Tilla wurde wütend angesichts von so viel Spökenkiekerei. »Wer ist überhaupt Frau Matzke?«

»Eine Wahrsagerin.«

Tilla sah ihre Wirtschafterin amüsiert an. »Sag bloß, sie hat dir auch noch einen Bräutigam versprochen.«

»Ach, gnä' Frau, det is vorbei. Wat krieg ick denn noch in mein Alter!? Bloß det olle Kroppzeug, det keena mehr will. Neeneenee, ick bin doch nich hier –!« Sie tippte gegen ihre Stirn. »Ick war bei Frau Matzke wegen meine Warzen. Die sagt nich bloß wahr, die kann ooch besprechen.« Ida streckte Tilla Bär ihre Hände hin. »Da, sehn Se, alle wech.«

»Ja, wirklich.« Tilla war beeindruckt.

Ida drehte an ihrem leeren Glas, weil aber die Gnädige diesen Wink nicht verstehen wollte, stand sie schließlich auf. »Ick muß jetzt in meine Küche; sonst werd ick bis zwölfe nich fertig.«

»Ida«, rief Madame Bär hinter ihr her, »woher kennst du diese Person?«

»Die Matzke? Die kennt jeder hier. Wochenlang vorher muß man sich anmelden. Kost teuer. Zehn Märker für's Warzen-Weghexen.«

Als Ida gegangen war, goß sich Tilla Bär ein zweites Glas Wein ein.

Sie hielt nichts von Wahrsagerinnen. Alles Mumpitz. Dennoch wollte sie zu gern wissen, ob die Ehe zwischen ihrer Tochter Paula und ihrem Schwiegersohn noch zu retten war. Robert ging völlig in seiner Praxis auf. Er hatte kaum Zeit für seine Familie. Paula hingegen fühlte sich unausgefüllt, nutzlos und machte ihm ständig Vorwürfe, weil er nicht bereit war, diese alte Jungfer zu entlassen, die ihr das Kind wegnahm. Robert schwor auf Fräulein Amanda, und Jenny brüllte wie am Spieß bei der Vorstellung, ihr Kinderfräulein zu verlieren. Im Haushalt hatte Paula auch nichts zu tun, der wurde von einer Köksch, zwei Mädchen und einem Diener beherrscht ...

Auf dem freistehenden Herd in der großen, gekachelten Küche köchelte die Gulaschsuppe für die Heimkehrer aus dem Theater. Ida war gerade dabei, ihre Zitronencreme mit einem Schneebesen schaumig zu prügeln. Tilla sah ihr von der Tür her zu und überlegte, ob sie nach der Adresse der Wahrsagerin fragen sollte. Aber dann war ihr das doch zu peinlich.

Nur noch 52 Minuten fehlten bis Mitternacht. Unten auf dem Kurfürstendamm nahm die Unruhe langsam zu.

✳

Im Apollotheater hatte Paul Linckes nagelneue Operette »Im Reiche des Indra« das Publikum in Champagnerlaune versetzt. Selbst Edmund Kimmelstiehl, der sonst nie zufriedenzustellen war, sprach von einer tadellosen Aufführung. Magda hatte die große Pause am besten gefallen: »Nein, diese Roben, diese Eleganz, da kommt sich ja unsereins richtig schäbig gegen vor.«

Weil sie ihr im Trubel verlorengegangenes Riechfläschchen suchen mußte, verließen Bergensers und Kimmelstiehls als letzte Besucher das Theater. Die Schlange der wartenden Droschken hatte sich inzwischen aufgelöst. Es blieb ihnen deshalb nichts anderes übrig, als zu Fuß zum Bahnhof zu gehen.

Auf einmal sahen sie eine Menschenkette auf sich zukommen, die »Zylinder, Zylinder« skandierte. Ein Mann löste sich aus der Kette und ging direkt auf Edmund zu: »Nimm den Deckel ab!« rief er übermütig, worauf Kimmelstiehl schrie: »Aus dem Weg, verdammter Pöbel.«

Das hätte er besser nicht gesagt. Denn der Mann hob seinen Arm und hieb mit der Faust kraftvoll auf das Prachtexemplar von Zylinder ein. Deckellos rutschte das gute Stück über Edmunds ungläubiges Entsetzen hinweg auf seinen Kragen. Wild schlug er um sich, und ebenso wild schlug Magda mit dem Pompadour auf den Angreifer ein.

»Um Gottes willen! Magda!« Paula zog an ihrer Schwester und war, ehe sie sich versah, umringt von der grölenden Meute. Wo war Robert? Nie war er da, wenn sie ihn brauchte.

Bergenser hatte indessen das Laternenlicht einer langsam näherrollenden Droschke dritter Güte gesichtet und stellte sich dem Gaul in den Weg. Der Kutscher winkte ab, seine Liese lahme. Robert versprach ihm den dreifachen Fahrpreis, wenn er sie mitnähme, dann drängelte er sich in die Mitte des Menschenknäuels vor und griff nach dem rasenden Edmund mit den Zylinderresten vor seinem Gesicht. »Nicht treten, Edmund, ich bin's, Robert, nun komm schon.« Und zur kreischenden Magda: »Die Droschke da drüben, steig sofort ein.«

Dann suchte er Paula. Wo war seine Frau? Endlich erblickte er sie: Sie stand da, im Kreis der Zylinderjäger, als ob sie dazugehörte, und zog gerade ein Taschentuch aus dem Muff, um ihre Lachtränen abzuwischen. Ihr schwarzes, starkes Haar wirkte zerzaust. So fröhlich hatte er sie seit Jahren nicht mehr erlebt. Mit ihren frostgeröteten Wangen und ihrem herzlichen Lachen sah sie aus wie das frühreife Mädchen Polly, das er vor acht Jahren geheiratet hatte. Er liebte sie noch immer.

Paula lachte durch ihn hindurch, als sie seinem Blick begegnete.

»Nun komm schon.« Er zog sie mit sich fort.

Die jungen, leicht angetrunkenen Zylinderjäger riefen: »Bleib hier, Mädel!« hinter ihr her. »Bei uns wird's bestimmt lustiger als mit den Spießern!«

Die Fahrt ging über Glatteis durchs Brandenburger Tor die Siegesallee hinunter. Dabei redete der Kutscher unaufhörlich auf seinen Klepper ein: »Vorsicht, Lieseken, Lieseken, Vooorsicht! Detste mir keen Bild machst!«

Und Lieseken machte keen Bild. Sie rutschte zwar mehrmals bedrohlich aus, fing sich aber zum Glück immer wieder.

*

Tilla hatte fröhliche Heimkehrer erwartet. Statt dessen stürmte Magda mit aufgelöstem Dutt, Zylinderreste in den Händen, auf ihre Mutter zu. »Schau dir das an, Mama. Um ein Haar hätten sie mein Edmundchen totgeschlagen. Es war ein Alptraum, nicht wahr, Robert, nun sag doch was!«

Er grinste, da fing auch Paula wieder an zu lachen.

»Das ist alles die Schuld der Sozis«, schimpfte Kimmelstiehl. »Die hetzen den Pöbel auf!«

Magda spuckte in ihr Taschentuch und tupfte damit das getrocknete Blut von einer Schramme an seiner Stirn. Verärgert schob er sie zur Seite. »Laß mich in Ruh!«

In diesem Augenblick kam Fräulein Amanda mit der verschlafenen Jenny ins Zimmer. »Wenn ich mir eine Bemerkung erlauben darf, in fünf Minuten geht unser liebes Jahrhundert zu Ende.«

»Ach, du großer Gott«, erschrak Tilla. »Nun aber fix. Robert, mach den Champagner auf, Paula, hol die Gläser, Ida – unsere Pelze für den Balkon! Reiß dich zusammen, Kimmelstiehl, verdirb uns nicht von Anfang an das neue Jahrhundert! Robert, wie spät ist es genau? Magda, Edmund – nun kommt schon.«

Dann vernahm sie Edmund Kimmelstiehls energisches »Nein« aus dem Salon. »Ich trinke nicht auf diese Zukunft. Mit der Zerstörung harmloser Zylinder fängt es an, und wo wird es für uns enden? Auf dem Schafott! Vom Pöbel hingerichtet.«

»Jawohl, Schwager«, sagte Robert, die aufgeklappte Taschenuhr in der Hand, und zählte: »Noch acht Sekunden – sieben – sechs – fünf – vier – drei – zwo – eins und: Kopf ab!« Verflixter Kimmelstiehl mit seinem Hinrichtungsgefasel! Gott sei Dank hatte ihm angesichts der allgemeinen Ergriffenheit niemand zugehört.

Auch Jenny, in das Otterfell ihres Tuchmantels gewickelt und eng an Großmama gepreßt, fühlte eine bedeutungsvolle Erschütterung.

»Prost Neunzehnhundert!«

Raketen zischten in die Nacht – aber wo blieben die Glocken? Doch ehe es zum Streit kam, ob Roberts Uhr vorging oder die der Gedächtniskirche nach, setzten sie auf einmal tief und voll ein, und nach und nach kamen auch die der anderen Kirchen dazu. Die Menschen auf der Straße brüllten »Prost Neujahr«, und aus Fenstern und von Balkonen kam das Echo. Der Himmel rauchte und glitzerte von weißen Blitzen, aufblühenden Rosetten, Palmen, Fontänen, Girandolen, römischen Lichtern, Wirbelpiecen, riesigen Buketts und Sternen – ein chromophantastisches Feuertableau. Ein verpulvertes Vermögen. Und dazu die Glocken! Eine Trompete blies »Lobet den Herrn« dazwischen.

Nie wieder würde Jenny so einen feierlichen Krach erleben. Auch sie hielt ein Champagnerglas zum Anstoßen in den Händen, wurde geküßt und umarmt und ließ sich ein friedliches, glückliches, erfolgreiches neues Jahrhundert wünschen.

Robert wollte seine Frau auf den Mund küssen, aber Paula entzog sich ihm durch eine kleine Kopfbewegung, so daß seine Lippen ihr aufgestecktes Haar berührten. Tilla Bär sah es, und es machte sie traurig. Und Jenny sah es auch.

Nach einer Weile hörten die Glocken auf, später auch das Feuerwerk. Tilla, Bergensers und Fräulein Amanda gingen in den Salon zurück, und Ida eilte in ihre Küche, an Kimmelstiehls vorbei, die wie zwei beleidigte Leberwürste auf dem Sofa saßen. Man hatte Edmunds Kampf mit dem Pöbel in dieser Familie nicht wichtig genug genommen, sogar gelacht. Darum wollten Kimmelstiehls auch nicht zum anschließenden Nachtmahl bleiben, sondern heim zu ihren Kindern.

»Nein danke, Mama, ich will nichts essen, mir ist der Appetit gründlich vergangen«, versicherte Magda gekränkt.

Bevor sie gingen, ließen sie sich von Ida die Hälfte der vorbereiteten Canapés sowie einen Henkeltopf voll Gulaschsuppe einpacken – und eine Flasche Champagner.

»Kimmelstiehl verdirbt einem jedes Fest«, beschwerte sich Tilla, nachdem sie die beiden zur Haustür gebracht und am Eßtisch Platz genommen hatte. »War es denn wirklich so schlimm?«

»Es waren junge, angeheiterte Leute auf der üblichen Silvesterjagd nach Zylindern«, erklärte Robert. »Aber es hätte böse ausgehen können, denn er hat sie als ›Pöbel‹ beschimpft.«

»Ja«, nickte Paula, »er wird immer gleich so ausfallend.«

Nach dem Essen brachte Fräulein Amanda Jenny zu Bett. Als letzte sagte ihr die Großmutter gute Nacht.

»Eine Jahrhundertwende erlebt nicht jeder, das ist etwas Besonderes, nicht wahr, Großmama?«

»Ja, mein Kind«, bestätigte Tilla, und dabei hielt sie Jennys weiche Hand.

»Alle Menschen umarmen sich und wünschen sich Gutes. Aber sie sind sich nicht gut«, sagte Jenny bedrückt.

»Ach weißt du, jeder hat die besten Absichten fürs neue Jahr, nur die wenigsten halten sich daran. Wir Menschen sind schwach«, gab Tilla zu.

»Mama und Papa sind nicht schwach, wenn sie streiten. Keiner gibt nach. Und immer geht es um mich. Jeder sagt, er will mein Bestes. Aber mich fragen sie nicht, was mein Bestes ist.« Jennys blasses, braves Gesichtchen, umkraust von schwarzem Haar, in ein dickes Kissen mit Lochstickerei gebettet, war gezeichnet von Traurigkeit.

Armer Schatz, der noch nie Gelegenheit gehabt hatte, herumzutoben, sich die Knie aufzuschlagen, sein Kleid zu zerreißen, sich mit anderen Kindern zu prügeln, ein Mädchen ohne Erfahrungen jeglicher Art.

In Jennys Alter, erinnerte sich Tilla, hatte sie ihre kleinen Geschwister versorgen, Wäsche waschen, das Haus putzen, kochen und die kranke Mutter pflegen müssen, immer hungrig und im Winter mit Händen und Füßen voll eitriger Frostbeulen.

»Wenn Papa und Mama das Beste für mich wollen,

dann sollen sie sich wieder liebhaben«, murmelte Jenny kurz vor dem Einschlafen, und dann fiel ihr ein: »Ich muß noch beten.«

Tillas Hände hielten die Jennys wie eine Muschel umschlossen, während das Kind sein frommes Gedicht beendete und alle Menschen aufzählte, die Gott beschützen sollte. Amen.

Tilla war sehr bewegt. Ihr über alles geliebter Sohn Bernhard, ihr Abgott, war früh gestorben. Damals glaubte sie, alle Liebe und Zärtlichkeit, deren sie fähig war, mit ihm begraben zu haben. Er war so wunderschön gewesen, so blond und friesisch-blauäugig und immer fröhlich.

Und nun gab es Jenny, das genaue Gegenteil von Tillas Friesenglück, und dazu so dünn, daß man ihr das Vaterunser durch die Rippen pusten konnte. Dennoch fühlte sich Tilla in besonderer Weise zu diesem Enkelkind hingezogen.

Als sich Jenny einmal in ihrer Gegenwart verletzte, war der Gedanke, sie könnte leiden, auch für Tilla ein körperlicher Schmerz gewesen. Und mit dem Schmerz wurde auch die Liebe spürbar ... und mit der neu erwachten Liebe der Wunsch, dieses Kind zu beschützen und sogar jenen anzurufen, an den sie seit ihrer frühen Jugend schon nicht mehr glaubte.

Ins Ungewisse ihr Gebet sprechend, kehrte sie ins Speisezimmer zurück: »Lieber Gott, wo immer du auch sein magst, paß gut auf dieses kleine Mädchen auf.«

Hoch oben auf dem Weihnachtsbaum glimmten zwei Kerzen. Wenn man sich nicht um alles selber kümmerte! Tilla holte den Stock mit dem eisernen Hütchen, mit

dem man selbst in drei Metern Höhe die Flammen löschen konnte, und dachte dabei: Wieso habe ich auch
noch Gott gebeten, auf Jenny aufzupassen? Das ist ja gerade ihr Unglück – seitdem sie auf der Welt ist, hat sie
noch kaum einen unbewachten Augenblick erlebt. Ich
sollte besser dafür beten, daß sie endlich laufen lernt.

Jenny

Jenny Bergenser fuhr am 1. November 1919, knapp ein Jahr nach dem Ende des Ersten Weltkriegs, von Hamburg nach Berlin, um bei der Gesangspädagogin Dreese ihr Studium fortzusetzen. Ihre Mutter hatte in der Pension Ballmann, die man ihr empfohlen hatte, zwei Zimmer gemietet.

Mit der Taxe fuhr Jenny nach ihrer Ankunft vom Lehrter Bahnhof zum Nikolsburger Platz. Der Chauffeur brachte ihre Koffer in den dritten Stock hinauf, den Geigenkasten trug sie selbst. Frau Ballmann, die Ende Vierzig sein mochte und im Profil einem Huhn ähnelte, empfing sie bereits am Lift, neugierig und geschwätzig wie die meisten Berliner Zimmervermieterinnen, die ihren Beruf schon vor dem Kriege ausgeübt hatten und nicht erst danach wie die Damen mit Herrschaftswohnungen, die ihren Mietern persönlich übelnahmen, daß sie aus Not vermieten mußten.

»Willkommen, Frollein Bergenser. Na? Gute Reise gehabt? Ohne Streik? Streik is das einzige, worauf man sich heute verlassen kann. Hete, trag das Gepäck von Frollein ins Balkonzimmer. Schönes, gemütliches Zimmer, werden Se sich drin wohl fühlen, bißchen klamm is es ja, aber wo nich – bei dem Kohlenmangel. Und das soll noch schlimmer werden. So. Punkt sieben wird gegongt, bis dahin können Se sich noch frisch machen, Frollein.«

Hete nahm Jennys Koffer, und diese wollte ihr mit dem Geigenkasten gerade folgen, als Frau Ballmann hinter ihr her rief: »Übrigens, die Herren sind schon mächtig gespannt auf Sie. Es hat hier ja auch noch nie 'ne Dame gewohnt.«

»Was für Herren?« fragte Jenny.

»Na, Ihre Mitbewohner.« Frau Ballmann zwinkerte vertraulich. »Lauter Junggesellen.«

Jenny sträubte sich das Gefieder vor Empörung. »Damit ein für alle Mal klar ist, ich bin in Berlin, um meine Gesangsstudien fortzusetzen, und nicht, um mir einen Mann zu ... zu ... na, angeln.«

»Jotte doch, ich wollte Ihnen nicht zu nahe treten.« Frau Ballmann klang ebenso beschwichtigend wie untergründig gereizt. »War ja bloß 'n Scherz, Frollein.«

»Und außerdem zieht meine Mutter ja auch bald hier ein«, fügte Jenny hinzu.

Sobald sie unter sich waren, meinte Frau Ballmann zu Hete: »Ich hab's geahnt. Ich weiß schon, warum ich bloß männliche Mieter haben will. Na jut, sie machen mehr Dreck mit ihre Zigarren und putzen sich auch mal die Stiebel anne Gardine, manche pinkeln nich sauber, aber sie sind nich zickig wie die Weiber und stellen weniger Ansprüche. Ach, warum hab ick mich bloß breitschlagen lassen!«

»Gegen Frollein Claire haben Se doch ooch nüscht«, gab Hete zu bedenken.

»Fräulein Claire is was andres. Die kommt bloß ab und zu, um ihren Onkel zu besuchen.«

Hete grinste, sagte aber nichts. Sie kriegte jedes Mal vom Doktor zwanzig Mark extra geschenkt, wenn Claire hier wohnte. Wer weiß, was er Frau Ballmann zusteckte, damit sie sich überzeugen ließ, daß es sich um seine Nichte handelte ...

*

Die fünf männlichen Mieter, die sich jeden Abend um den ovalen Tisch im großen Berliner Zimmer einfanden, hatten den Zuzug von Hamburger Damen mit unüberhörbarem Mißfallen zur Kenntnis genommen. Wozu das – es war doch bisher so locker und gemütlich in ihrem Kreis zugegangen. Bei Jennys Eintritt erzählte einer der Herren gerade ein Abenteuer der letzten Nacht. Es mußte mißglückt sein, weil das Lachen seiner Zuhörer so schadenfroh klang.

Frau Ballmann klatschte in die Hände und sagte, diesmal betont hochdeutsch: »Meine Herren, bitte! Ich möchte Ihnen Ihre neue Mitbewohnerin vorstellen: Fräulein Bergenser aus Hamburg. Sie ist in Berlin, um hier Gesang zu studieren. Ich möchte die Herren bitten, sich selbst vorzustellen.«

Da stand nun die Neue, hochgewachsen, schmal, in einem krähenhaften Trauerkleid, und scheute vor all den abschätzenden männlichen Blicken.

Einer nach dem anderen schob sich aus seinem Stuhl hoch und machte eine leichte Verbeugung.

»Gestatten – Dr. Schmidt, Finanzministerium.«

Dem Journalisten Lieseke rutschte beim Aufstehen die Serviette vom Schoß, weshalb er beim Bücken seinen Namen mehr unter den Tisch als in Jennys Richtung sprach. Danach stellte sich ein Dr. Jonasson als schwedischer Dichter vor, mit Zwicker auf der Nase. Dieser wiederum gehörte dem Textilfabrikanten Lobinsky aus Breslau, der ihn vor dem Essen neben seinen Teller zu legen pflegte.

Zuletzt riß ein alter Mann seine Gicht und ebenfalls die Hacken zusammen, was ein knallendes Geräusch verursachte. »Anjenehm. Von Edlig, Oberst a. D., setzen Se sich an meine grüne Seite, Gnädigste, da is noch 'n Stuhl frei.«

Hatten die Mieter anfangs vehement gegen weibliche Elemente in ihrer lockeren Herrenrunde protestiert, so milderte sich ihre Ablehnung bei Jenny Bergensers schüchternem Auftritt. Während Herr Lobinsky seinen Kneifer suchte, ihn endlich auf Jonassons Nase wiederfand und verärgert »Immer diese dummen Scherze« murmelte, nahm sie neben dem Oberst a. D. Platz.

Hete trug zuerst die Graupensuppe mit Backpflaumen auf und kellte sie in tiefe Teller. Sehr gerade, mit angelegten Ellenbogen, löffelte Jenny ihre Suppe.

Sie war bei näherem Hinsehen sehr attraktiv. Auf langstieligem Hals ein ovales Gesicht mit vollen Lippen und mandelförmigen Augen. Wenn sie die Lider hob, überraschte ihr Blick voll mädchenhafter Unschuld, für die sie mit Ende Zwanzig eigentlich nicht mehr jung genug war. Ihr dunkles, widerspenstiges Haar bändigte sie in einem Dutt. Jonasson, Schmidt und Lieseke, die ihr gegenübersaßen, konnten die Neue nicht richtig einordnen. Dieses Fräulein Bergenser wirkte scheu, sehr wohlerzogen und ein bißchen altmodisch. Dornröschen, bevor der Prinz sie wachgeküßt hatte. In ihrer Gegenwart versteifte die bisher so lockere Unterhaltung, auch zügelten die Herren ihre Tischmanieren. Bis auf den Oberst a.D., der schlürfte und kleckerte zum Gotterbarmen. Zwischen zwei Löffeln erkundigte er sich: »Gnädiges Frollein, zum ersten Mal in Berlin?«

»Oh, nein. Meine Großmutter hat hier gewohnt. Kurfürstendamm, Ecke Rankestraße. Wir waren jedes Jahr mehrmals hier. Leider ist sie vor kurzem gestorben.«

Dr. Schmidt horchte auf. »Und ihre Wohnung? Wie groß?«

»Siebeneinhalb Zimmer.«

»Schon vergeben?«

»Natürlich. Wir leben ja in Hamburg.«

»Schade, schade, zu schade«, bedauerte Schmidt. Sieben Zimmer am Ku'damm, das wär's gewesen. Drei hätte man selber behalten, den Rest als Kanzlei vermietet.

»Ist es denn so schwierig mit Wohnungen in Berlin?« fragte Jenny, den Kern der Backpflaume vorsichtig am Tellerrand deponierend.

»Was glauben Sie, weshalb wir alle in 'ner Pension wohnen. Wenn einen von uns mal der Wunsch nach einer eigenen Bude übermannt, braucht er sich nur die Warteschlangen vor den Wohnungsämtern anzusehen«, antwortete Lieseke, »und schon ist er bedient. Ich zum Beispiel habe eine Braut mit drei Zimmern, sehr verkehrsgünstig gelegen. Aber da kann ich bloß übers Standesamt einziehen, und da sage ich mir, also sooo schlecht lebe ich hier ja nu auch nicht. Im Gegenteil. Es ist bequem. Um nüscht muß man sich kümmern: kein stundenlanges Anstehen, Kochen, Waschen, Bügeln, Heizen. Alles inklusive. Keiner macht einem Vorwürfe, wenn man erst um fünfe früh nach Hause kommt und der Schlüssel das Loch nicht findet. Nee, es kann schlimmer kommen als möbliert.«

Dann wurde der Hauptgang aufgetragen, für jeden eine Heringshälfte und drei Pellkartoffeln.

Journalist Lieseke war der erste, der sich anschließend verabschiedete. Er mußte zu einer Gesangsdarbietung im Blüthner Saal und anschließend zum Bayerischen Platz. Da hatte schon wieder eine Tanzdiele eröffnet. Famoser Negersänger. Ein unterhaltsamer Beruf, wenn nicht das Schreiben wäre, nachts in der Redaktion.

Jonasson, der »schwedische Dichter«, der Jenny während des Abendessens ohne Rücksicht auf ihre zunehmende Irritation eingehend betrachtet hatte, sagte: »Vielleicht kommen wir auch noch hin. Mich interessiert der Sänger. Aber es wird spät werden. Ich hole Claire vom Nachtzug ab.«

Claire. Dieser Name schien die Herren zu elektrisieren, selbst der Oberst, der noch an seinem halben Hering herumsäbelte, war beglückt: »Frollein Claire, die kesse Motte, immer lustig. Und nun kommt sie.« Auf einmal fühlte er eine Gräte im Hals und hustete.

Die übrigen Herren hatten es plötzlich eilig fortzukommen, ihre raschen Schritte im Flur, das Zuknallen der Pensionstür, und ab ins Berliner Abendleben, das übergangslos zum Nachtleben wurde. Gesellschaften, Kulturveranstaltungen, Tanzvergnügen. Boston, Bebop, Onestep, Foxtrott, Schieber. Außer dem Oberst hatten die Pensionsherren alle den Schlager »Désirée« im Kopf und kriegten ihn nicht mehr heraus, ständig, von morgens bis nachts, »Désirée«, es war manchmal zum Verzweifeln.

Jenny hätte sich auch gern verabschiedet, aber sie konnte den alten Mann mit der Gräte im Hals doch nicht alleine lassen.

»Kartoffeln«, krächzte er. »Kartoffeln helfen, damit sie rutscht.«

Während er mit dem Zeigefinger im Gaumen stocherte, rannte Jenny auf den Flur, um Hilfe zu holen. Sie traf auf Hete. »Aach, det is nüscht Neues. Der läßt sich immer wat einfallen für 'nen Nachschlag. Sagen Se ihm, Kartoffeln sind alle.«

Mit dieser Mitteilung gab sich von Edlig, wenn auch unwillig, zufrieden, die Gräte ebenfalls. Der Oberst forderte Jenny auf, wieder Platz zu nehmen. Er hatte endlich ein neues Opfer, dem er seine Familienquerelen darlegen konnte. Seine Frau war gestorben, und seine Schwiegertochter hatte ihn aus seinem eigenen Potsdamer Haus vergrault. Er hatte zwar noch seinen Sohn, aber der war viel zu schwach, um sich gegen diesen Satan von Weib durchzusetzen. »Die hat kein Herz. Das is ein Luder, sag ich Ihnen.«

Gegen acht Uhr floh Jenny in ihr Zimmer, wo Hete gerade das Bett aufdeckte.

Sie unterhielten sich über den frühen Schnee und über den ein wenig senilen Oberst, den sein Sohn ursprünglich für zwei Monate hier abgegeben hatte. Nun war er schon ein Jahr hier, weil keiner ihn haben wollte. Na ja, warum auch nicht. Solange er seine Miete zahlte. Während Jenny ihre Handtasche nach den Kofferschlüsseln durchsuchte, fragte sie beiläufig: »Was dichtet eigentlich Herr Jonasson?«

»Was tut der?« staunte Hete.

»Er hat sich mir als schwedischer Dichter vorgestellt.«

Das Zimmermädchen lachte meckernd. »Der und Dichter! Den dürfen Se nich ernst nehmen, Frollein. Der hat 'n Schalk im Nacken. Wie oft bin ick schon auf den reinjefallen. Also, Frollein: Erstens is er keen Schwede, sondern ein Norweger, aber bloß ein halber, und zwotens is er ein juristischer Doktor. So, ich verzieh mir jetzt. Anjenehme Nachtruhe.«

»Ja, gute Nacht, Hete.«

Nach immer nervöserem Suchen fand Jenny endlich die Schlüssel in ihrer Manteltasche. Sie öffnete einen der unausgepackten Koffer und zog ein Flanellnachthemd, eine Bettjacke und Bettschuhe hervor. Schuhe und Jakke hatte noch ihre Großmutter Tilla Bär gehäkelt. Großmutter war nie ohne Handarbeit gewesen, denn »Müßiggang ist aller Laster Anfang« und »Wer rastet, der rostet«. In ihrem zwanghaften Fleiß hatte sie die Familie umstrickt und zugehäkelt bis kurz vor ihrem Ende, bis »der Todesengel ihr die Nadeln aus den nimmermüden Händen nahm«, wie es ihr Schwiegersohn Edmund Kimmelstiehl in seiner Grabrede ausdrückte.

✳

Zwei Monate zuvor, am 12. September 1919, war Mathilda Bär, geborene Süders, im Alter von 77 Jahren verstorben.

Nach ihrem Tod hatte Jenny mit ihrer Mutter, ihrer Tante Magda und Ida, der Wirtschafterin, die Wohnung am Kurfürstendamm auflösen müssen. Großmutter hatte in ihrem ellenlangen Testament jeden Gegenstand bis zum Küchenlöffel aufgeführt und bestimmt, wer ihn fortan besitzen sollte, so daß keine Streitereien unter den Erben aufkommen konnten.

Am Tage ihrer Rückreise nach Hamburg waren sämtliche öffentlichen Verkehrsmittel außer den Fernzügen durch einen Streik lahmgelegt. An unbesetzte Taxen und Droschken war nicht zu denken. So kam Paula Bergenser auf die Idee, den Fahrer eines Bollemilchwagens zu bestechen, damit er sie zum Lehrter Bahnhof kutschierte. Sie selbst hatte sich samt ihrem vielen Gepäck zwischen die scheppernden Milchkannen geklemmt, während Jenny zum Kutscher auf den Bock stieg. Auf ihren Knien hielt sie eine Hutschachtel, in der sich die Urne mit der Asche ihrer Großmutter befand. Mathilda Bär war die erste in der Familie, die auf dieser neumodischen Feuerbestattung bestanden hatte.

Sie wollte bei ihren zwei kleinen Söhnen, ihrem Mann Jakob Bär und ihrem Schwiegersohn Robert Bergenser auf dem Jakobifriedhof in Hamburg beigesetzt werden. Jenny vermißte dabei die pietätvolle Trauer, die von einer Erdbestattung ausging – und auch die Orientierung. Am oberen Ende wußte man normalerweise den Kopf des lieben Verstorbenen und vorn im Sarg seine Füße. Alles hatte seinen Platz, wie in einem Bett. Darum ließ es sich mit einem im Sarg begrabenen Toten auch besser Zwiesprache halten als mit der Asche in einer Urne. Aber vielleicht war das ja nur eine Gewöhnungssache.

*

Und nun war Jenny wieder in Berlin, ohne Großmutter und ohne ihre Mutter Paula, die noch nicht mitgekommen war, weil sie sich in Hamburg um notwendig gewordene Reparaturen an ihren Mietshäusern kümmern mußte. Zum ersten Mal hielt Jenny sich allein in dieser raschen, rücksichtslosen Stadt auf mit ihrem Elend auf der einen und ihren amüsierwütigen Neureichen auf der anderen Seite. In der Zeitung las sie, daß täglich Menschen an Unterernährung oder an Schwindsucht starben. Lebensmittel waren knapp und überteuert, für den Winter fehlten Kohlen. Nicht nur in den Arbeitervierteln im Osten und Norden, auch in den luxuriösen Beletagen des Westens, wo man aus Vaterlandsliebe sein Vermögen in Kriegsanleihen gezeichnet und verloren hatte, wurde gehungert.

Die Arbeitslosenzahlen stiegen täglich. Auf ihren Wegen durch die Stadt begegnete Jenny Kriegskrüppeln am Straßenrand, darunter auch Offizieren, die ihre Mütze aufhielten, bettelnden Frauen mit Kleinkindern, an ihre Röcke geklammert, Lumpenhändlern mit Karren, vor die sie ausgemergelte Hunde gespannt hatten. Deprimiert kehrte sie jedes Mal in die Pension zurück.

Immer wieder legten Streiks die Weltstadt lahm – Verkehr, Elektrizität, Gasversorgung –, alles brach zusammen. Warum gerade gestreikt wurde, interessierte dabei weniger als die Frage, wann der Streik wieder aufhörte.

Eine starke Lebensgier hatte vor allem den Westen der Stadt ergriffen. Man wollte das im Krieg versäumte Amüsement nachholen.

Jenny, auf dem Bettrand sitzend und ein Loch in einem schwarzen Strickstrumpf stopfend, überlegte, wann sie das letzte Mal getanzt hatte. Das mußte Weihnachten 1913 in St. Moritz gewesen sein. Damals war ihre Mutter, Paula Bergenser, eine junge, elegante Witwe mit vielen Verehrern gewesen, worauf Jenny sehr stolz war. Bei ihrem völligen Mangel an Selbstbewußtsein wäre sie nie auf die Idee gekommen, daß das männliche Interesse vor allem ihr selbst gegolten hatte. Und Paula hatte auch nichts unternommen, um diesen Irrtum aufzuklären.

»Liebe Mama«, schrieb Jenny am 5. November 1919 an ihre Mutter, es war bereits ihr sechster Brief in fünf Tagen, »heute hatte ich meinen ersten Gesangsunterricht bei Fräulein Dreese. Stell Dir eine Brünnhildenfigur im schwarzen Satin so Mitte Fünfzig vor. Ihr graublondes Haar hat sie zu Ringellocken aufgedreht und mit Haarklemmen befestigt. Der Überschuß von rosafarbenem Puder stäubt vom Gesicht ständig auf ihre Satinbrust, was höchst kurios aussieht. Fräulein Dreese ist von meinem ›Material‹ entzückt. Sie lobte, wie es jubelt und orgelt. Ich fürchte, sie sieht etwas Besonderes in mir. Du weißt, welche Angst ich davor habe zu enttäuschen. Sie sagte, wir wollen jetzt erst mal Vokale üben, bis Weihnachten hätte ich das Technische begriffen. Dann fangen wir mit Liedern an. Sie sagte außerdem, ich sei viel zu bescheiden, obgleich meine Säcke voll wären. Traute mich nicht zu fragen, ob sie mein stimmliches Volumen damit meinte oder unsere Immobilien, deren Einnahmen zur Zeit nicht einmal die vielen Ausgaben decken, wie Du schreibst.

Mein Leben hier ist eins mit vielen Fragen und wenigen befriedigenden Antworten. Aber wenigstens hat die Dreese einen guten Ruf. Schließlich verhalf sie einer Altistin und einem Mezzosopran dazu, Kammersänger zu werden.

Weil ich nichts zu lesen hatte, borgte mir Dr. Jonasson einen französischen Liebesroman. Mama!!! So was Obszönes!!! Jetzt fragt er mich täglich, wie er mir gefällt, und dann schauen mich alle Herren gespannt an und ergötzen sich an meiner Verlegenheit.

Schrieb ich Dir, daß seine Nichte zu Besuch hier war? Fräulein Claire, eine Lachtaube, so was Fröhliches habe ich selten erlebt. Sie ist Anfang Zwanzig und Handschuhverkäuferin in Leipzig, und sie sagt Onkel Björn zu ihm, und dann lacht sie, aber er bleibt dabei, daß sie seine Nichte sei, schon wegen Frau Ballmann. An sich ist unsere Tischrunde recht amüsant. Heute führten wir ein Gespräch, das nur aus Konsonanten bestand. Dennoch kann ich mir nicht vorstellen, wie wir beide hier leben sollen und ob wir überhaupt wollen. Wären nicht die Gesangsstunden, führe ich lieber heute als morgen wieder nach Hamburg zurück. Ich habe Heimweh nach Dir, liebste Mami. Dein Kind«

Am Telefon klagte Jennys Mutter über die nicht enden wollenden Reparaturen an ihren Hamburger Häusern und die damit verbundenen Mehrkosten. Immer kam noch etwas hinzu, womit sie nicht gerechnet hatte. Schwamm in den Wänden, ein defekter Schornstein, ein

Rohrbruch – aber zu Jennys Geburtstag wollte sie unbedingt in Berlin sein.

Ein neuer Bahnstreik verhinderte jedoch ihr Kommen, weshalb sie einen gefühlvollen Brief schickte, in dem sie Jenny mit einem schönen, zarten Bäumchen verglich, das sie umsichtig aufgezogen habe: »Es ist im Treibhaus groß und edel gewachsen, nun muß es vorsichtig eingepflanzt und winterfest werden. Aber darf ich es dabei allein lassen, ohne zu wissen, ob es auch im richtigen Erdreich steht? Wenn nicht, wäre alle Mühe umsonst gewesen. Mein Bäumchen braucht noch meine Pflege, deshalb komme ich zu Dir und werde die notwendigen Bedingungen schaffen, damit Du Dich ganz Deiner begnadeten Stimme widmen kannst.«

Jenny, das »Bäumchen«, das an diesem Tag 28 Jahre alt wurde, bewunderte und liebte ihre Mutter grenzenlos, immer mit dem Gefühl tiefer Schuld gepaart. Anstatt nach dem Tod ihres Mannes noch einmal an ein eigenes Glück zu denken, hatte Paula Bergenser ihr Leben ganz auf ihre Tochter ausgerichtet. Sie war Jennys beste Freundin, eine andere hatte sie nie gehabt. Mama bestimmte ihr Leben.

Und nun kam der erste Geburtstag, den sie ohne ihre Mutter verbringen mußte. Der Schnee hatte sich bereits in Matsch verwandelt, ihre einzigen festen Schuhe befanden sich beim Schuster, und somit war Jenny zu Stubenarrest verdonnert. Kein Blümchen, keine Gratulation – es wußte ja niemand in der Pension, daß sie Geburtstag hatte –, statt dessen lag die Visitenkarte eines Schneiderateliers auf ihrem Teller. Eine Taktlosigkeit. Das ging gegen ihr Trauerkleid, das sie seit Tilla

Bärs Tod trug. Das konnte nur dieser Jonasson gewesen sein mit seinem unverschämten Lächeln quer über den Tisch, wenn er ihren Blicken begegnete, und das Schlimme – sein Verhalten war Jenny nicht einmal unangenehm. Das merkte sie an ihrer Enttäuschung, wenn er einmal nicht am Abendessen teilnahm.

*

Eines Tages kehrte Jenny im strömenden Regen von einer Gesangsstunde zurück. Sie schüttelte ihren Schirm aus, bevor sie die schwere Haustür der Pension aufdrückte und die Marmortreppe mit dem roten Läufer ins Hochparterre hinauflief. Rechts und links befand sich je eine Wohnung, deren Tür mit mehreren Namensschildern der jeweiligen Untermieter bepflastert war. In der Mitte war der Fahrstuhl. Jenny stieg ein und wollte gerade die Gitter schließen, als die Tür noch einmal aufgerissen wurde und ein Mann so heftig in die Kabine sprang, daß sie laut knirschend in Schwingung geriet. Es war Dr. Jonasson.

»Schön, daß ich Sie noch erwischt habe«, freute er sich. »Ich habe Sie ins Haus gehen sehen. Wo waren Sie bei dem Sauwetter?«

»In der Gesangsstunde.« Sie rückte ein wenig von ihm ab, seine intensive Nähe beunruhigte sie. Am liebsten wäre sie wieder ausgestiegen und die drei Treppen zu Fuß nach oben gelaufen. Er spürte ihre Absicht und wunderte sich über sie.

»Warum sind Sie so scheu? Haben Sie schlechte Erfahrungen mit Männern gemacht?«

»Blödsinn«, ärgerte sie sich.

»Oder gar keine?«

Jenny holte tief Luft. »Herr Doktor!«

»Gnädiges Fräulein?«

»Der Fahrstuhl.«

»Ja, natürlich. Der Fahrstuhl.« Er schloß die Gitter und ließ sich Zeit beim Knopfdrücken. Während der Lift sich träge in Gang setzte, begegnete Jenny ihrem leicht verstörten Mienenspiel im Wandspiegel, gleich darauf tauchte sein schmales gutgeschnittenes Gesicht neben dem ihren auf.

»Sie sind sehr groß für eine Frau«, sagte er bewundernd, »sehr langbeinig. Warum verbergen Sie Ihre Reize unter diesem düsteren Schlotterkram? – Abscheulich. Wann gehen Sie endlich zur Schneiderin?«

»Fangen Sie schon wieder damit an?!« erregte sich Jenny. »Erstens geht Sie das überhaupt nichts an ...«

»O doch, ich sitze Ihnen täglich gegenüber.«

»... und zweitens mache ich mir nichts aus Mode.«

»Verstehe«, nickte er ernst. »Als wertvoller Mensch zählen für Sie nur die geistigen und charakterlichen Werte. Sie haben ein reiches Innenleben. Aber deshalb kann man das doch in einem hübschen Umschlag verpacken – oder?« Und noch ehe sie etwas sagen konnte, fuhr er fort: »Sie wollen Sängerin werden. Eine Sängerin, die auf der Bühne aussieht wie die fromme Helene in ihrer Reueperiode. Fort, ihr falschgesinnten Zöpfe, Schminke und Pomadentöpfe. Trödelkram der Eitelkeit. Fort, ihr ...« Er brach bedauernd ab. »Ich krieg's nicht mehr zusammen.«

Jenny fiel auf, daß der Fahrstuhl plötzlich hielt. »Sind wir schon oben?« Und beinahe tat es ihr leid.

»Zu dumm«, sagte Jonasson, »wir stecken fest. Noch ein paar Meter, und wir wären im dritten Stock gewesen.«

»Haben Sie auch den Alarmknopf gedrückt?«

»Aber ja doch.« Er klappte die schmale, lederbezogene Bank herunter, damit Jenny sich setzen konnte.

»Kommt das öfter vor?«

»Mir passiert's zum ersten Mal in diesem Lift«, sagte Jonasson. »Vermute, es handelt sich um eine Störung im Elektrizitätswerk.«

Jenny glaubte ihm, ohne sich darüber Gedanken zu machen, weshalb bei einem allgemeinen Stromausfall das Kabinenlicht weiterbrannte.

Jonasson lehnte ihr gegenüber an der Wand und holte das Zigarettenetui aus einer Innentasche seines Mantels.

»Keine Sorge, ich rauche nur kalt, ich weiß doch, was ich einer Sängerin schuldig bin.«

»Caruso soll wie ein Schlot rauchen und hat dennoch diese göttliche Stimme. Haben Sie ihn jemals gehört?«

»Ja«, nickte er, »die Eintrittskarte zu 100 Mark.« Er simulierte Lungenzüge an seiner kalten Zigarette und sah sie nachdenklich an. »Ich weiß so wenig von Ihnen. Ich kenne nur Ihre Schüchternheit, Ihre verträumte Abwesenheit manchmal, Ihren Mißmut, wenn es Steckrüben gibt. Ich weiß, wie Sie das Messer halten, wenn Sie dem Oberst die Pellkartoffeln schälen. Manchmal frage ich mich, wie Ihr störrisches Haar duften mag.«

Ehe sie zurückscheuen konnte, hatte er eine lange, lockere Strähne aufgenommen und zog sie unter seiner Nase entlang. Jetzt erst zuckte Jenny zurück, wobei ihm die Strähne entglitt.

»Ich habe mir vorgestellt, es duftet nach Zimt. Es duftet wirklich nach Zimt«, sagte er und war nun mit ihren Augen beschäftigt.

»Sie haben Augen wie die Madonnen von El Greco. Sehr seelenvoll.«

»Können Sie nicht endlich aufhören, mich zu sezieren?« schimpfte Jenny, aggressiv vor Verunsicherung und gleichzeitig erleichtert über die lautstarke Ablenkung aus dem Parterre.

Dort schimpfte eine Frauenstimme über den Fahrstuhl, der nicht herunterkommen wollte, wahrscheinlich schon wieder ein Defekt, es gehe ja alles nach und nach kaputt in diesem Haus, und jetzt müsse sie mit ihren schweren Netzen zu Fuß in den zweiten Stock hoch.

»Die arme Frau«, bedauerte Jenny.

Jonasson legte warnend den Finger auf den Mund. »Das ist die Rutschmeyer. Die schlimmste Tratsche im Haus. Sie muß ja nicht wissen, daß wir hier festsitzen. Die soll ruhig laufen. Da, wo sie vorher wohnte, gab es überhaupt keine Fahrstühle, nicht mal kaputte.«

»Sollten wir ihr nicht wenigstens mitteilen, daß es an der Elektrizität liegt?« überlegte Jenny.

»Himmel, nein, ich will nicht mit der Rutschmeyer reden, sondern mit Ihnen«, beschwor er sie. »In der Pension geht es nicht, da hört die Ballmann mit. Und die Rutschmeyer ist ihre Busenfreundin.«

»Und Fräulein Claire?« entfuhr es Jenny, ohne daß sie es verhindern konnte.

»Über die zerreißen sie sich auch das Maul. Für das, was ich der Ballmann zahle, nur damit Claire bei mir wohnen kann, könnte ich sie auch im Kaiserhof unterbringen.«

»Sie ist nicht Ihre Nichte, nicht wahr?«

»Natürlich nicht.«

»Ich mag sie gern«, sagte Jenny, »sie lacht so schön.«

»Ja, tut sie. Claire ist eine liebe, angenehme Person«, gab er ungeduldig zu. »Aber jetzt ...«

»Jetzt möchte ich aussteigen«, sagte Jenny, die den Blick seiner spöttischen Augen nicht länger ertrug. Sie beugte sich an ihm vorbei und drückte auf den dritten Knopf, worauf sich der Fahrstuhl sofort in Bewegung setzte. »Komisch, jetzt geht er wieder«, wunderte sie sich.

Kaum war er oben angekommen, da wurde auch schon das Gitter von außen geöffnet.

Vor ihnen stand Frau Ballmann mit Hut, Zorn und Einholnetz. »Was war denn mit dem Fahrstuhl los?« fragte sie gereizt. Danach setzte erst ihre Verblüffung ein: »Ach Sie!! Ach so ...«

Jonasson schenkte ihr einen Fetzen seines Charmes: »Haben Sie lange gewartet, gnädige Frau? Es ist wirklich zu ärgerlich mit diesem Fahrstuhl.«

»Wir können nichts dafür. Es gab wohl einen Streik im Elektrizitätswerk«, bedauerte Jenny und sah dabei wie ertappt aus, während Jonasson ein Grinsen zu unterdrücken versuchte.

Frau Ballmann sagte gar nichts, aber man sah ihr an, was sie dachte: Jetzt fängt er auch noch mit der Bergenser an, und die fällt prompt auf diesen »Donschuan« rein.

Jonasson brachte Jenny zu ihrer Zimmertür. »Schönen,

verregneten Tag noch, Fräulein Bergenser«, verabschiedete er sich. »Heute abend bin ich leider nicht da. Adieu.« Und weg war er.

8. Nov. 1919

Liebe Mamitschka,

heute hatte ich zwei Stunden bei der Dreese. Ich soll lernen, mein Zwerchfell zu beherrschen. Ich muß auf dem Atem singen, das Zwerchfell muß dabei angespannt sein und darf sich erst langsam lockern. Es kann aber auch sein, daß ich das falsch in Erinnerung behalten habe. Ach, wie hat das Singen doch Spaß gemacht, als ich noch aus voller Brust, so wie mir der Schnabel gewachsen ist, mein Lied in den Himmel schmettern durfte. Apropros Himmel, das Wetter ist scheußlich hier, es regnet schon den ganzen Tag.

Sei herzlich umarmt und herbeigesehnt von Deiner Jenny!

P.S. Das muß ich Dir noch erzählen: Als ich zurückkam, bin ich mit Doktor Jonasson im Fahrstuhl steckengeblieben. Du weißt schon, das ist der mit dem französischen Buch. Er ist zwar ganz schön frech, aber nicht direkt unsympathisch. Na, Du wirst ihn ja kennenlernen, wenn Du endlich kommst ...

✳

Am nächsten Abend, einem Samstag, war Fräulein Claire wieder da.

Völlig überraschend klopfte sie an Jennys Zimmertür:

Ob sie Lust hätte, mit ihr und »Onkel« Jonasson ein Glas Wein in seinem Appartement zu trinken?

Er war der einzige, der über zwei zusammenhängende Zimmer und ein Kabinett mit fließendem Wasser verfügte. Das Wohnzimmer hatte einen Alkoven und beherbergte die schweren Renaissancemöbel von Frau Ballmanns verstorbenem Gatten, auf die sie sehr stolz war.

An diesem Abend rauchte Jenny ihre erste Zigarette.

Kaum saß sie Jonasson gegenüber und trank einen Schluck Wein, fing er auch schon an, sie auszufragen. »Mich interessiert Ihr Gesangsstudium. Haben Sie schon in Hamburg Unterricht gehabt?«

»Nein, aber in München. Wir haben dort ein Jahr bis zum Kriegsende gelebt, eigentlich bis zur Novemberrevolution. Bei den Schießereien damals wurde unsere Pension getroffen. So sind wir nach Hamburg zurück.«

»Wer wir?« fragte Jonasson, der ihr gegenüber in einem Clubsessel hing und eine Zigarre entzündete.

»Na, meine Mutter und ich. Wir machen alles zusammen.«

»Oh.« Er schien beeindruckt. »Und warum gerade München? Wegen der Oper?«

»In München hatte ich kurzfristig Unterricht bei einer alten Primadonna. Ich mußte ihre Launen ertragen und alles nachsingen, was sie mir vorsang. Mit meinem jungen Alt habe ich mich bemüht, ihre morschen Töne zu kopieren. Und was war der Dank? Sie mokierte sich über mein Krähenorgan.« Jenny saß auf der Chaiselongue, ihr Glas in der Hand, und ließ sich gern von Fräulein Claire nachschenken. Der Wein betäubte ihre

Scheu, sich zu produzieren, und Jonassons intensives Zuhören und sein amüsiertes Lächeln spornten sie zusätzlich an.

»Gelernt habe ich nichts bei ihr, aber sie wußte so schöne Geschichten zu erzählen. Sie hat zu den ersten Wagnersängerinnen gehört. Ludwig II. vergötterte ja Wagner. Manchmal hat er sich eine Oper nachts vorführen lassen. Ganz allein, nach der normalen Vorstellung. Mittendrin soll er aufgestanden und zwei, drei Stunden fortgegangen sein. Die Sänger saßen auf den Requisiten herum und warteten auf seine Wiederkehr. Kaum waren sie nach der Aufführung im Bett, kam ein Kurier mit einem Geschenk des Königs. Daraufhin mußten sie umgehend eine Dankschrift verfassen, und wehe, die war nicht bis um acht in der Residenz ...«

»Ich habe mal eine Frage, Fräulein Jenny«, erkundigte sich Claire. »Was schenkt eigentlich so 'n König einem Sänger?«

»Wieso, Clairchen? Würdest du noch singen lernen, wenn es sich rentierte?«

Sie warf mit einem Kissen nach Jonasson, traf jedoch nur seine Zigarre und hatte anschließend Mühe, die Funken wieder zu löschen und die Asche von seinem Anzug zu stäuben. Es tat ihr so leid, sie rollte sich wie ein Kragen um seine Sessellehne und begann, seinen Nacken mit zärtlichen Fingern zu massieren. Sie kannte seine Vorlieben, doch diesmal schob er sie mit einer Schulterbewegung fort.

»Einmal bei einem Konzert hat sie das Geschenk des Königs auf ihrem Kriemhildenkleid getragen. Eine handtellergroße Brosche – in der Mitte eine Miniaturmalerei von Kaulbach: Lohengrin, dem Elsa zu Füßen sinkt. Drumherum ein dicker Kranz von Brillanten. Obendrauf zwei goldene Engelchen, die eine Königskrone halten, und in Email die bayerische Fahne, weißblau.«

Jonasson schüttelte sich bei der Vorstellung. »Das ist ja ein Alptraum!«

Während der Erzählung hatte Claire ihren Freund beobachtet. Er ließ Jenny nicht aus den Augen und hörte ihr aufmerksam zu. Einmal begegnete sie seinem Blick und wich ihm nicht mehr aus, sondern erwiderte sein Lächeln, wenn auch ein wenig scheu.

In diesem Augenblick mochte Claire begriffen haben, daß ihre Zeit mit Björn Jonasson zu Ende ging. Sie wurde still. Auch er sagte nichts – der besagte Engel ging durch den Raum. Jenny stand auf.

»Wollen Sie etwa schon gehen? Sie sind doch eben erst gekommen. Trinken Sie doch noch etwas.« Er wollte nachschenken, aber sie hielt die Hand über ihr Glas. »Nein danke. Ich muß heute abend noch an meine Mutter schreiben. Wenn wir getrennt sind, schreiben wir uns täglich.«

Jenny verabschiedete sich herzlich von Claire. »Schlafen Sie gut. Wir sehen uns sicher morgen.«

»Nein, Fräulein Bergenser, ich fahre nach Leipzig zurück.« Claires Stimme hatte ihre Fröhlichkeit verloren. Und Jenny begriff noch immer nicht, daß sie der Grund dafür war.

»Was soll Claire allein in Berlin, wenn ich auf Reisen bin«, ergänzte Jonasson.

Er brachte Jenny zu ihrer Zimmertür. »Schreiben Sie Ihrer Mutter eigentlich alles?«

»Ja, wir haben keine Geheimnisse voreinander.«

»Und was haben Sie ihr über mich geschrieben?«

»Wollen Sie das wirklich wissen?«

»Aber ja!«

»Daß Sie manchmal unverschämt sind. Gute Nacht, Herr Jonasson. Und vielen Dank für den Wein.«

✳

Jonasson war noch auf Geschäftsreise, als Paula Bergenser am Lehrter Bahnhof aus dem Zug stieg. Endlich durfte Jenny wieder Paulas drahtige Figur umarmen. Ihr Fuchskragen duftete nach Veilchenparfum. Prüfend schob sie ihre Tochter ein Stück von sich weg. »Laß dich betrachten, mein Engel, blaß siehst du aus. Es wird höchste Zeit, daß ich mich wieder um dich kümmere.« Ein Gepäckträger mußte mehrmals ein- und aussteigen, bis er Paulas Abteil leergeräumt hatte. Koffer, Kisten, Pakete, Körbe, Hutschachteln, Taschen türmten sich auf seinem Karren immer höher.

»Ist das alles dein Gepäck?«

»Das sind fast nur Lebensmittel. Damit päppeln wir dich auf, min Deern. Das kommt deiner Stimme zugute. Die Kiste mit den Äpfeln ist von Onkel Simon. Ich soll dich herzlich von ihm grüßen. Er hat mich zum Bahnhof gebracht.«

Paula hakte ihre Tochter unter und strebte mit ihr dem Ausgang zu.

»Schön, daß du da bist, Mami.«

»Es wurde auch höchste Zeit! Eins sag ich dir gleich, mein Herz: Von jetzt ab essen wir in unserem Zimmer, damit wir nicht mit den anderen Mietern teilen müssen.«

Es war wohl weniger die Angst vorm Teilen, die Paula Bergenser zu diesem Schritt bewog, als vielmehr ihr Wunsch, die Tochter von diesem ominösen Dr. Jonasson zu separieren, den diese in jedem ihrer letzten Briefe erwähnt hatte. Zum ersten Mal sah sie ihre absoluten Besitzansprüche durch einen Fremden bedroht, der sich keck zwischen sie zu drängen versuchte. Jenny, das naive Kind, merkte gar nicht, in welcher Gefahr sie sich befand ...

Im Taxi fuhren sie zur Pension. Laternenlicht zerfloß auf dem blankgeregneten Pflaster, schwarze Schirmpilze drängten sich an den Haltestellen der Omnibusse. Hinter der Trennscheibe war der bemützte Kopf des Fahrers zu sehen, manchmal erklang sein ungeduldiges Hupen – Tööttööttööö.

Paula zog ihre Handschuhe aus und nahm Jennys Hände zwischen die ihren.

»So kalt ist mein Liebling. Komm näher – so. Bist du etwa verliebt in diesen, diesen, na, du weißt schon. Du darfst keine Geheimnisse vor mir haben.«

»Aber Mami, ich kenn ihn doch kaum. Manchmal habe ich eine Wut auf ihn, er kann so impertinent sein, da möchte ich ihn nicht wiedersehen. Aber wenn er einmal nicht zum Abendbrot kommt, dann fehlt er mir.«

»Kind, Kind, man kann dich wirklich keine zwei Wochen allein lassen. Aber nun bin ich ja endlich da«, sagte Paula zufrieden.

Ihr Zimmer lag direkt neben dem von Jenny und war mit den gleichen weißgestrichenen Schleiflackmöbeln eingerichtet, dazu kamen Korbsessel, und auf der Chaiselongue lag ein Kelim.

Hete stöhnte unter dem vielen Gepäck. »Die Eßwaren kommen auf den Balkon, zum Frischhalten«, schlug Jenny vor. Paula plinkerte alarmierend mit den Augen und drückte Hete schnell ein Trinkgeld in die Hand. »Danke, wir packen selber aus.«

Erleichtert zog Hete ab. In der Diele begegnete sie Jonasson, der gerade von seiner Geschäftsreise heimkam.

»Jetzt sind wir voll, Herr Doktor. Nummer fünf is ooch belegt, von Frau Bergenser.« Sie wollte noch mehr erzählen, aber Jonasson hatte gar nicht zugehört, sondern Jenny beobachtet, die gerade ein Paket von einem in das andere Zimmer trug. Er ging auf sie zu, um es ihr abzunehmen.

»Wie schön, daß ich wieder da bin. Freuen Sie sich auch?« Und ehe Jenny antworten konnte, beugte er sich schnüffelnd über ihr Paket. »Das ist doch, sag bloß, das ist – Räucheraal! O Jennifer!« Er umarmte sie samt Paket, doch sie entwand sich ihm geschickt. »Nein, geh nicht fort, nimm nicht den Duft von mir!« flehte er und sah erst jetzt die schlanke Dame im nachtblauen Samtmantel mit großem Fuchskragen in der Tür des bisher unbewohnten Zimmers stehen. Was ihm zu denken gab, war die Ablehnung in ihrem harten Blick.

»Oh ... äh ... Mami, das ist Dr. Jonasson, du weißt schon. Herr Jonasson, das ist meine Mutter, Frau Bergenser«, stotterte Jenny.

Bis auf das schwere, leicht gekrauste Haar hatten

Mutter und Tochter äußerlich wenig Gemeinsamkeiten. Paula besaß die schärferen Gesichtszüge mit einer höchste Entschlossenheit signalisierenden Mund- und Kinnpartie, die Jonasson als erstes auffiel. Diese Frau träumte nicht wie Jenny, das erkannte er sofort.

»Gnädige Frau«, sagte Jonasson, »herzlich willkommen in Berlin.«

Sie gab ihm nur zögernd die Hand, über die er sich, einen Kuß andeutend, beugte.

»Nett von Ihnen, aber Sie müssen uns jetzt leider entschuldigen. Ich bin eben erst angekommen. Es gibt noch soviel zu tun.« Damit wandte sie ihm den Rücken zu. Er war entlassen.

»Also dann bis zum Abendessen.«

»Wir essen von jetzt ab in meinem Zimmer«, bedauerte Jenny.

»So habe ich mir das aber nicht vorgestellt.« Jonasson wirkte sehr enttäuscht. »Dann sieht man dich von jetzt ab wohl gar nicht mehr. Dann bist du nur noch mit Mutti.«

»Es ist unser erster Abend, da muß ich ganz für sie dasein.«

Später brachte sie ihm ein Stück Räucheraal und zwei Eier.

»Weiß sie das?« wollte er wissen. Jenny konnte nicht lügen, sie schüttelte den Kopf.

»Dann nimm's wieder mit. Ich bin keiner, der sich heimlich was zustecken läßt«, belehrte er sie.

*

Für Jenny begann eine schwierige Zeit. Paula nahm ihr Leben nun wieder fest in die Hand, traf jede Entscheidung, umgab sie mit Liebe und Umsicht und versuchte sie in den Zustand der Unselbständigkeit zurückzuversetzen. Aber das ging nicht mehr. Jenny war inzwischen Björn Jonasson begegnet und konnte nicht ihrer Mutter zuliebe die Zeit zurückdrehen. Paula vermied es, über ihn zu sprechen, sie erwähnte ihn nicht einmal, als ob sie ihn dadurch aus Jennys Gedanken hätte löschen können. Sie war voller Pläne, was sie beide zusammen unternehmen sollten: Theater, Oper, Konzerte.

Einmal begegneten sie Jonasson vor der Haustür. Mutter und Tochter kamen heim, er ging gerade fort. Sie wechselten ein paar höfliche Floskeln und verabschiedeten sich bald wieder voneinander. Jenny hatte danach noch längere Zeit Herzklopfen ...

Manchmal hörte sie seine Stimme auf dem Flur, wenn er mit Hete sprach oder mit der Ballmann. Sein jungenhaftes Lachen stimmte sie traurig, weil ihr selbst gar nicht lustig zumute war. Vielleicht machte Paula Bergenser einen großen Fehler, als sie ihre Tochter von Jonasson separierte. Denn dadurch erfuhr ihre kurze Bekanntschaft eine Überbewertung. Durch die künstliche Trennung wurden sie zu Sehnsüchtigen, die nicht zueinanderkommen konnten.

＊

Kurz vor Weihnachten half Jenny dem Zufall nach, indem sie heimlich auf ihn wartete.

»Deine Mutter ...«, wollte er gerade loslegen, doch sie

warnte ihn vorbeugend: »Sagen Sie nichts gegen meine Mutter.«

»... deine Mutter ist eine bemerkenswerte Persönlichkeit, und attraktiv. Daran, daß sie Witwe geblieben ist, kann nur der Krieg schuld sein. Wir sollten ihr einen guten Mann besorgen.«

»Sie will keinen«, sagte Jenny. »Sie hat ihr Leben ganz auf mich und meine Karriere eingestellt.«

Und das mit Zähnen und Krallen, ahnte Jonasson verärgert.

»O Jennifer, was soll nur aus uns werden?« Er sah sie ungeduldig an.

»Ich setze mich schon durch«, versicherte sie flau.

»Dann geh jetzt hinein und sag ihr, daß du mit mir ins Kino willst. Es gibt ›Madame Dubarry‹.« Und als sie zögerte, drängte er: »Nun geh schon!«

Paula saß an ihrem Tisch und schrieb Weihnachtsbriefe, als Jenny hereinkam. Ins Kino? Mit Jonasson?

»Ja, gerne, mein Schatz, geh nur mit. Dann werde ich eben allein die Weihnachtsgrüße erledigen. Sie müssen spätestens morgen früh zur Post. Ja, wenn's nur Karten wären, aber jeder möchte schließlich ausführlich wissen, wie es uns in Berlin gefällt.«

Und somit verzichtete Jenny auf den Kinobesuch, sie konnte ja schließlich die arme Mami nicht mit all der Schreiberei allein lassen. Jonasson sagte nichts darauf, aber am nächsten Tag, als sie gegen Abend von der Gesangsstunde in die Pension zurückkam, fand sie ihn in Paulas Zimmer vor. Er stand mit dem Rücken zur Tür, und ihre Mutter sagte gerade mit hoher Stimme zu ihm:

»Was gibt Ihnen eigentlich das Recht, meine Tochter zu duzen? Hat sie es Ihnen erlaubt?«

»Im Gegenteil, sie hat heftig protestiert«, antwortete er.

In diesem Augenblick bemerkte Paula die winterlich gekleidete Gestalt in der Tür, und Jonasson folgte ihrem Blick.

»Oh, Jennifer«, freute er sich, sie zu sehen; doch ebenso sanft wie entschieden bat er sie dann, wieder zu gehen, er hätte mit ihrer Mutter etwas zu besprechen. Paula nickte bestätigend.

»O Gott«, stöhnte Jenny, die Tür von außen schließend, »O du lieber Gott!« Was hatte Jonasson mit Mami allein zu besprechen? Seine Ehrlichkeit grenzte zuweilen an Brutalität, er traute sich Dinge zu sagen, die ... o arme Mami! Wahrscheinlich war er gerade dabei, sie tödlich zu beleidigen. Hätte sie sich bloß nicht mit ihm eingelassen!

Nach etwa einer halben Stunde klopfte es gegen die Wand, die zwischen ihrem Zimmer und dem ihrer Mutter lag.

Paula Bergenser saß steif in einem Korbstuhl, die Hände umfaßten die Lehnen, als Jenny zu ihr kam.

»Liebling, machst du uns einen Tee?«

Und dann wollte sie wissen, wie es in der Gesangsstunde war, fragte dies und das, bis Jenny die Spannung nicht länger ertrug: »Was wollte Jonasson von dir?«

»Er hat mir Vorhaltungen gemacht. Ich hätte dich weltfremd erzogen. Ich ließe dir keine Möglichkeit, dich frei zu entwickeln. Du wärst unselbständig wie ein Kind und ebenso naiv.« Sie war aufgestanden, ging erregt hin und her. »Verzeih, aber ich bin außer mir! Dieser wildfremde Mensch, wie kann er sich erdreisten, meine Erziehung zu kritisieren. Das hat noch niemand gewagt. Er sagt, es wird höchste Zeit, daß ich die Nabelschnur durchschneide, die uns verbindet, damit du endlich ein eigenständiger Mensch werden kannst«, fauchte Paula. »Mit eigenen Erfahrungen, mit Höhen und Tiefen. Auch deine Stimme brauche einen Reifeprozeß. Und weißt du, was so ein Mann wie er darunter versteht? Ein Liebeserlebnis! Möglich, daß eine Soubrette das braucht, aber doch keine Oratoriensängerin, wie du einmal eine werden willst. Versprich mir, Jenny, daß du dich mit Jonasson nicht einläßt. Oder willst du auf das Niveau einer Claire – einer kleinen Handschuhverkäuferin absinken? Nein, Kind, das kannst du mir nicht antun. Dann wäre ja all mein Bemühen umsonst gewesen. So, jetzt möchte ich endlich einen Tee!«

Jenny hatte von da an keinen ruhigen Augenblick mehr, bevor sie Jonasson nicht gesprochen hatte. So lauerte sie ihm nach dem Abendessen auf. Er verließ als erster den Speiseraum, und ehe er sich über die unverhoffte Begegnung freuen konnte, schoß ihre Stimme ihn an:

»Was haben Sie mit meiner Mutter gemacht? Sind Sie wahnsinnig?«

»Ist es denn Wahnsinn, so hat es doch Methode«, zitierte er. »Ich habe ihr nur die Wahrheit gesagt. Sie soll dich endlich freigeben, bevor es zu spät ist. Das mußte mal einer tun.«

»Sie haben kein Recht dazu.«

»Du selbst schaffst es ja nicht, dich aus diesem Hörigkeitsverhältnis freizustrampeln und dein eigenes Leben zu leben.«

»Ich bin nicht hörig, verdammt noch mal!« fuhr sie ihn an.

In diesem Augenblick ging eine Tür auf, und Jonasson zog sie rasch in sein Zimmer.

»Was ich vor allem brauche, wäre ein Liebeserlebnis, haben Sie gesagt. Haben Sie meiner Mutter vielleicht auch gleich gesagt, daß Sie das gerne übernehmen würden?«

»Nein, nein, das nicht.«

»Meine Mutter glaubt es aber!«

Jetzt grinste er.

»Ich hielt sie von Anfang an für eine intelligente Frau«, antwortete er nur, ging an seinen Schrank und nahm aus einer länglichen Schachtel einen frischen Kragen heraus, um ihn gegen den getragenen auszuwechseln. »Wir haben heute Betriebsweihnachtsfeier. Ich muß eine Rede halten und die Sekretärinnen schwenken. Was macht ihr Weihnachten? Fahrt ihr nach Hamburg?«

»Sie sind schrecklich, Jonasson«, sagte Jenny. »Ich kann nicht zulassen, daß Sie meine Mutter beleidigen. Sie machen ein Monster aus meinem liebsten, wunderbarsten Menschen. Dabei sind Sie selbst eins. Es gibt nur eine Entschuldigung für Ihr Verhalten: Sie selber haben ein derart miserables Verhältnis zu Ihrer Mutter gehabt, daß Sie sich so ein Zusammengehörigkeitsgefühl, so eine Liebe wie zwischen Mami und mir gar nicht vorzustellen vermögen.«

Jenny spürte die Veränderung, die plötzlich mit ihm vorging, während er Schlüsselbund, Zigarrenetui und Brieftasche vom Tisch nahm und auf seine Jackentaschen verteilte. Nicht nur seine Miene wirkte nachdenklich, auch seine Bewegungen schienen behutsamer.

»Meine Mutter, weißt du, das war eine sehr unpraktische Frau, sie kam mit all ihren Sorgen und Malaisen zu mir, sie konnte nicht mit Geld umgehen, manchmal hatte ich den Eindruck, sie war mir mehr Tochter als Mutter. Sie hat mich genauso abgöttisch geliebt, wie du von deiner Mutter geliebt wirst. Aber sie hatte einen großen Vorteil, Jennifer. Sie versuchte niemals, sich in mein Leben einzumischen. Ihr konnte ich von all meinen Amouren erzählen, sie war nie eifersüchtig. Kurzum, sie respektierte meinen ausgeprägten Freiheitsdrang.« Er war noch einmal vor den Spiegel getreten, um seine Haare zu kämmen. »Wenn es einen Menschen gab, den ich wirklich geliebt habe, dann war es Bonnie. So haben sie alle genannt.«

»Na ja«, meinte Jenny, »einer Jungsmutter fällt es eben leichter, großzügig zu sein. Ein Sohn hat ja auch keine Unschuld zu verlieren.«

Jonasson sah sie entgeistert an. »Sag bloß, du bist noch Jungfrau!«

Jenny wurde knallrot. »Ich muß jetzt gehen!«

»Ich auch. Ich bin schon viel zu spät dran«, erwiderte er, auf seine Uhr schauend.

Sie wollte sein Zimmer verlassen, doch er fing sie ab und war ihr auf einmal so erregend nah.

»Falls wir uns nicht mehr sehen sollten: Fröhliche Weihnachten.«

»Fahren Sie weg?« Jenny klang enttäuscht.

»Ja. Ins Riesengebirge.«

»Mit Claire?« entfuhr es ihr.

»Mit Claire, meinem Freund Walther und seiner Freundin. Wird bestimmt lustig.«

»Wir haben beschlossen, hierzubleiben und viel ins Theater zu gehen.«

»Gute Idee.« Er nahm ihr Gesicht zwischen seine Hände und wünschte ihr noch einmal ein wunderschönes Fest.

Als die Haustür hinter ihm zufiel, war Jenny plötzlich erleichtert, vor seiner beunruhigenden Nähe für einige Zeit sicher zu sein.

Am nächsten Morgen hing ein Päckchen mit einer ramponierten, weil schon mehrmals verwendeten roten Schleife an ihrer Türklinke. Sein Inhalt: steinharter Lebkuchen. Möglich, daß es sich um ein Julklappgeschenk von Jonassons Betriebsweihnachtsfeier handelte ...

✳

Paulas in Berlin lebende Schwester Magda Kimmelstiehl hatte Mutter und Tochter am Heiligen Abend zu Würstchen und Kartoffelsalat eingeladen – ihre Würstchen müßten sie allerdings selbst mitbringen. Beide spürten indes wenig Lust, sich Edmund Kimmelstiehls besserwisserisches Geschwafel und Magdas Leidensberichte anzuhören – Migräne, Obstipation und obendrein die undankbaren Kinder Hans und Grete, die in Dresden und Braunschweig verheiratet waren und das Fest lieber in Harmonie verbrachten als mit den Eltern. (Hans hatte seinem Vater nie verziehen, daß er ihn einmal als Strafe für eine kaputte Vase am ausgestreckten Arm zwei Stockwerke hoch über der Joachimsthaler Straße aus dem Fenster hängen ließ. Er selbst konnte sich daran nicht mehr erinnern, damals war er zweieinhalb gewesen, aber Grete, die Ältere, hatte es mit angesehen und ihm später anschaulich geschildert.) So blieben Paula und Jenny lieber in der Pension.

Beide zogen ihre 1913 für ihren Weihnachtsurlaub in St. Moritz eigens angefertigten Abendkleider an, die seit damals in Seidenpapier geruht hatten. Paulas Kleid war aus schwarzer Seide, das von Jenny aus beigefarbenem Crêpe de Chine, darüber trug sie eine prosaische Strickjacke, denn es war kühl in ihrem Zimmer.

In Ermangelung eines Klaviers holte Jenny ihre Geige aus dem Kasten und spielte Weihnachtslieder. Als Überraschung für ihre Mutter hatte sie mit der Dreese »Schlafe, mein Liebster« aus dem Bachschen Weihnachtsoratorium eingeübt und sang es ihr a cappella vor. Paula war zu Tränen gerührt.

»Du wirst die Menschen ergreifen durch die Reinheit deiner Stimme«, sagte sie ergriffen.

Aus einem Schmucketui nahm sie einen taubenblutfarbenen Rubin, einen Solitär an einer dünnen Platinkette, und legte ihn ihr um den Hals. Er hatte Mathilda Bär gehört. »Rubin ist kein Stein für mich«, sagte Paula. »Dir steht er aber wunderbar. Du brauchst ein Schmuckstück, wenn du in einem Jahr Konzerte gibst. Ach, mein Liebling, wir haben große Zeiten vor uns.«

Nur schade, daß Jennys Großmutter das alles nicht mehr miterleben konnte. Es war das erste Weihnachten ohne sie in Berlin und dazu in einem schlecht geheizten Pensionszimmer anstatt in ihrer Wohnung am Kurfürstendamm mit dem Duft von Plätzchen und Braten, dem zierlichen Gebimmel der Spieluhren und dem dunklen Glockendröhnen der gegenüberliegenden Gedächtniskirche. Sie sprachen in diesen Weihnachtstagen viel von Tilla.

»Wir waren eine Dreieinigkeit, Großmama, ich und du«, sagte Paula. »Dich hat sie von Anfang an geliebt. Mir jedoch hat sie die Jugend nicht leichtgemacht, weiß Gott nicht. Und Magda auch nicht. Wir haben uns erst nach ihrem Tod wieder an die Einzelheiten erinnert. Es muß schrecklich gewesen sein für uns kleine Mädchen. Und weißt du, was uns am meisten gewundert hat? Daß wir es ihr verziehen haben, indem wir es einfach verdrängten. Das lag wohl daran, daß sie im Alter nie mehr so ungerecht war und auch toleranter. Ach, deine Großmutter, Jenny ...«

Tilla

Beim Auflösen der großmütterlichen Wohnung hatte Jenny ein abgegriffenes Lederetui mit einem zusammengelegten, cognacfarbenen Glacéhandschuh und einer Visitenkarte gefunden. Zwischen ihren Alterssprossen stand in winzigen Lettern »Mme. Bär«. Tilla hatte immer großen Wert darauf gelegt, Madame genannt zu werden. Es klang ihrer Meinung nach respektabler als »Frau«, und auf Respekt legte sie großen Wert.

In der Chronik ihres Lebens ist nicht überliefert, wer ihr das Etui verehrt hat, wohl aber werden darin als ihr auffälligstes Merkmal mehrmals ihre überaus schmalen, langfingrigen Hände einer gotischen Madonna bewundernd erwähnt. Beim Anblick des Handschuhs fragte man sich, ob überhaupt jemals eine weibliche Hand, noch dazu eine in ihrer Jugend von schwerer Haus- und Feldarbeit geschundene, hineingepaßt hat. Wenn Aschenputtel auf der Flucht vom Königsfest statt ihres Schuhs diesen Handschuh verloren hätte, wenn also der Prinz auf der Suche nach Aschenputtel versucht hätte, allen Jungfern seines Landes den Handschuh überzustreifen, da hätte er noch so ziehen und quetschen können, er wäre damit nicht weit gekommen.

*

Im Sommer 1913 hatte Tilla Bär ihre Tochter Paula und ihre Enkelin Jenny in Hamburg besucht und eines Tages beim Frühstück plötzlich den Wunsch geäußert, nach G. zu fahren, einem kleinen Nest in Südholstein, ihrem Geburtsort. Paula hatte gerade ihr erstes Automobil erworben, an sich ein großer Luxus, wenn man bedenkt, daß beide Damen im Alter von 21 und 40 Jahren so gut zu Fuß waren, daß sie an einem Stück acht Stunden ohne Ermüdungserscheinungen zu wandern vermochten, und längere Reisen ohnehin mit der Eisenbahn unternahmen. Beide, Paula wie Jenny, hatten das Chauffieren gelernt, um einen Fahrer zu sparen. Sie waren in Hamburg eine Sensation am Steuer, genau wie die Radfahrerinnen. In Berlin hingegen hatte man sich längst an weibliche Fahrzeuglenkerinnen gewöhnt.

Tilla Bär saß neben Jenny, die den Wagen fuhr, in kerzengerader Haltung, was nicht nur an ihrem engen Korsett lag, sie hatte einfach nie gelernt, sich anzulehnen.

Schweigend ließ sie sich durch die holsteinische Landschaft kutschieren. Kühe vergaßen das Wiederkäuen, um dem ratternden Ungeheuer nachzuglotzen, oder nahmen Reißaus. Als sie sich G. näherten, ließ sich Tilla ihre Emotionen nicht anmerken und schaute nur voll Spannung nach rechts und links.

»Fahr langsam, mein Kind.«

Noch immer bestand der Ort aus einer einzigen Straße, an der mehrere große Gehöfte lagen. Das Schulgebäude aber war neu.

»Das alte haben sie abgerissen. Es bestand nur aus einem einzigen Klassenraum, in dem mein Vater unterrichtet hat«, erklärte Tilla.

Das Dorf wirkte unbewohnt, da gerade Mittagszeit war. Katzen und Hunde schliefen im Schatten der Linden. Es waren dieselben Linden wie in Tillas Kinderzeit, nur jetzt viel höher und gewaltiger. Ihr Laub vereinigte sich über der Dorfstraße zu einem runden Schattendom.

»Guck an, jetzt haben sie hier selbst eine Kirche«, stellte sie überrascht fest.

Als Tilla getauft wurde, fand der Gottesdienst noch im Nachbardorf statt, zuerst der fromme Teil in der innen bunt gestrichenen Kirche, danach die große Feier im nahen Wirtshaus. Damals war die Mitgift ihrer Mutter ja noch nicht aufgebraucht.

Auf dem vereisten Heimweg waren Tillas Vater und die Paten so betrunken, daß sie nicht merkten, wie der Täufling in einer Kurve aus der Kutsche flog.

»Nur meine Mutter hat mich vermißt«, erzählte Tilla. »Sie war zu Hause geblieben, weil sie krank war. Da mußten mein Vater und die Paten noch mal zurück und mich im Dustern suchen.«

»Und? Haben sie dich gefunden?« fragte Jenny.

»Tja, min Seuten, wo wären wir denn sonst alle drei, wenn ich damals in der strengen Winternacht erfroren wäre«, lachte Tilla.

Am Dorfende hörte der Schatten der Lindenkronen auf, und es wurde hell. Windschiefe Apfelbäume begleiteten nun die Landstraße.

Tillas Hand griff nach Jennys Arm. »Da drüben! Halt an.«

Sie war ausgestiegen, ehe ihr Jenny dabei helfen konnte, und ging stumm betrachtend um ein kleines, baufälliges Giebelhaus herum, das leer stand.

An einem der drei Frontfenster hing noch der Fetzen einer Gardine, die mitzunehmen sich für den letzten Bewohner nicht gelohnt hatte.

»Ja, das ist es«, sagte Tilla, »hier bin ich geboren.«

✳

Hier war Mathilda Elsabe Süders 1843 als Tochter des Dorfschullehrers Hans Hinrich Süders und seiner Frau Marie, geborene Hansen, auf die Welt gekommen. Süders war ein Bauernsohn von der Westküste Schleswig Holsteins, ein Sonderling, der sich weder für die väterliche Landwirtschaft noch für die Schäferei interessierte. In seinem Friesenschädel spukten das Fernweh herum und die Astronomie, die seine Träume ins endlose Weltall abheben ließ. Bereits mit 13 Jahren verließ er den Hof mit seinen engstirnigen Bewohnern und wanderte nach Kiel, um sich weiterzubilden und Lehrer zu werden. Hier begegnete er der anmutigen Kaufmannstochter Marie Hansen. In ihrem Souveniralbum stand bald in haarfeinen Schriftzügen mit kühnen Schwüngen an den Satzanfängen: »Sei glücklich, froh und ohne Sorgen, und Deines Lebens ganze Zeit sey heiter wie ein Frühlingsmorgen, der lächelnd die Natur erfreut. Dieses wünscht von Herzen untertänigst und verehrungsvoll Süders, Hans Hinrich am 1. Mai 1843 zu Kiel.«

Gegen den heftigen Widerstand ihres Vaters bestand Marie, blind vor Verliebtheit, darauf, ihren Lehrer zu heiraten – eine Bürgerstochter aus angesehenem Hause und ein armer Schlucker mit einem Kopf voll blonder Locken und romantischer Flausen. Er besaß nicht viel mehr als ein primitives Fernrohr, ein Buch über Astronomie und lose Blätter aus einem kolorierten Atlas.

Unter den bekümmerten Blicken ihres Vaters Detlef Hansen wurde Maries Aussteuer auf ein gemietetes Fuhrwerk verladen, und so rumpelten sie nach dem kleinen Ort G., wo Süders eine Stelle als Dorflehrer angeboten worden war.

Es gab bald keine Fröhlichkeit mehr im Lehrerhaus. Stürme fauchten um die schwer zu heizende Kate. Die herrliche Verliebtheit war darin schnell erfroren. Die Mitgift aufgebraucht. Marie, von vier schweren Geburten in wenigen Jahren und harter Arbeit geschwächt, kränkelte ständig, für Arzneien aber war kein Geld übrig und auch nicht für eine Magd. Hans Hinrich Süders hatte wenigstens seine Sterne und seine Atlasblätter mit dem blaugetuschten Atlantik, auf dem er der täglichen Misere davonsegeln konnte ...

$$*$$

Tilla ging um das ehemalige Lehrerhaus herum – da war noch ein Rest des Zauns, der die Gemüsebeete einst vor der Ziege hatte schützen sollen. Sie bückte sich nach einer wildblühenden Glockenblume, pflückte sie und wußte gleich darauf nicht mehr, was sie mit ihr anfangen sollte. Sie war keine sentimentale Person, die Blumen preßte, und G. bezeichnete sie auch nicht als ihre Heimat, eher als ein örtliches Mißverständnis ihrer Geburt. Sie blickte über das weite, flache Land.

»Habe ich euch mal erzählt, daß ich bis zu meinem achten Jahr kein Kleid besaß? Ich mußte die kratzenden

Hosen meiner Cousins auftragen. Mein Vater bestand darauf. Er wollte die Bauern schockieren. Ich glaube, er war als Lehrer nicht gern gesehen, weil er der Dorfjugend nicht nur das Schreiben, Lesen und Rechnen beibrachte, sondern auch freiheitliche Gedanken und sein eigenes Fernweh.«

*

Süders muß von Natur aus ein Rebell gewesen sein, ein Romantiker, am liebsten wohl ein Abenteurer, aber davon hielt ihn sein bißchen Pflichtbewußtsein gegenüber seiner kränkelnden Frau und ihrer nicht satt zu kriegenden Brut ab. Diese Familie schleppte er wie eine Sträflingskette am Fußgelenk, die ihn am Davonlaufen hinderte.

Im Jahre 1848 hatte er Aussicht auf eine besser bezahlte Lehrerstelle in Lütjenborg bei Kiel. Das war kurz vor Ausbruch der Revolution. Die neuen Freiheitsideen, die Sehnsucht nach einer nationalen Vereinigung aller 39 deutschen Einzelstaaten zu einem Reich, in das auch der nördlichste Zipfel, Schleswig Holstein, mit aufgehen und somit endlich von der verhaßten dänischen Herrschaft befreit werden würde, begeisterten den nach patriotischen Heldentaten dürstenden Dorfschullehrer. Er schloß sich den Rebellen an.

Nach der Niederschlagung des nationalen Aufstands mußte er fliehen, um nicht wie der Dichter Fritz Reuter die nächsten Jahre in Festungshaft zu verbringen. Sein Ziel war Amerika. Endlich nicht mehr nur im Atlas mit dem Zeigefinger über den Atlantik, sondern endlich per Schiff über den großen Ozean fahren. Ach Gott, warum so weit, jammerte sein armes Weib, reicht denn nicht Sachsen als vorübergehendes Zufluchtsland? Wer sucht schon einen kleinen Dorfschullehrer per Steckbrief außerhalb Holsteins. Doch Hans Hinrich bestand auf Amerika. Endlich hatte er den Schlüssel gefunden, um seine Fesseln aufzuschließen und der bedrückend schäbigen, armseligen, sorgenbeladenen Enge zu entfliehen.

»Adieu, meine Lieben, sobald ich drüben Fuß gefaßt und das Geld für die Schiffspassage zusammen habe, hole ich euch nach. In Amerika werden wir ein schönes Leben haben, da ist die Welt nicht so eng wie hier. Da kann ein armer Mann noch reich werden!«

Marie Süders blieb mit ihren Kindern zurück, der kleine Friedrich, ihr Jüngster, war erst ein halbes Jahr alt. Sie hatte kein Geld, kein Schmuckstück mehr zum Versetzen, sie war krank. Tilla mußte sich um Mutter und Geschwister kümmern, um den Haushalt, das Wasser vom Brunnen holen, Holz sammeln, kochen, waschen, flikken. Die Kraft dazu nahm sie aus dem festen Glauben an die Versprechungen ihres Vaters. Es konnte nicht mehr lange dauern, dann würde er das Geld für die Überfahrt schicken, er würde am Hafen stehen und winken, wenn sie anlegten, und sich unendlich darüber freuen, sie endlich bei sich zu haben.

»So wird es sein, Mutter, ich schwöre es. Er läßt uns nicht im Stich.«

Sie haben nie wieder von Hans Hinrich Süders gehört. Vielleicht war sein Schiff im Sturm gekentert, vielleicht war er Opfer einer Epidemie geworden, es gab so viele schreckliche Möglichkeiten für sein Schweigen, die auszudenken Marie sich strikt verbot, um nicht an ihrer Hoffnungslosigkeit zu zerbrechen.

Damals erhielten Arme keine staatliche Unterstützung. Als der Winter kam und die letzten Kartoffeln und Rüben aufgebraucht waren, als sie vor dem absoluten Nichts standen, überwand sie ihren Stolz und schrieb nach Kiel.

»Hochverehrter Vater, mein Mann Hans Hinrich ist auf der Flucht nach Amerika verschollen, die Kinder haben nichts zu essen und nicht mal Schuhe mehr. Der Winter steht vor der Tür. Verehrter, lieber Vater, wir müssen das Haus für den nächsten Lehrer räumen und wissen nicht, wohin. Ist es sehr vermessen, Sie darum zu bitten, uns wenigstens für kurze Zeit bei sich aufzunehmen? Die Kinder haben versprochen, sich mustergültig zu verhalten und jede Arbeit zu verrichten. Wenn Sie denn aber die unendliche Güte hätten, uns vorübergehend bei sich wohnen zu lassen, gibt es noch eine zusätzliche Schwierigkeit. Der Weg zu Fuß von hier nach Kiel ist lang. Die Kinder sind ja noch klein, Friedrich noch kein Jahr alt, dazu kommt unser Gepäck. Ich habe zwar Mobiliar, Betten und Küchengeschirr verkaufen müssen, um unsere Schulden zu bezahlen. Dennoch ist genug Unentbehrliches übriggeblieben, das wir in einem Bettbezug verschnürt haben, aber nicht tragen können ...«

Detlef Hansen schickte nicht nur einen Kutscher, er fuhr selbst nach G., um Tochter und Enkel in sein Haus heimzuholen, natürlich nur vorübergehend. Marie ahnte, wie viele Kämpfe er mit der Stiefmutter, die die Kinder aus seiner ersten Ehe nicht wollte, durchgefochten haben mochte, um wenigstens dieses »vorübergehend« zu erreichen.

*

Auf der Heimfahrt von G. verdunkelte sich die weite Landschaft. Der Himmel stellte seine Sternbilder und die milchigen Schweife der Galaxien aus und stand noch hell gegen das schwarze Land mit seinen Kirchturmsilhouetten und den Buckeln auf den nahen Wiesen – Kühe, die sich zum Schlafen niedergelassen hatten. Diesmal fuhr Paula Bergenser, Tilla hatte sich mit einem karierten Plaid vor der Abendkühle geschützt und erinnerte sich an die Jahre in Detlef Hansens Haus. Sie bedeuteten Wärme und Geborgenheit für Marie und ihre Kinder. Tilla behielt besonders ein Bild davon in ihrem Gedächtnis: Mullgardinen, streng gescheitelt, das Licht der Nachmittagssonne, die zwischen ihnen hindurch auf die rötlichen Dielen schien. Mahagonimöbel mit blauen Chintzbezügen, ein Tafelklavier, das Maries Mutter mit in die Ehe gebracht hatte und das nach ihrem frühen Tod nie mehr benützt worden war, nicht aus Pietät, sondern aus Mangel an Musikalität.

Als dann Marie Süders starb und bald darauf auch Großvater Hansen, duldete die Stiefgroßmutter die Geschwister nicht länger im Haus. Sie wurden kurzerhand als Arbeitskräfte auf die Verwandtschaft verteilt. Eine Kindheit ohne Liebe und Schutz begann, eine Jugend, die Tilla früh hart werden ließ. Sie war das Aschenputtel im Haus einer Stieftante, ohne Tauben, die ihr bei der

Arbeit halfen, und ohne gute Fee. Am erbärmlichsten aber erging es ihrem jüngsten Bruder. Friedrich war zart wie seine Mutter, chronisch erkältet und ungeschickt. Ein Dämlack, Faulpelz, Taugenichts, obgleich er sich soviel Mühe gab. Die Geschwister hatten nur alle vier Wochen ein paar Stunden Zeit, ihn zu besuchen. Er schämte sich für sein Versagen und erzählte ihnen nichts von den seelischen und körperlichen Qualen, denen er ausgesetzt war. Eines Tages sprang er aus Angst vor Schlägen in den Brunnen und ertrank.

Im gleichen Jahr verlor Tilla auch noch ihre geliebte Schwester. Bertha heiratete einen jungen Pastor, mit dem sie nach Amerika auswandern wollte. Beide, arm wie Kirchenmäuse, konnten sich die Überfahrt nur auf einem alten Seelenverkäufer leisten. Tilla begleitete sie nach Hamburg. Der Abschied war herzzerreißend, weil mit Sicherheit für immer, denn wer von den beiden Schwestern würde sich jemals eine Besuchsreise leisten können?

Noch nie hatte sich Tilla so verlassen gefühlt wie in dem Augenblick, als das Schiff ablegte und, den Hafen verlassend, immer kleiner wurde. Außer ihrem Bruder Wilhelm, der Schuhmachergeselle in Schwerin war und selten von sich hören ließ, hatte Tilla alle Menschen verloren, die sie jemals geliebt hatte. Dazu gehörte auch ihr Liebster, Lars Sengerup aus Kiel, äußerlich das Idealbild eines Friesen. Sie trennte sich traurigen Herzens von ihm, denn Lars war genauso arm wie sie selbst. Tilla aber wollte in keiner so trostlosen Ehe enden wie ihre Mutter Marie. Sie war ehrgeizig. Ihre Kinder sollten einmal in geordneten Verhältnissen aufwachsen, und wenn es Söhne wurden, sollten sie studieren. Tilla selbst litt ein Leben lang unter ihrer mangelhaften Bildung.

Sie kehrte auch nicht nach Kiel zu den Verwandten zurück, die ihren Fleiß und ihre Geschicklichkeit ausgenutzt hatten, sondern blieb in Hamburg und suchte sich dort Arbeit. Und sie hatte Glück. Eine Madame Salomon fand Gefallen an ihr und stellte sie als Gesellschafterin und Vorleserin ein.

Auf dem ersten Daguerreotyp, das sie von sich machen ließ, steht Mathilda mädchenhaft schlank und leicht verkrampft im unsichtbaren Griff eines Kopfhalters da, der sie am Bewegen hindert. Ihr Kleid ist dunkel und gouvernantenhaft, nur durch eine unterlegte Rüsche am Hals aufgehellt. Ihr Blick ist voll Mißtrauen auf den Fotografen gerichtet.

Man versteht, daß sich Madame Salomon unter allen Bewerberinnen gerade für Mathilda Süders als Gesellschafterin entschieden hat: sie wirkte zuverlässig, fast damenhaft – kurzum, sie war das, was man in Hamburg eine gediegene Jungfer nannte, und dabei nicht ohne Anmut.

Madame Salomon residierte in der Beletage des Hauses Jungfernstieg Nummer 17 – mit Köksch, erstem Hausmädchen, dem sogenannten Kleinmädchen, Kutscher und Diener und nun auch noch mit ihrer Gesellschafterin Mathilda.

Was für eine neue, hochkultivierte Welt, in der sich zurechtzufinden Tilla anfangs große Schwierigkeiten bereitete. Sie mußte ständig etwas Neues lernen. Endlich durfte sie lernen! Denn seit der Flucht ihres Vaters hatte sich niemand mehr um ihre geistige Bildung gekümmert. Nach seiner Abreise ohne Wiederkehr war ihre Welt zusammengeschrumpft auf die tägliche Arbeit, die ihr keine Zeit für anderes ließ, und niemand hatte Verständnis gehabt für ihren Wunsch, mehr zu lernen als das Einmaleins, das Schreiben und den Katechismus.

Madame Salomon war streng, aber sie hatte Verständnis für Tillas Wunsch, ihren geistigen Horizont zu erweitern, wie man das damals nannte. Sie durfte sich ab und zu Bücher aus ihrer Bibliothek nehmen, unter anderem Atlanten, Geschichtsfolianten und Lexika. Zudem hatte sich Tilla ein Buch gekauft über das feine Benehmen in Familie, Gesellschaft und Öffentlichkeit. Nachts schrieb sie sich alles Wichtige daraus ab und lernte es auswendig, zum Teil nahm sie den Spiegel zu Hilfe, um die vorgeschriebene Anmut zu üben.

Es ging ihr gut bei Madame. Sie verehrte die hochgebildete Jüdin und ertrug ihre Launen mit derselben Geduld wie die täglichen Fahrten im Schrittempo um die Binnenalster herum. Tilla war an rauhen Wind und körperliche Arbeit gewöhnt, an lange, rasch ausgeschrittene Wege. Möglich, daß sie insgeheim genauso litt wie das Pferdegespann bei diesen Zeitlupenausflügen. Schlimmer noch als die Ausfahrten waren jedoch die endlosen Teenachmittage in fest geschlossenen parfümierten Räumen zu ertragen, an denen Madames Freundin zu Besuch kam. Sie wohnte nahebei in der Esplanade, an sich ein kurzer Spaziergang zum Jungfernstieg, aber Madame Embden hatte sich wie ihre Freundin Salomon schon vor Jahren das Laufen abgewöhnt. An solchen Teenachmittagen mußten Kutscher und Pferde manchmal stundenlang vor dem Haus auf sie warten. Sie war die Schwester des Dichters Heinrich Heine, der 1856 in Paris gestorben war. Wenn sie von ihm sprach, nannte sie ihn Harry, das war sein Geburtsname, und bezeichnete ihn als einen Exzentriker. Tilla verfolgte mit glühenden Ohren die Gespräche der alten Damen, während sie ihnen Tee einschenkte und Gebäck reichte. Sobald sie aber auf Harrys Privatleben zu sprechen kamen, wechselten die beiden ins Französische, damit Tilla nichts verstand. Heines »Buch der Lieder« sollte ihre Lieblingslektüre werden und lag bis zu ihrem Tode auf ihrem Nachttisch.

Außer Madame Embden erschien fast täglich auch Herr Jakob Bär in der Salomonschen Beletage. Er war der zweite Sohn eines wohlhabenden fränkischen Weingutsbesitzers und Kreisparnoß. Ein Parnoß war ein durch königliches Edikt ausdrücklich bestellter und anerkannter Obervorsteher der jüdischen Gemeinden, dem der Ehrentitel »Herr« zustand. Nur Angehörige der vornehmsten Geschlechter aus dem Priesterstamm Aarons wurden dazu gewählt.

Jakob Bär war – sehr zum Kummer seiner Familie – kein gläubiger Jude und schon gar nicht zum Leben in einer Kleinstadt geschaffen. Das nach Beendigung der Freiheitskriege mächtig aufblühende Hamburg zog ihn an. 1847 war die HAPAG gegründet worden, es folgten die großen Schiffahrtslinien nach Südamerika und Afrika, die ersten Niederlassungen auf dem schwarzen Kontinent. Hamburg fühlte sich als Weltstadt. Jakob Bär brachte es hier als Besitzer eines Bank- und Wechselgeschäftes zu raschem Wohlstand. Er bewohnte die obere

Etage im Hause Salomon mit Blick auf die Binnenalster voll kleiner Segelschiffe und Kohlenschuten, auf flanierende Bürger und die klapprige Windmühle auf der Lombardsbrücke. Bär wurde verbriefter Bürger der Hansestadt und fühlte sich im Jahr 1867 wohlhabend genug, um seine Firma aufzulösen und fortan als Rentier das beschauliche Dasein eines alternden Junggesellen zu führen. Er lebte sein Geld, wie man in Hamburg zu sagen pflegte, und vertrieb sich die Beschaulichkeit mit dem Erwerb zeitgenössischer Gemälde, die er später zum Großteil der Hamburger Kunsthalle vermachte – die sie sogleich verschwinden ließ, denn es waren fürchterliche Schlachtengemälde oder süßliche Genrebildchen.

Anfangs hegte Jakob eine amouröse Verehrung für die reife Dame Salomon, die jedoch unerwidert blieb, weil ihre Gefühle – genau wie ihre Füße – jede außergewöhnliche Anstrengung ablehnten. Sie nahm es ihm deshalb auch nicht übel, als er sich bei einem Teebesuch für die propre Jungfer Süders zu erwärmen begann.

Sie war so ganz anders als Madame Salomon und die üppigen, verwöhnten Damen des jüdischen Kreises, in dem er zu verkehren pflegte. Demoiselle Süders nahm ihn gefangen durch ihre stille Umsichtigkeit, sie war immer zur Stelle, ohne gerufen zu werden. Ihre spröde Anmut zog ihn an. Manchmal ließ er sich viermal Tee von ihr einschenken, weil er sich an ihren unvorstellbar schmalen, langfingrigen Händen nicht satt sehen konnte.

Eines Tages bat er Madame Salomon um ein Charakterbild ihrer Gesellschafterin. Ohne lange überlegen zu müssen, sagte diese: »Fleißig, umsichtig, ehrlich, verantwortungsbewußt, sauber, keine Amouren. Sollte sie Herzenswärme besitzen, so gelingt es ihr vortrefflich, dieselbe zu verbergen. Manchmal läßt sie einen spüren, daß sie nicht gerne dient.«

Zuweilen fuhr Jakob Bär an die See, und da fand er das Aquamarinblau ihrer Augen wieder. Ihre Haarfarbe erinnerte ihn an feuchten Sand.

Mit 52 Jahren überwand der überzeugte Junggeselle zum ersten Mal seine Heiratsscheu. Er hatte in Mathilda Süders sein nordisches Wunschbild gefunden.

Natürlich war Tilla seine Verehrung nicht entgangen, sein scheues Werben. Aber ehe er sich ihr erklären konnte, fuhr Madame Salomon mit ihr in ihrer Equipage um die Binnenalster.

»Ich muß mit Ihnen reden, Süders. Hören Sie mir zu. Sie haben einen Verehrer. Er ist kein Beau und auch nicht mehr jung. Andererseits ist ein Mädel in Ihrem Alter bereits eine alte Jungfer, die kaum noch Aussicht hat, unter die Haube zu kommen. Zumal wenn sie so pudelarm ist wie Sie und nicht mal eine Aussteuer besitzt. Haben Sie sich schon einmal klargemacht, wie Ihre Zukunft aussehen wird? Ein liebloses Leben als Angestellte erwartet Sie, und wenn Sie eines Tages zu alt zum Dienen sind, müssen Sie das Gnadenbrot ohne Butter bei der verhaßten Mischpoche erbetteln.«

»Madame, ich verstehe Sie nicht«, begann Tilla kühl und wurde von der Salomon ärgerlich am Weiterreden gehindert.

»Natürlich verstehen Sie mich, Süders. Es gibt doch

keinen anderen, der um Sie herumschmachtet als Herrn
Bär. Oder haben Sie einen, von dem ich nichts weiß?«

»Nein. Niemand. Sie meinen, Herr Bär möchte mich
heiraten? Aber warum sagt er das Ihnen und nicht mir?«

»Weil er sich nicht traut. Ich soll Sie darauf vorberei-
ten. Überlegen Sie sich Ihre Entscheidung genau. Er ist
ein grundgütiger Mensch und inzwischen reich genug,
um sich das weiche Gemüt leisten zu können. Er ist Ihnen gar nicht gewachsen. Von Pflicht, Ordnung, Fleiß
und Pünktlichkeit verstehen Sie viel, aber manchmal
frage ich mich: Wo versteckt sie ihr Herz. Hat sie überhaupt eins?«

»Madame!!!«

»Unterbrechen Sie mich nicht, Süders.«

Aber Tilla ließ sich nicht mehr den Mund verbieten.

»Madame, wenn Sie sich jemals für meine Vergangenheit interessiert hätten, würden Sie anders über mich
denken! Und jetzt möchte ich bitte aussteigen und zu
Fuß zurückgehen, um nachzudenken.«

Jakob Bär wollte ihr also einen Antrag machen.
Aschenputtel sollte endlich einen Prinzen bekommen.
Nun besaß Bär zwar nicht eben eine Märchengestalt,
aber er war ein freundlicher, gebildeter, wohlhabender
Herr, wenn auch Jude. Madame Salomon hatte recht: Sie
wäre dumm, würde sie jetzt nicht zugreifen.

Die Equipage fuhr immer noch neben ihr her. Kurz
vor dem Jungfernstieg öffnete die Salomon das Fenster
und schaute sie erwartungsvoll an: »Nun?«

Tilla nickte.

＊

Bärs Besuch war für fünf Uhr am selben Nachmittag angesagt, und Madame stellte ihnen für die Unterredung ihren grünen Salon zur Verfügung. Tilla zog ihr bestes Taftkleid über die altmodische Krinoline, Jakob Bär erschien im grauen Frack mit Zylinder und einem Rosenbouquet in weißer Spitzenmanschette.

Heiser vor Erregung machte er ihr einen Antrag.

Er bot ihr seinen immerwährenden Schutz an, ein Zuhause, aus dem sie niemand würde vertreiben können, ein sorgloses Leben und zuletzt, bescheiden, auch seine tiefe Zuneigung. Und als sie ja sagte, fühlte sie sich von einer nie gekannten behutsamen Zärtlichkeit umarmt.

Nun hatten Mathilda Süders und Jakob Bär im jeweils anderen endlich einen Menschen gefunden, für den sie sorgen durften.

Die Bärsche Verwandtschaft erschien nicht zur Hochzeit. Sie verzieh Jakob nicht, daß er statt eines Mädchens aus guter jüdischer Familie eine dahergelaufene Schickse erwählt hatte. Tillas Kieler Verwandte wiederum kriegten gar keine Einladung, nur eine vornehme Anzeige. Als sie erfuhren, daß sie einen Juden geheiratet hatte (das »J« sprachen sie wie bei Journal aus, was die Geringschätzung auch akustisch verdeutlichen sollte), zerrissen sie sich die Mäuler. Hat sie denn gar keinen Stolz? Und schämt sie sich als Christin nicht, ihr reines, friesisches Blut mit dem eines Juden zu vermischen? Ach, die armen, armen Kinder aus dieser Ehe!

Als die Verwandten aber mitbekamen, daß Tillas Jude ein reicher Jude war, schickten sie ihr Bittbriefe, die wie finanzielle Forderungen klangen und sie daran erinnerten, daß sie die Süderschen Waisen wie eigene Kinder angenommen und großmütig umsorgt hätten.

»Ja«, tobte Tilla, »so großmütig, daß Fritz in den Brunnen gesprungen ist!«

Zwischen Jakob und Tilla spielte der Glaube keine Rolle. Jakob hatte sich längst vom orthodoxen Judentum gelöst, und auch Tilla machte keinen Gebrauch von ihrer Zugehörigkeit zur protestantischen Gemeinde.

Zur Hochzeit im Jahre 1869 schenkte ihr Bär die gewaltigen Brillantboutons als Ohrgehänge, die sie bis zu ihrem Tode tragen sollte.

Kurz darauf ließ sie ein neues Daguerreotyp von sich anfertigen. Darauf trägt sie ein Hütchen mit Bändern als Insigne ihrer Frauenwürde und für alle sichtbar, auf einen Säulenstumpf gelagert, den Ehering an ihrer unsagbar schmalen Hand. Voilà, Madame Jakob Bär, eine selbstsichere, wohlhabende Bürgersfrau, nicht länger in Salomonischen Diensten, sondern nun selbst Herrin ihres eigenen Hausstandes.

Das Bild schickte sie ihrer ausgewanderten Schwester nach Independance in Kansas, wo Bertha mit ihrem Mann ein hartes Dasein fristete, im steten Kampf mit »allerlei Raubzeug«, vor allem mit Riesenschildkröten, die immer und immer wieder ihre sorgsam angelegten Pflanzen zerstörten.

✳

Womit niemand bei der Eheschließung gerechnet hatte: Tilla war ihrem so viel älteren Mann von Herzen zugetan und wurde umgehend schwanger.

Womit Jakob Bär allerdings wiederum nicht gerechnet hatte, war ihre extreme Sparsamkeit. Sie wendete und flickte jedes Hemd zigmal, bevor sie sich zu einer Neuanfertigung entschloß. Auf dem Markt feilschte sie mit den Fisch- und Gemüseweibern, daß sich das sie begleitende Kleinmädchen schämte, bei so einer »niffigen« Gnädigen in Diensten zu stehen.

Selbst Jakob, der nie vergaß, ihre Sparsamkeit im Freundeskreis zu loben, gab zu bedenken: »Mein Tildale, wann vergißt du endlich, daß du nicht mehr arm bist?«

»Wohlstand ist noch längst kein Grund, ihn auszugeben. Mir macht es Spaß zu sparen«, ließ sie ihn wissen.

Tilla war eine unglaublich tüchtige Frau. Ihr rastloser Fleiß erlaubte ihr keine Ruhepause, ebensowenig den Hausmädchen. Alles mußte glänzen, nirgends durfte es sich ein Körnchen Staub oder eine Fussel bequem machen. Schließlich floh selbst die Gemütlichkeit vor ihrem Besen aus dem Haus, und das Personal hinterher. Länger als ein paar Monate hielt es keine bei Madame aus. Aber Jakob Bär war stolz auf sein Tildale. Die beiden in Alter, Herkunft, Temperament und Bildung so grundverschiedenen Menschen führten eine gute, harmonische Ehe, was vor allem an Bärs Friedfertigkeit lag. Ihre erste gemeinsame große Freude wurde zugleich ihr erstes großes Leid: Ihr Kind – ein Sohn – starb wenige Tage nach der Geburt. Das zweite war eine Tochter, die einen Monat zu früh auf die Welt kam und ein Leben lang klein, zart und anfällig blieb. Sie wurde auf den Namen Magda getauft.

Am 23. Mai 1873 wurde Paula geboren, ein gesundes, dickes Mädchen mit blauen Augen und schwarzen, widerspenstigen Haaren. Was für eine Enttäuschung für Tilla, die sich so sehr einen Sohn gewünscht hatte.

Paula, von ihrem Vater zärtlich Polly gerufen, und Magda, die Ältere, zankten sich, sobald sie dazu fähig waren. Damals sprach man noch nicht von Kinderpsychologie, die wäre bei Tilla auch völlig fehl am Platz gewesen. Sie regelte Streitigkeiten mit locker sitzender Hand, wobei sie alle beide verprügelte, die Schuldige und die Unschuldige. Sie nannte das »einen Abwasch machen«. Sensibilität war gewiß nicht ihre Stärke. Und im Vergleich zu ihrer eigenen Kindheit lebten ihre Töchter ja wie im Paradies. Mathilda nähte ihnen Kleider, Jäckchen und Hauben und bestickte sie. Magda war die hübschere von beiden, so zart und klein. Wenn Tilla mit ihr ausging, puppte sie Magda aufs niedlichste an, um »Staat mit ihr zu machen«. Polly mußte derweil zu Hause bleiben. Sie war zu dick und sah mit ihrem borstigen schwarzen Haar zu jüdisch aus, fand Tilla.

Polly saß auf ihrem Stühlchen im Kinderzimmer und fühlte sich verstoßen. Dabei hatte sie doch gar nichts Böses getan. Was für ein Glück, wenn ihr Vater rechtzeitig nach Hause kam, um sie zu trösten.

Als Magda zehn Jahre alt war und Polly acht, wurde Tilla noch einmal schwanger, und diesmal erfüllte sich ihr Herzenswunsch. Sie gebar einen lebensfähigen Sohn mit allen friesischen Merkmalen und einem sonnigen, unkomplizierten Wesen. Ihm gehörte von nun an ihre ganze Liebe und Umsicht.

Die beiden Mädchen verbrachten inzwischen den

halben Tag in der Werdermannschen Privatschule, wo sich bald herausstellte, daß Magda mit den Kindern ihrer Klasse geistig nicht Schritt halten konnte, während Polly leidenschaftlich gern und leicht lernte. Sie war nicht nur die viel bessere Schülerin, sondern auch ihrer Schwester über den Kopf gewachsen, was bedeutete, daß die um zwei Jahre ältere Magda Pollys Kleider auftragen mußte – ein ständiger Anlaß zu Kriegserklärungen.

Jeden Mittag wartete Jakob Bär vor der Schule, um seine kleinen Mädchen abzuholen und ihnen die Stiefel zuzuknöpfen. Manche Mitschülerinnen hielten ihn für ihren Großvater.

Bär war in den letzten Jahren merklich gealtert. Er ging nicht einmal mehr zur Börse. Nach seinem beschaulichen Junggesellenleben hatte ihn Tilla mit ihrem Putzfimmel um seine Ruhe gebracht. Er mußte sich an die Launen einer Schwangeren gewöhnen und an ihren Schmerz, als sie ihren Sohn verlor. Nie mehr kam er zu seinen wissenschaftlichen Studien, nie mehr ins Gasthaus zu seinen alten Freunden, weil laut Tilla ein im Ruhestand lebender Mann ohne weiteres ein Kinderfräulein ersetzen konnte.

Pollys Charakter ähnelte dem Tillas. Eine herrschsüchtige Mutter und eine bereits im Kindesalter in ihrem Willen unerbittliche Tochter – das führte zu Machtkämpfen, zu Verstocktheit, zu mütterlichen Prügeln, zu viel Geschrei im Haus, zu Pollys schluchzender Flucht in die Arme ihres Vaters, in denen ihre Wut rasch verflog. Am Ende trockneten die letzten Tropfen auf seinem Chemisette.

Aus Sparsamkeitsgründen ließ Tilla ihre Töchter immer gemeinsam fotografieren. Wie hypnotisiert glotzten die beiden auf den Fotografen. Unter ihren dunklen Kleidern rüschelten Spitzenhöschen hervor, die gesamte Garderobe stammte wie gewohnt aus Tillas eigener Schneiderwerkstatt.

Liebling Bernhard, gekleidet wie ein Prinz in Samt, mit Spitzenkragen und Taftschleife ums Bäuchlein, wurde selbstverständlich alleine fotografiert. Tilla, die bis ins hohe Alter übertrieben genügsam in ihren Lebensansprüchen blieb, die ihre Töchter zu strengster Einfachheit erzog und selbst den Enkelinnen noch das Gesetz der Anspruchslosigkeit bis zur Mißachtung aller modischen Firlefanzereien zu predigen pflegte – Tilla überwand ihren großen Geiz, sobald es um die Ausschmückung dieses wunderschön gelockten, blauäugigen Knaben Berni ging. Für ihn war ihr nichts teuer genug. Er war ihr Abgott, die Erfüllung ihres Lebens. Auch Jakob Bär konnte sein Glück kaum fassen, an der Herstellung eines solchen Wundersohnes beteiligt gewesen zu sein.

Magda und Polly beteten ihn ebenfalls an. Sie verziehen ihrer Mutter sogar, daß sie sich kaum noch um sie kümmerte, seitdem es diesen kleinen Bruder gab.

Im Sommer 1884 fuhr die Familie zur Kur nach Bad Oldesloe im Holsteinischen. Hier erkrankte Bernhard nach ein paar Tagen. Der Kurarzt meinte zuerst, die veränderte Kost sei schuld. Als sich sein Zustand jedoch rapide verschlimmerte, wurden sämtliche erreichbaren Kapazitäten aus Hamburg zugezogen. Sie standen mit den verzweifelten Eltern um sein Bettchen herum und erlebten hilflos seine Qualen mit. Vielleicht ein Darmverschluß? Aber sicher waren sie sich nicht. Am vierten Tag starb Berni in Tillas Armen.

Das viele in ihrer Jugend erlittene Leid und der Tod ihres ersten Sohnes hatten sie verhärtet und einen Schutzpanzer um ihr Herz gelegt, der sie vor neuen, schweren Verletzungen bewahren sollte. Bernis frühes Ende aber war zuviel für sie. Der Schutzpanzer zerbrach. Tilla schrie in ihrer Trauer so schrecklich, daß sich ihre kleinen Mädchen verängstigt in eine Zimmerecke drückten. Was sie miterleben mußten, vergaßen sie ein Leben lang nicht mehr: Mama wie von Sinnen, der arme Papa, der sie zu beruhigen versuchte und zur Seite gestoßen wurde; eine Lampe flog durchs Zimmer, haarscharf an Papa vorbei, der in seinem Schmerz auf die Knie gefallen war. Mama warf sich mit ausgebreiteten Armen über das Bett mit dem kleinen Leichnam. »Mein Liebling, o mein Liebling! Warum ausgerechnet du? Lieber hätte ich beide Mädels hergegeben als dich, o Gott, das ist zuviel! Wie kannst du mir das antun.« Und während Mathilda den Herrn im Himmel verfluchte, umklammerte Jakob seine weinend zusammengesunkenen Töchter. Ach, sie umarmten sich alle drei in ihrem Schmerz um den Bruder und in ihrem Entsetzen über Mama, die ihren Töchtern entgegengeschrien hatte, wie wenig sie ihr bedeuteten.

Tilla weigerte sich, von Berni Abschied zu nehmen. Als die Männer vom Begräbnisunternehmen das Zimmer betraten und sich mit dem weißen Kindersarg dem Bett näherten, verteidigte sie ihn wie eine Furie. Jakob Bär, ein Arzt sowie der Hoteldirektor brauchten unendlich viel Geduld, bis sie endlich bereit war, Berni herzugeben. Jakob Bärs Argument: »Die Wärme bekommt ihm nicht, mein Tildale«, überzeugte sie schließlich. Aber nicht mit dem Leichenwagen, mit einer Kutsche sollte ihr Liebling nach Hamburg zurückkehren, und Bär sollte ihn begleiten.

Warum fuhr sie nicht selbst mit? Warum mutete sie diesem sensiblen, alten Mann eine sechsstündige Fahrt von Oldesloe nach Hamburg zu, mit dem Sarg neben sich. »Daß du mir ja nicht den Deckel schließt, sonst kriegt er keine Luft, Jakob, hörst du?« Was mochte er auf dieser Fahrt unter dem von der Sonne aufgeheizten Kutschendach durchlitten haben. Zum Schmerz um den toten Sohn gesellten sich die Sorge um die Töchter und Zweifel an Tilla selbst. Wie konnte eine Mutter so ungerecht sein, so verletzend, so unvorstellbar rücksichtslos im Umgang mit empfindsamen, liebebedürftigen kleinen Mädchen?

Als Jakob Bär nach sechs Stunden Fahrt der Kutsche entstieg, war ihm so taumelig zumute. Man mußte ihn stützen. Am Begräbnis nahm er noch teil. Danach legte er sich ins Bett und starb drei Wochen später. Die Heimreise mit dem toten Berni neben sich hatte ihm wohl das Herz gebrochen. Er wurde neben seinen zwei kleinen Söhnen auf dem Jakobifriedhof begraben.

Innerhalb kurzer Zeit hatte Tilla die Seligkeit ihres Lebens verloren und auch noch ihren Mann. Mit zweiundvierzig Jahren war sie Witwe, viel zu vital und jung für diesen schwarzen Stillstand. Ja, sie vermißte auch Jakob Bär, begriff wohl erst jetzt, was sie mit ihm verloren hatte, und versohlte aufs härteste ihre Mädchen, als sie die beiden dabei erwischte, wie sie mit ihrem Trauerhut Beerdigung spielten.

Tilla, die so gerne gesungen hatte, war verstummt. Sie lauschte ständig in der Hoffnung, noch einmal Bernis lärmende Fröhlichkeit in den hohen Räumen zu hören, seine eiligen Stolperschritte auf den Dielen. Nichts. Nichts mehr, gar nichts. Und wenn, so waren es die Trampeleien ihrer schwarzgekrausten Töchter.

Da sie nun eine wohlhabende Frau war, gönnte man ihr keine ungestörte Trauerzeit. Tilla mußte sich mit ihrem Erbe befassen. Sie hatte keine Ahnung gehabt, wie wohlhabend ihr Jakob gewesen war. Man sah sie nie ratloser als nach der Testamentseröffnung. Bär hatte ihr den Löwenanteil seines Vermögens vermacht, der ihr zur freien Verfügung stand, wohl wissend, daß ihre Finger einen Starrkrampf erlitten, wenn sie einen Taler aus dem Geldbeutel fischen mußten. Sie konnte ausgezeichnet mit einem Minimum an Ausgaben wirtschaften. Aber was verstand sie von Hypotheken, Zinsfuß, Aktien, Dividenden ... Das waren böhmische Dörfer für sie. Zudem hatte ihr Jakob einen geschäftlichen Berater zur Seite gestellt, der selbst einen gebraucht hätte. Dieser hieß Eisenthal, Lotteriekollekteur von Beruf, und handelte mit Immobilien. Nicht nur Jakob Bär hatte ihn für eine Vertrauensperson gehalten, würdig, seine Witwe und seine unmündigen Töchter in finanziellen Dingen zu beraten. Wie konnte man ahnen, daß er ein Spieler und Hochstapler war?

Was Mathilda über die Maßen wurmte, war die damalige Hamburger Sitte, daß eine wohlhabende Witwe zur Erinnerung an ihren Gatten beträchtliche Summen für wohltätige Zwecke – Vereine und Stiftungen – herausrücken mußte, vierstellige Legate, die öffentlich in der Zeitung bekanntgegeben wurden, eine Form der Trauer, die ihre Opferbereitschaft um ein Vielfaches überschritt. Aber was sollte sie machen? Sie mußte zahlen.

Nach Bernis und Jakobs Tod löste sie die erinnerungsträchtige Wohnung auf, stellte ihre Einrichtung unter und vergrub sich in einem möblierten Haus in Oevelgönne, einem kleinen Schifferort an der Elbe, gleich hinter Altona. Hier saßen die Kapitäne auf ihrem Altenteil, schmokten Pfeife und sprachen plattdütsch mit Tilla. Das gefiel ihr.

Magda und Polly hatten nun einen sehr langen Schulweg nach Hamburg und keinen Papa mehr, der sie mit der Kutsche hinbringen und wieder abholen konnte.

Jeden Abend saßen die drei um die Petroleumlampe und übten sich in total überflüssiger Handarbeit. Was für eine geistige Langeweile. Was für ein isoliertes Dasein.

Jetzt, wo Tilla eine unabhängige, wohlhabende Witwe war, litt sie unter ihrer fehlenden Schulbildung und gesellschaftlichen Unsicherheit. Sie wurde weder von den guten christlichen noch von den jüdischen Kreisen in Hamburg anerkannt, kurz – sie gehörte nirgends dazu. Selbst Madame Salomon ließ sie – je nach Laune bewußt oder unbewußt – spüren, daß sie ihre ehemalige Gesellschafterin war. Für eine zweite Heirat wiederum war Mathilda viel zu mißtrauisch. Mit 42 Jahren mottete sie deshalb ihre Weiblichkeit samt den dazugehörigen Gefühlen, Trieben und den wenigen Eitelkeiten für immer ein. Auf einem Porträt aus jener Zeit ist sie kaum wiederzuerkennen. Ein fast männliches Gesicht mit harten Zügen, ein bißchen zum Fürchten, wenn man an ihre kleinen Töchter denkt.

Jenny und Björn

Paula und Jenny genossen ihre Zweisamkeit während der Weihnachtstage des Jahres 1919, und keine von beiden erwähnte den Namen Björn Jonasson. Es war, als ob ein Buch, das weiterzulesen sich nicht lohnte, ins Regal zurückgestellt worden war. So wenigstens hoffte Paula beim Anblick ihrer zärtlichen, nun wieder so gefügigen Tochter.

Es kam der Silvesternachmittag. In der Pension war es seit dem 23. Dezember sehr ruhig gewesen, die meisten Gäste waren verreist, selbst der Oberst a. D. erhielt eine Einladung für die Festtage von seiner Kusine, einer pommerschen Stiftsdame.

Als Jenny das Teegeschirr in die Küche trug, begegnete sie dort Frau Ballmann mit dem Schwarzseidenen unter der Küchenschürze und zum Kräuseln aufgewickelten Stirnhaaren. Sie war gerade dabei, ein Blech aus dem Herd zu ziehen und mit einer Stricknadel in den Napfkuchen zu piken, um zu prüfen, ob er schon gar war.

»Duftet göttlich«, sagte Jenny.

»Mit 200 Gramm Butter drin. Aber fragen Se mich nich, wo ich die her hab.« Sie beäugte kritisch die Teigspuren an der Nadel und schob den Kuchen in den Ofen zurück. »Der braucht noch 'n bisken. Ich fahr zu meiner Schwester nach Steglitz. Und Sie? Bleiben Se hier?«

»Wir gehen ins Konzert. 9. Symphonie von Beethoven.«

»Ah ja? Na ja, wenigstens haben Se was vor. Dr. Jonasson geht auf 'n Ball. Er hat sich eben heißes Wasser geholt.«

»Ach, ist er schon zurück?«

»Sonst hätt er sich ja kein heißes Wasser holen können, oder?«

Jenny verließ die Küche, ohne Frau Ballmann einen guten Rutsch gewünscht zu haben, ging aber dann nicht zu ihrer Mutter, sondern trug das Teegeschirr, das sie in den Abwasch hatte stellen wollen, in ihr Zimmer und setzte sich damit aufs Bett.

Jetzt fingen die Spannungen wieder an – oh, wäre sie ihm doch nie begegnet. Seine Nähe löste eine gefährliche Beunruhigung in ihr aus. Ohne zu fragen, ob sein Erscheinen erwünscht war, hatte er sich in ihr Leben gedrängt. Hatte ihre Gefühle und Gedanken beschlagnahmt, das Wort Verführer fiel ihr ein. Und Claire? Hatte er sie von der Reise mitgebracht?

Plötzlich ging die Tür auf, und Paula trat ein, schon im Abendkleid. Als sie ihre Tochter verstört auf dem Bett sitzen sah, mit dem Teetablett auf den Knien, sagte sie: »Liebling, du bist ja noch gar nicht umgezogen. Wir müssen gleich los«, und sah sie prüfend an. »Ist was?«

Jenny schüttelte den Kopf.

»Also, dann beeil dich, mein Schatz, sonst kommen wir zu spät in die Philharmonie.«

Als sie das Zimmer schon wieder verlassen wollte,

hielt Jenny sie mit einem eindringlichen »Mami« zurück. Und als sich Paula umsah, sagte sie geradezu beschwörend: »Was auch immer kommen mag, vergiß nie, daß du der wichtigste und liebste Mensch in meinem Leben bist. Immer und immer.«

Paula streichelte sanft über Jennys kühles, starkes Haar: »Niemand wird uns trennen können!«

∗

Am 1. Januar 1920, einem Donnerstag, um halb zehn Uhr früh klopfte Jonasson an Jennys Zimmertür. Er hatte nicht erwartet, daß sie so rasch öffnen würde, fertig angezogen, in einem schmalen grauen Rock und weißer Bluse. Na bitte, dachte er befriedigt, sie wird's schon lernen, und nahm ihre Hände: »Ein frohes neues Jahr, liebe, hübsche Jennifer, was halten Sie von einem Neujahrsbummel Unter den Linden?«

Er hatte wieder »Sie« zu ihr gesagt. Das gefiel ihr. Einseitiges Duzen machte ein kleines Mädchen aus ihr.

»Gerne, ich muß nur ...«

»... die Mama fragen, ob Sie mitkommen dürfen.«

»Es gehört sich schließlich, daß ich mich bei ihr abmelde.«

Jonasson ging noch einmal in sein Zimmer, um den Mantel zu holen, und spürte den Magnetismus seines Bettes. Er hatte erst gegen sechs Uhr früh den Silvesterball verlassen und beim Hinausgehen Dr. Schmidt vom Finanzministerium als hilflose Person aus einer Blumendekoration gepflückt, in ein Taxi gestopft und später die Treppe zum Fahrstuhl hochbugsiert, kein leichtes Unterfangen, denn Schmidt war ein Riese. Von seinem laut-starken Wunsch nach einem kühlen Bier war Jenny auf-gewacht. »Aba dalli, Jonasson.« Und darauf Jonassons leicht erschöpfte Stimme: »Ja, ja, kommt alles. Jetzt wollen wir erst mal ein bißchen schlafen.«

»Und Schmidts Monokel?« fragte Jenny, als sie so gegen zehn Uhr mit der Stadtbahn Richtung Friedrichstraße fuhren.

»Keine Sorge«, lachte Jonasson, »das sitzt fest ver-klemmt im Tränensack eines höheren preußischen Be-amten – Ministerialbeamten! Das muß man eines Tages gewaltsam entfernen, bevor man ihm für immer die Augen schließt.«

»Sie haben ein böses Mundwerk, Herr Doktor«, stellte sie lächelnd fest.

»Sie werden es auch noch lernen, wenn wir längere Zeit zusammengewesen sind«, versicherte er ihr. »Was hat eigentlich Ihre Mutter zu unserem Ausflug gesagt?«

»Gar nichts weiter. Sie hat mich nur daran erinnert, daß wir um drei eine Verabredung mit Geheimrat Gabler haben.« Jenny hütete sich, ihm zu erzählen, wie bestürzt Paula über diesen Lindenspaziergang mit Jonasson gewesen war.

»Wer ist Gabler?« fragte er eifersüchtig.

»Eine Reisebekanntschaft. Meran 1914 ...«

Und dann Bahnhof Friedrichstraße. Sie mußten aussteigen. Die »Linden«, Berlins feudalste Avenue, wirkte an diesem ersten Januarmorgen ebenso ramponiert wie verkatert. Papierschlangen hatten den Schneematsch rot und grün und blau gefärbt und baumelten von Lindenästen. Leere Flaschen, die Reste gezündeter Raketen und

Gegenstände, die sonst noch so von Silvester übriggeblieben waren, lagen auf den Bürgersteigen herum, denn die Gewerkschaft der Straßenkehrer hatte sich diesen 1. Januar ausgesucht, um für höhere Löhne zu streiken.

Eine alte Frau in durchnäßten Filzschuhen führte ihren Spitz aus und zerrte ungeduldig an der Leine, ohne zu merken, daß er den Bürgersteig bekötelte. Die grüne Minna, das hochrädrige, geschlossene Polizeifahrzeug, bog matschspritzend aus der Friedrichstraße in die Linden ein.

Dann begegneten sie noch einer überhaupt nicht verkaterten siebenköpfigen Familie von »außerhalb«, der Vater hielt den Daumen fest im aufgeschlagenen Baedeker.

»Ich nehme an, die sind aus Cottbus«, sagte Jonasson und schnappte sich eine leere Blechdose, die er als Fußball benutzen konnte. Er dribbelte sie scheppernd über den breiten Bürgersteig, Jenny fing sie ab und schoß sie gegen ein vorüberfahrendes Automobil. Der Fahrer hielt an, da rannten sie beide davon – zuerst schlugen sie Haken, um nicht erwischt zu werden, und als ihnen der Autobesitzer nicht folgte, machte sich Jenny einen Spaß daraus, um Lindenstämme und Laternenpfähle herumzutänzeln. Es war lange her, daß Jonasson Fangen spielen mußte. Sie war schneller als er. Einmal sah sie sich nach ihm um und lachte. Ihre Wangen glühten. Ach, wenn sie geahnt hätte, wie aufgeregt verliebt ihr Lachen klang!

Kurz vor dem Hotel Adlon vermißte sie seine Schritte hinter sich und wandte sich um. Da stand er mitten auf dem breiten Trottoir und streckte die Hand nach ihr aus.

»Komm her, Jennifer«, bat er sanft.

Sie ging arglos auf ihn zu, ihre schweren, aus den Nadeln gerutschten Haare kräuselten sich um ihre Schultern.

»Ein wunderschönes Neunzehnhundertzwanzig. Das wird unser Jahr, Jennifer. Wir machen was Unvergeßliches daraus. Ich verspreche, dir ... ach, komm her«, unterbrach er sich und nahm ihr Gesicht zwischen seine Hände. Und mitten vorm Adlon, vor den Augen koffertragender Pagen und pelzverbrämter Gäste, die abreisten, küßte er Jenny mit einer Intensität, die ihr den Atem nahm.

Ehe sie sich losreißen konnte, gab er sie schon wieder frei. Sie wollte wegrennen, kam aber nicht vom Fleck. Wenigstens sein siegesgewisses Lächeln wollte sie ihm aus dem Gesicht schlagen, kriegte aber den Arm nicht hoch. Übergangslos hatte er sie in einen Strudel gerissen – Herz, Kopf, Schoß –, ein Coup de foudre, ein Deichbruch der Gefühle.

»Komm«, sagte er und hakte sie unter. Und sie wehrte sich nicht.

Jonasson war bester Stimmung, Jenny hingegen jetzt auffallend schweigsam.

Er sah sie von der Seite an. »Ist was? Bist du nicht froh? Das Jahr hat doch gut angefangen!«

»Wie war's im Riesengebirge?« fragte sie unvermittelt.

»Viel Schnee, viel Spaß. Skiwanderungen. Rodeln. Schlittenfahrten über Land. Viel Punsch und ein paar Tränen beim Abschied.«

»Wieso Tränen?«

»Das ist nun mal nicht zu vermeiden, wenn man sich

trennt. Wenn etwas, woran man sich gerne erinnern wird, zu Ende geht«, sagte er.

Er meinte den Abschied von Claire und klang nun auch nachdenklich. »Kann sein, daß ich manchmal ihre Fröhlichkeit vermissen werde.«

»Warum trennen Sie sich dann von ihr?« Jenny begriff das nicht.

»Tja, man soll gehen, solange es einem noch leid tut. Weißt du, Mädchen wie Claire machen sich keine Illusionen. Sie wissen von vornherein, daß sie Geliebte auf Zeit sind. Die Berechnenden haben rechtzeitig einen neuen Freier in petto, noch besser, einen ordentlichen Mann, der ein properes Mädel mit einem Sparbuch gerne ehrlich macht. Vielleicht erzählt sie ihm von ihrer Vergangenheit, vielleicht auch nicht.«

»Hat Claire schon einen Neuen?« fragte Jenny.

»Ich fürchte, nein«, sagte Jonasson, »sie hatte mich wohl ein bißchen lieber als anfangs vorgesehen.«

»Und haben Sie gar kein schlechtes Gewissen, sie so einfach sitzenzulassen?«

»Ich werde für sie sorgen, bis sie wieder in feste Hände kommt«, versicherte er.

»Das ist doch wohl nicht nur ein finanzielles Problem.« Jenny ließ nicht locker. »Ich glaube, Claire liebt Sie wirklich.«

Ein eisiger Wind pfiff die Linden herauf, sie spürte in den vom Schneematsch durchnäßten Schuhen vor Kälte ihre Zehen nicht mehr. Jonasson hielt deshalb eine Droschke an und half ihr hinein. »Zum Nikolsburger Platz«, rief er dem Kutscher zu, ehe er sich neben sie setzte.

»Ich bin doch nicht schuld, oder?« fragte Jenny nach längerem Schweigen besorgt.

»Woran? Ach so, du meinst wegen Claire?« Er lachte. »Natürlich bist du schuld, du bist so wunderbar schuld ...!«

»Und Claire? Wie hat sie es aufgenommen?«

»Sie hat es ja eher gemerkt als ich. Sie hat selbst mal gesagt: Eines Tages kommt die Richtige, ein Mädchen aus deinen Kreisen, die du heiraten möchtest, dann ist meine Zeit zu Ende. Als du zum ersten Mal abends bei uns im Zimmer warst, ahnte sie, daß ich mich in dich verliebt habe. Damals war ich mir selbst noch nicht klar darüber. Heute weiß ich, daß sie recht hatte: Ja, ich habe mich in dich verliebt. Aber selbst wenn du die Richtige sein solltest, eins mußt du von Anfang an wissen: Ich werde niemals heiraten. Dich nicht und auch keine andere. Ich muß frei sein von jedem konventionellen Zwang.« Und geradezu beschwörend fügte er hinzu: »Bloß kein tristes Alltagseinerlei. Keine Szenen. Kein Strindberg. Ich eigne mich nicht zum Ehemann. Aber ich verspreche dir: Ich bring dir das Leben bei und die Liebe und das Lachen, das auch. Wir werden eine glückliche Zeit miteinander haben. Und wenn der Zauber eines Tages nachläßt, wandeln wir unsere Liebe in eine Freundschaft um!« Da sie nichts sagte, sah er ihr prüfend in die Augen: »He, Jennifer ...« Sie schwieg lange vor sich hin. Nur das Getrappel der Hufe auf dem Pflaster und das antreibende »Hüa« des Kutschers waren zu hören.

»Jetzt bist du geschockt, nicht wahr?«

»Nein, warum? Ich will ja auch nicht heiraten«, sagte Jenny gelassen.

Welche Reaktion er auch immer erwartet haben mochte, diese gewiß nicht. Die meisten Frauen wollten geheiratet werden, darum hielt er sich eine Geliebte wie Claire, die keine Ansprüche stellte. Meist wechselte er sie nach einem halben Jahr, er nannte das seine Sommernachtsträume und Wintermärchen.

»Das glaube ich dir nicht, das sagst du nur so, Jennifer.«

»Ich werde bestimmt nicht heiraten«, versicherte sie im Brustton der Überzeugung. »Mami möchte, daß ich eine berühmte Sängerin werde und ganz meiner Kunst lebe. Sie opfert ja auch ihr eigenes Privatleben meiner Karriere. Ein Mann würde da nur stören«, ergänzte sie.

Die Kutsche näherte sich bereits dem Nikolsburger Platz. Jonasson drehte ihr geradeaus schauendes Gesicht in seine Richtung – seine Gesten waren bestürzend sanft und erfahren. Jenny verlor die Kontrolle über ihren Körper und sank ihm entgegen, einfach so, ohne es verhindern zu können – die Anziehungskraft war zu stark. Er nahm ihr Gesicht zwischen seine Hände, den Abstand bestimmend, nah, aber nicht zu nah. »Ich freu mich auf dich.«

Warum küßt er mich nicht noch einmal, bedauerte sie. War das Taktik? Die impulsive, überhaupt nicht raffinierte Jenny war enttäuscht.

Beim Aussteigen rief Jonasson dem Kutscher zu, daß er noch weiterzufahren beabsichtige, und brachte Jenny zur Haustür.

Dabei verdrehte er die Augen gen Himmel. »Ich muß jetzt zu einem Neujahrsempfang. Ich hoffe, er ist bereits vorbei, wenn ich eintreffe.«

Das gesellschaftliche Leben, zu dem er teils aus beruflichen Gründen, teils aus Mangel an Tischherren Einladungen erhielt, setzte voraus, daß er kein gespanntes Verhältnis zur Langeweile haben durfte. Hatte er aber. Allein die Hoffnung auf einen amüsanten Nachbarn oder ein intellektuelles Gegenüber, mit dem zu unterhalten sich lohnte, ließ ihn immer wieder zusagen.

Er küßte ihre Hand. »Adieu, liebste Jennifer, Empfehlung an die Frau Mama.«

Bevor sie zu ihrer Mutter ging, zog Jenny ihre Schuhe aus und die durchnäßten schwarzen Strümpfe, von denen sie ein Dutzend besaß, auch in Braun und in Weiß, von Großmama Tilla gestrickt.

Paula war noch in Hut und Mantel, als Jenny ihr Zimmer betrat. Sie hatte gerade einen Neujahrsbesuch bei Kimmelstiehls gemacht.

»Stell dir vor, aus der Küche roch es nach Gansbraten. Magda schob mich beinah zur Tür hinaus vor lauter Angst, ich könnte den Wunsch äußern mitzuessen. Es war wirklich kein Irrtum, daß ich diese Schwester von klein auf nicht leiden mochte.«

Während ihr Jenny aus dem Mantel half, fragte sie: »Na und? Wie war's bei dir, mein Liebling?«

»Eisig, ich glaube, meine Füße werden nie mehr warm.« Und dabei leuchteten ihre Augen, und da war auch ein Lächeln, das sich nicht unterdrücken ließ und Paula zutiefst beunruhigte.

»Du bist verliebt!«

»Ja, Mami«, gab Jenny zu. »Und ich wehre mich auch nicht mehr dagegen.«

Paula stand leichenblaß vor ihrem geöffneten Kleiderschrank und schob gedankenversunken die Bügel hin und her auf der Suche nach einem passenden Kostüm für die Verabredung mit Geheimrat Gabler. »Und ich habe so sehr gehofft, es wäre alles zwischen uns wieder so wie früher – nur du und ich.«

»Aber Mami«, beschwor Jenny ihre Mutter, »es hat sich doch nichts geändert. Wir beide sind eine Einheit. Ich werde dich nie verlassen.«

»Und dieser Mann, der sich da zwischen uns drängt? Er ist dazu fähig, all unsere Zukunftsträume zu zerstören.«

»Ich heirate ihn bestimmt nicht. Und er will mich auch nicht heiraten!«

»Hat er dir das ins Gesicht gesagt?« Paula konnte es kaum glauben.

»Ja«, versicherte Jenny treuherzig.

»Also ein Verhältnis!«

»Nein. Bestimmt nicht. Nur eine Verliebtheit.« Jenny wollte ihre Mutter umarmen, doch Paula wich unwillkürlich vor ihr zurück. So stand Jenny mit ihren weit geöffneten Armen bekümmert da. »Ach Mami, verstehst du das denn nicht? Ich möchte doch auch mal eine Liebesgeschichte haben. Ich bin 28!«

Paula überlegte kurz, dann griff sie entschlossen mit beiden Händen in ihren Kleiderschrank und warf so viele behängte Bügel, wie sie auf einmal greifen konnte, auf ihr Bett.

»Wir reisen noch heute ab. Auf der Stelle. Was wollen wir eigentlich in dieser gräßlichen Pension. In Hamburg haben wir ein schönes Zuhause. Da finden wir bestimmt eine genauso gute Gesangspädagogin wie die Dreese ...«

»Nein«, sagte Jenny entschieden, »dafür ist es nun zu spät. Was fange ich in Hamburg an, wenn meine Gedanken und Gefühle in Berlin bleiben?«

∗

Immer öfter taucht Björn Jonasson als »J.« nun auch in Jennys Tagebuchaufzeichnungen auf. Sie gingen zusammen ins Kino; er führte sie in seinem Stammlokal, der Taverne am Bayerischen Platz ein, oder sie wanderten gemeinsam um den Grunewaldsee.

Und ab Februar kam »Jot-punkt« sogar täglich vor, denn jeden Morgen um halb sieben beendete sein Türklopfen abrupt ihren Schlaf, und dann frühstückten sie miteinander in seinem Zimmer, anschließend brachte sie ihn durch den noch dunklen, frostigen Tiergarten ins Büro. Ein großes Opfer, täglich aufs neue, denn Jenny haßte das Frühaufstehen, besonders in einem während der Nacht völlig ausgekühlten Zimmer.

Jonasson war ein anstrengender Mann. Mit seinen 39 Jahren könnte er sich wirklich ein paar Müdigkeitserscheinungen leisten, dachte sie insgeheim, aber nein, seine Aktivität ließ kein Schlafbedürfnis zu, sein Motor ließ sich nicht abstellen. Vergebens mahnte Paula Bergenser: »Kind, die rauhe Morgenluft schadet deiner Stimme!« Doch das war Jenny so egal, sie sang »Himmelhoch jauchzend, zu Tode betrübt, glücklich allein ist die Seele, die liebt«, auch mit Stockschnupfen.

Paula Bergenser fühlte sich in Berlin bald nicht mehr

wohl. Das lag vor allem an ihrer wachsenden Eifersucht auf Jonasson, dem es nicht gelang, ihr gegenüber den richtigen Ton zu finden – oder wollte er gar nicht? –, und der immer mehr Einfluß auf Jenny gewann. Paulas starrer Besitzwille und seine gegenläufige Absicht, aus ihr ein selbständig denkendes und handelndes Wesen zu machen, prallten aufeinander. Die beiden wichtigsten Menschen in Jennys Leben befanden sich in einem ständigen Kriegszustand, und Paula verlor dabei eine Schlacht nach der anderen, denn Jenny liebte zum ersten Mal.

Gekränkt und enttäuscht fuhr Paula Ende Februar nach Hamburg zurück, um mit dem engsten Freund der Familie, Joel Simon, die bedrohliche Lage zu besprechen.

Beim Abschied brach Jenny beinah das Herz vor Liebe zu ihr – und aus schlechtem Gewissen. Sie lief neben dem anfahrenden Zug her. »Ach, Mami ...«

»Bleib mein braves Mädchen, hörst du? Schwör mir das! Keine Affäre mit Jonasson.«

»Ja, Mami, ich schwöre.«

Und als letztes rief Paula: »Denk an deine Stimme!«

Der Zug verließ die Halle, Jenny nahm ihr wehendes Taschentuch aus der Luft, putzte damit die Abschiedstränen fort und ihre Nase, und als sie durch die Sperre dem Ausgang zulief, da war ihr plötzlich so leicht ums Herz, als ob ein großer Stein von ihrem Gewissen gefallen wäre.

*

Am selben Abend lernte sie Björns Schwester Inger und ihren Mann, den Juristen Oskar Hofer, kennen. Inger hatte zu den ersten Frauen in Deutschland gehört, die zum Medizinstudium zugelassen worden waren. Sie arbeitete nun als Neurologin in einem Berliner Krankenhaus.

Laut Meinung ihres Bruders war sie von klein auf sehr willensstark gewesen und machte immer, was sie wollte – und das war nicht immer das, was man von einer höheren Tochter erwartete. Björn pflegte zu sagen, Inger habe sich bereits mit zehn Jahren emanzipiert.

Beide waren sie glänzende Schüler gewesen, mit dem Unterschied, daß Björn nichts dafür tat und Inger doppelt soviel lernte, wie von ihr verlangt wurde.

Jetzt ging sie voll in ihrem Beruf auf. Die beiden Töchter bekam sie so nebenbei und überließ sie den Kindermädchen. Auch ihre Ehe mit Hofer lief so nebenher.

Nachdem Inger Jenny kennengelernt hatte, rief sie am nächsten Tag ihren Bruder an. »Du, die ist reizend. So natürlich und herzlich. Klasse hat sie auch. Oskar war ganz hingerissen von ihr. Erzähl mal ...«, platzte sie los.

Pflichtbewußt berichtete Björn in Kurzform das Wesentliche über Jennifer Bergenser.

»Ist es ihre Unschuld, die dich reizt?« dachte Inger laut nach.

»Gott bewahre, noch nie hab ich mir was aus einer Jungfrau gemacht!«

»Dann reizt dich das Duell mit ihrer Mutter.«

»Anfangs schon, aber jetzt wird's lästig. Sie sollte

endlich begreifen, daß Jennifer nicht ihr Eigentum ist. Ich muß sie ihrem Einfluß entziehen. Und es macht Spaß zu beobachten, wie sie von einem Mal zum anderen selbstsicherer wird, ihre eigene Persönlichkeit entdeckt, jeden Denkanstoß meinerseits geradezu eifrig aufnimmt.«

»Also das alte Pygmalionspiel.«

»Ein bißchen schon.«

»Und was soll daraus werden?« forschte Inger weiter.

»Auf keinen Fall eine Heirat. Das will sie selber auch nicht. Sie will genauso frei bleiben wie ich und ganz ihrer Singerei leben. Und das meint sie ernst.«

»Jonasson, Jonasson – du hast schon ein Glück mit deinen Amouren.« Und das klang jetzt beinahe ein bißchen neidisch. »Du hast überhaupt ein Glück ...«

Inger hatte ihrem Bruder nie ganz verziehen, daß er der Liebling der Mutter gewesen war, ja wegen seines hübschen Aussehens und seines frechen Charmes der Liebling aller. Eine Jugend lang hatte sie in seinem Schatten gelebt und sich mit der Zuneigung zufriedengeben müssen, die für sie übrigblieb. Vielleicht war das der Grund dafür, daß sie – Liebe suchend – bereits mit siebzehn den ersten Liebhaber hatte.

*

Liebste Mami,

verzeih, ich habe mich tagelang nicht gemeldet. Gestern abend, nach drei Stunden Gesangsunterricht, war ich bei Kimmelstiehls zum Abendbrot eingeladen. Ich konnte nicht schon wieder absagen.

Tante Magdas ständiges Gejammer wegen der erhöhten Lebensmittelpreise und Onkel Edmunds engstirnige politische Ansichten – das habe ich vielleicht früher mal ertragen, jetzt nicht mehr. Wenn ich dagegen an Jonasson, an seine hochintelligente und so moderne Schwester denke, an ihren amüsanten Mann, an all die interessanten Leute, die ich durch ihn kennenlerne! Mein Leben ist auf einmal so voll Farbe und Lebendigkeit. Darüber mußt Du Dich doch auch freuen.

Grüß den lieben Simon. Er meint, ich könne jetzt genug singen und solle heimkommen? Sag ihm, ich könne gar nix!

Dein Kind

P.S. Ich habe heute die erste Amsel gehört.

1. März 1920

... und stell Dir vor, Mami, ich habe noch einen neuen Verehrer. Den Geheimrat Gabler, der Dir so gut gefällt. Er bat mich zu singen und war ergriffen von meiner »Innigkeit im Ausdruck«, hat er gesagt, und dabei ließ er meine Hand nicht wieder los, machte auch ernst zu nehmende Andeutungen, die mich ebenso genierten wie amüsierten. Zweifellos ist er eine Partie zum Heiraten für die, die ihn will: ist klug, ein schöner Mensch, Auswärtiges Amt. Aber ich kann doch nicht Geheimrätin werden, Mami, stell Dir mal mich als Geheimrätin vor. Ja, Du hättest ihn bestimmt lieber als Schwiegersohn als den schlimmen Jonasson, aber Du kriegst sie beide nicht, überhaupt keinen.

Übrigens hat Gabler angeboten, unsere Steuern zu machen. Das immerhin sollten wir ruhig annehmen.

Eben war Björn da. Wir haben auf meinem Balkon in der Sonne gesessen und Zigaretten geraucht. In mir ist soviel Frühling.

Du fragst, ob ich Dich noch liebhabe? Aber Mami, das weißt Du doch, Du bist mein fester Halt im Leben. Amen. Und Gruß und Kuß und ich.   Deine Jenny

                                                            10. 3.

Mami,

gestern abend lag ich auf Björns Chaiselongue. Er las mir »Rheinsberg« vor, ein Bilderbuch für Verliebte von Kurt Tucholsky. Zwei junge Leute leisten sich ein heimliches Wochenende in Rheinsberg, einem märkischen Städtchen. Sie verbringen eine fröhliche Leidenschaft miteinander, und kurz vor der Abreise zurück nach Berlin gehen sie noch einmal durch den Park. Was jetzt kommt, habe ich für dich abgeschrieben: »Sie empfanden Abschied. Sie mußten fort. Leises Trauern ... Noch einmal zogen sie die reine Luft ein. Abschied. Eine neue Etappe. Aber diese haben sie gelebt.«

Jetzt begreife ich, was Björn sich unter einer Liebe vorstellt. Den Zauber der Vergänglichkeit von Anfang an. Eine Etappe – kein langes Leben voller Alltag. Nur keine Beständigkeit, die seiner Freiheit Grenzen setzt.

In diesem Mann wohnen, ach, zwei Seelen. Einerseits beglückt er mich mit seiner unendlich liebevollen Zärtlichkeit, die mich ganz zu ihm hinzieht. Und dann plötzlich verliert er die Kontrolle über sich. Er kann so grausam männlich alle guten Vorsätze vergessen. Dann fliehe ich entsetzt. Aber nachts liege ich wach und kann ihm nicht mehr böse sein, weil ich ja genauso erregt und sehnsüchtig bin wie er.

So wechseln Traumstimmungen mit heftigen Kämpfen, aber eigentlich bin ich dabei recht glücklich. Am glücklichsten über unsere morgendlichen Wege durch den Tiergarten. Die Erde riecht schon nach Frühling. Beim Spatzenfüttern am Neuen See hat er mich gefragt, ob ich Lust hätte, mit ihm übers Wochenende zu verreisen. Es würde bestimmt nichts passieren. Ich habe nein gesagt. Was sollen wir gemeinsam verreisen, wenn nichts passieren darf! Warum bin ich nur so eine gehorsame Tochter. Und das in meinem hohen Alter. Du schreibst, ich soll nach Hamburg kommen. Früher wäre ich wohl schutzsuchend unter Deine Fittiche geschlüpft. Jetzt möchte ich allein mit meinen Problemen fertig werden ...

*

Jonasson kam aus München zurück, wo er an eine Tagung ein Schneewochenende angehängt hatte – mit Claire oder einer anderen Frau? Lieber nicht fragen und nicht allzuviel darüber nachdenken, beschloß Jenny, als sie ihn vom Zug abholte. Björn ließ seinen Koffer fallen, als er sie sah, und wirbelte sie herum, küßte sie ungeniert in aller Öffentlichkeit ab. Sie fand es herrlich, sie hatte ja noch keinen Ruf zu verlieren, sie hatte überhaupt kein Verhältnis zu einem Ruf in ihrem bisher so makellosen Leben. Sie war nur glücklich, daß er wieder da war, und das sollten ruhig alle sehen.

»Erzähl«, forderte Jonasson sie auf, als sie in ihrem Stammlokal, der Taverne am Bayerischen Platz, das erste Glas Rotwein tranken. »Wie war's? Was hast du gemacht ohne mich?«

»Ausgeschlafen. Bis um neun«, sagte Jenny. »Weil mich keiner um halb sieben aus den warmen Federn getrommelt hat. War herrlich.«

»Und sonst?«

»Tonleiter geübt. ›Mignon‹ einstudiert – ›Heiß mich nicht reden, heiß mich schweigen‹ –, das war alles.«

»Das war alles?«

»Ich war mit Geheimrat Gabler in der Philharmonie. Nikisch hat die 5. Tschaikowsky dirigiert. Magst du Tschaikowsky? Klingt alles so traurig – aber schön traurig, leidenschaftlich traurig, eben russisch traurig.«

Ihre Brühsuppe kam. Sie hatte seit dem Frühstück nichts gegessen und fing gleich an, mit dem Löffel die Hitze aus der Tasse zu rühren.

»Wieso gehst du mit dem Gabler in die Philharmonie?«

»Weil er mich eingeladen hat.«

»Und danach?« Er nahm ihr den Suppenlöffel aus der Hand, das Gerühre machte ihn nervös.

»Bei Luther & Wegner. Champagner getrunken.«

»Paß bloß auf, der will was von dir.«

»Nur Ehrenhaftes. Er will mich heiraten«, sagte Jenny.

»Was will er?« Jonasson hieb mit der Hand auf den Tisch, wodurch sein Weinglas ins Tanzen geriet. »Aber du willst doch wohl nicht.«

»Nein. Und den schon gar nicht. Aber einen Antrag krieg ich gerne. Es schmeichelt irgendwie. Kann ich jetzt meinen Löffel wiederhaben?«

Auf dem Weg zur Pension blieb er verstimmt. »Du hast dich in kurzer Zeit sehr verändert. Du bist frech geworden, Jennifer Bergenser.«

»Ernst war ich lange genug.« Sie hängte sich bei ihm ein. »Ich bin eben deine gelehrige Schülerin, Herr Doktor.«

Björn war eifersüchtig. Das war ihr schon früher aufgefallen. Eifersüchtig auf jeden Mann, der sich für sie interessierte. Dazu hatte er kein Recht. Er wollte sie ja auch nur auf Zeit.

Jenny ging noch auf ein letztes Glas Wein mit in sein Zimmer. Er erzählte von seinen Münchner Tagen: Ja, auf der Rückfahrt habe er Claire getroffen und sei mit ihr ausgegangen. Sie leide an Depressionen, ausgerechnet die lustige Claire. Darum habe er sie auch schnellstens in ein Sanatorium gebracht, zur Erholung.

Beide sprachen nicht aus, was sie insgeheim dachten: Claire war über die Trennung von Jonasson nicht hinweggekommen.

»Hast du ihr gesagt, daß zwischen uns nichts ist?« wollte Jenny ihr Gewissen entlasten.

Das machte ihn wütend. »Mein Gott, Mädchen, wenn das nichts sein soll, was zwischen uns ist, was ist dann was?«

Jenny lag auf der Chaiselongue, plötzlich war er über ihr. Sie fing an heftig zu zappeln und warf den Kopf hin und her, um seinem Mund auszuweichen. Seine Stimme klang ganz sanft: »Komm, wehr dich nicht, du willst es doch auch.« Sie spürte seinen Atem auf ihrem Hals – und wurde sich ihrer Angst vor der eigenen Leidenschaft bewußt. Als seine Hand unter ihre Bluse glitt, schlug sie ihm mit aller Kraft in das Gesicht.

Einen Atemzug lang verspürte er das Bedürfnis zurückzuschlagen. Dann aber ließ er sie los, stand auf und brachte sie zur Tür, ein Taschentuch gegen seine blutende Nase gedrückt. Sie hatte voll getroffen.

»Du gehst jetzt besser«, sagte er ernüchtert, »es hat keinen Sinn mit uns. Ich eigne mich nicht für die platonische Liebe. Es würde immer wieder mit mir durchgehen. Und die Angst, deine Mami zu enttäuschen, ist wohl größer als deine Gefühle für mich. Das beste ist, du suchst dir einen schwulen Kümmerer, der erfüllt alle Kavalierspflichten und kratzt nicht an deiner Unschuld. Mach's gut, Jennifer, adieu.«

Ehe sie recht begriff, was ihr da eben widerfahren war, stand sie auf dem kalten Flur vor seiner von innen verschlossenen Tür.

In derselben Nacht noch schrieb sie ihrer Mutter, daß sie sich getrennt hätten. Björn halte sich nicht an die Spielregeln. »Aber jetzt weiß er, daß ich nicht verführbar bin. Deine unglückliche Jenny.«

*

Noch nie war sie um halb sieben von allein aufgewacht. Immer hatte er sie wachklopfen müssen – und damit auch die Herren in den umliegenden Zimmern geweckt. Heute wurde sie zum ersten Mal rechtzeitig von selbst munter, und dann erst erinnerte sie sich, daß sie sich in der vergangenen Nacht getrennt hatten. Endgültig.

In der warmen Bettkuhle sich zusammenrollend wie ein Embryo, wurde ihr langsam klar, was sich dadurch in ihrem Leben alles geändert hatte: kein gemeinsames Frühstück mehr, kein Morgenspaziergang, kein Glücklichsein. Und wie sollte sie ihm begegnen, wenn sie sich an der Abendtafel gegenübersaßen? Vor diesem Ärgernis bewahrte er sie dadurch, daß er nicht mehr am Abendessen teilnahm.

In der Pension wußte jeder, daß sie in der letzten Zeit gemeinsam in seinem Zimmer gefrühstückt hatten, und es gab keinen außer dem vertrottelten Oberst a. D., der nicht vermutete, daß dem Frühstück auch eine gemeinsame Nacht vorausgegangen war. Kurz gesagt: Die singende Bergenser hatte in ihren Augen die lachfreudige Claire abgelöst, und das tat manchem sogar leid. Und nun saß sie wie ein Häuflein Elend allein am Tisch.

Ob er verreist sei, wollte der Redakteur, auf Jonassons leeren Stuhl weisend, von Jenny wissen.

Frau Ballmann, die neuerdings am Abendessen ihrer Gäste teilnahm, versicherte, daß sie Jonasson um fünf Uhr früh ins Haus hereinlassen mußte, weil er sein Schlüsselbund verloren hatte. Er war also da, ging aber jeden Abend aus, war sogar schon mal zwei Tage an einem Stück weggeblieben. Und alle schauten Jenny fragend an, bis sie die sanfte Schadenfreude – »Hat er dich also auch schon sitzen lassen?!« – nicht mehr ertragen konnte und wieder, wie zu Mamis Zeiten, auf dem Zimmer aß. Nun konnte sie nicht einmal mehr die lockere Runde am ovalen Tisch genießen.

Jenny hatte diese alles bezaubernde, antreibende Glückseligkeit verloren. Auf dem Bett liegend, unfähig zu irgendeiner Initiative, liebte sie verzweifelt. Er hatte sie verlassen, aber die Leidenschaft, die er in ihr geweckt hatte, war unerlöst da.

∗

Nichts konnte sie trösten. Weder der Gesang noch Mamis zärtlich-besorgte Briefe. Björn verloren zu haben bedeutete die Rückkehr in ihr altes, ereignisloses, behütetes Leben. Sie war wieder ein spätes Mädchen, das vor lauter Anhänglichkeit an die Mama immer später wurde.

Nach einer Woche ertrug sie sein Schweigen nicht länger. Sie wußte, daß Montag der Tag war, an dem er selten ausging, und so stand sie vor seiner Tür und suchte all ihren Mut zusammen, um bei ihm anzuklopfen.

Wo war ihr Stolz geblieben? Ihre Unschuld zu bewahren, dieses lästige Ding, hatte sie ihrer Mutter geradezu eidesstattlich versichern müssen. Dieser Schwur hatte sie um die ersehnte Erfüllung, um ihren Schlaf und gesunden Menschenverstand gebracht.

Sie klopfte an. Ein lustloses »Herein« war von drinnen zu vernehmen.

Als sie eintrat, saß Jonasson lesend in einem Sessel. Bei ihrem Anblick sprang er sofort auf, sein Buch fiel zu Boden, er kam rasch auf sie zu. Seine Freude und Erleichterung, sie wiederzuhaben, überwältigten Jenny. Seine Umarmung signalisierte ein unbedingtes Festhaltenwollen, zeugte vom Wiederfinden einer bereits verloren geglaubten Kostbarkeit.

Jonasson trug Jenny zur Chaiselongue, kniete vor ihr

nieder und legte den Kopf in ihren Schoß. Ihre Hände spielten in seinem dichten, hellen Haar.

»Ach, meine Liebste, das mit dem Auseinandergehen hätten wir uns eher überlegen müssen. Jetzt ist es zu spät. Ich kann nicht mehr ohne dich sein. Es ist mir verdammt ernst.«

Er sprach von seinem Bemühen, sie bei anderen Frauen zu vergessen. Doch sein Bedürfnis nach ihrer Nähe habe sich dadurch nur noch verstärkt.

Jenny versicherte ihm, sterbenstraurig gewesen zu sein, sie mochte nicht mal mehr singen. Nichts hatte mehr einen Sinn gehabt, und alles nur wegen dieser unnatürlichen Keuschheit zwischen Erwachsenen, die sich liebten, wegen eines Versprechens, das sie ihrer Mutter geben mußte und nun zu brechen bereit war. Aber ehe sie ihm ihren Entschluß mitteilen konnte, deckte er sie schon mit Schwüren ein: Von nun an keine Handgreiflichkeiten mehr! Er versprach, seine Männlichkeit zu zügeln und entweder ein Heiliger, Eunuch oder schwul zu werden – was von den dreien ihr am liebsten sei, sie dürfe wählen.

»Hör auf ...« Jenny zog ihn lachend in ihre Arme und küßte ihn mit einer Leidenschaft, als ob sie ihn daran hindern wollte, ein Heiliger, Eunuch oder schwul zu werden.

»Mama Bergenser, hilf!« stöhnte Jonasson, sie theatralisch von sich schiebend. Und dann zogen beide ihre Mäntel an und liefen zur Taverne, um ihre Versöhnung zu feiern.

✳

Am 15. März wollte Paula Bergenser nach Berlin kommen, da brach am 13. der Kapp-Putsch aus. Indirekter Anlaß dazu war die starke Verkleinerung des Heeres. Laut Versailler Friedensvertrag sollten noch zwanzigtausend Offiziere und vierzigtausend Soldaten entlassen und die Freikorps ganz aufgelöst werden, was große Unruhe in der Reichswehr ausgelöst hatte. Vor allem Offiziere, die nichts anderes als Kriegführen, Kommandieren und Kaisertreue gelernt hatten, fürchteten um ihre Dienststellen, ihre finanzielle Existenz und nach dem Verlust ihrer Uniform auch um ihre gesellschaftliche Stellung.

In einem Aufruf des ostpreußischen Verwaltungsdirektors Kapp, der den Putsch angezettelt hatte, hieß es: Die alte Regierung einschließlich des Reichspräsidenten Ebert sei geflohen. Die Truppen rückten mit klingendem Spiel in Berlin ein und besetzten alle Regierungsgebäude ohne Widerstand ... Unterschrieben hatte er mit Kapp, Reichskanzler.

Unterstützt wurden Reichswehr und Freikorps von rechtsradikalen Trupps mit Hakenkreuzen am Helm.

Jenny schrieb ihrer Mutter, daß sie sich trotz der angespannten politischen Situation wirklich keine Sorgen um sie zu machen brauche:

»Hier ist alles ruhig und schwarzweißrot geflaggt. Die Truppen sehen sehr schön aus, die ältesten Herren laufen in Stahlhelmen herum, jeder stellt sich der Bürgerwehr. Ist es nicht seltsam, liebste Mami, immer wenn wir zusammenkommen wollen, bricht entweder ein Streik aus oder eine Revolution. Diesmal ist es gleich beides. Die sozialdemokratische Regierung ist von

Dresden weiter nach Stuttgart geflohen und hat von dort aus zum Generalstreik aufgerufen. Björn ist wütend über mich. Vorhin hat er mich gefragt, ob ich denn noch bei Troste wäre, diesen Döskopp Kapp zu bewundern. Denn wenn er und seine adligen Mitrevolutionäre Lüttwitz und Döberitz wirklich an die Macht kämen, bedeute das ein nationales Unglück.

Die Läden sind leer, wir ernähren uns von Mehlsuppe und eingemachten Gurken. Am schlimmsten ist es für die Kleinkinder, denn es gibt auch keine Milch. Abends sitzen wir im Dunkeln, seit die letzte Kerze niedergebrannt ist. Aber das Wetter ist berauschend. Dank Streik hat Björn eine Woche Urlaub, somit sind wir beide ausschließlich mit dem Frühling beschäftigt. Ich habe mich noch nie so reich und fröhlich gefühlt. Ich glaube, dieser Mann hat mich hypnotisiert.«

Dem Aufruf der sozialdemokratischen Regierung zum Generalstreik folgten weitaus mehr Menschen, als die Revolutionäre erwartet hatten. Kapp, der Reichskanzler von eigenen Gnaden, war binnen kurzem regierungsunfähig. Nach fünf Tagen brach die Revolution zusammen, er und Lüttwitz flohen nach Schweden, die Regierung kehrte nach Berlin zurück.

Paula Bergenser beschwor Jenny in ihren täglichen Briefen, das in jeder Beziehung unsichere Berlin dennoch schleunigst zu verlassen und zu ihr ins ruhige Hamburg zu kommen. Dem Streik war es zu verdanken, daß Jenny diese Briefe erst viel später erreichten und somit die geschenkten Frühlingstage mit Björn nicht durch ein schlechtes Gewissen belasten konnten.

Noch nie seit Jennys Geburt war sich Paula so über-
flüssig vorgekommen. Dieses Gefühl kannte sie nur aus
ihrer Kindheit.

Paula

Achtzehnhundertachtundachtzig.

Tilla Bärs Töchter Magda und Polly hatten sich zwischenzeitlich optisch recht manierlich entwickelt, wenn auch – zum Leidwesen der Mutter – nicht in die gewünschte friesische Richtung. Ihr Ziel war es, den beiden nun einen guten Start in die Gesellschaft zu ermöglichen. Gleich nach der Konfirmation brachte sie Magda deshalb in einem Pensionat in Montreux unter, wo sie perfekt Französisch und feines Benehmen lernen sollte. Magda blieb ein Jahr am Genfer See und schien sich dort schon bald gut an das oberflächliche Pensionsleben gewöhnt zu haben; warum auch nicht, es entsprach ihrer geistig anspruchslosen Natur.

Polly, die weiterhin zu Haus wohnte, schoß während dieser Zeit regelrecht in die Höhe. Man bezeichnete sie als frühreif, wißbegierig und überdurchschnittlich intelligent. Ihr krauses, schwarzes Haar trug sie zu einem langen Zopf geflochten. Seit Magda im Pensionat war, erlaubte Tilla ihrer jüngeren Tochter so kostspielige Ambitionen wie das Reiten: Es fand in frischer Luft statt und machte viel mehr her als Pollys Leidenschaft für Bücher. Die verwirrten nur ihren Geist und brachten sie auf fahrlässige Gedanken. Außerdem scheuten heiratswillige Herren vor blaustrümpfigen Weibern zurück.

Als Polly gerade fünfzehn geworden war, erkrankte sie an einer Halsentzündung, verbunden mit hohem Fieber, weshalb ein gewisser Dr. Bergenser in die Bärsche Wohnung in der Moosstraße gerufen wurde. Er hatte die Praxis ihres erst kürzlich verstorbenen Hausarztes übernommen, ein schlanker, brünetter Mann mit aufgezwirbeltem Kaiser-Wilhelm-Bart, wie es sich für einen Patrioten gehörte.

Während Dr. Bergenser mit einem silbernen Löffelstiel ihre Zunge niederdrückte und Polly um ein schönes, lautes »Aaa« ersuchte, kamen ihr seine Augen unvergeßlich nah. Sie waren braun und sanft wie die ihres Vaters, der sie viel zu früh mit ihrem Wissensdurst allein gelassen hatte. Und weil er sie an ihren Vater erinnerte, faßte sie sofort Zutrauen zu ihm.

Bergenser diagnostizierte eine Angina. Obgleich sie kaum sprechen konnte, wollte Polly daraufhin ausführlich wissen, was Angina bedeutete. Und wie kriegt man die? Kann man daran ersticken? Wieso helfen kalte Wadenwickel gegen hohes Fieber? Und so fort – bis Tilla Bär, die bei der Untersuchung anwesend war, zu schimpfen begann: »Kind, du kannst den Herrn Doktor nicht so ausfragen.«

»Aber ich bitte Sie, gnädige Frau, es ist doch lobenswert, wenn Ihre Tochter soviel Interesse zeigt.«

Er hatte Polly vor ihrer Mutter in Schutz genommen, dafür war sie ihm dankbar.

Als er zwei Tage später wiederkam, strahlte sie ihm entgegen: »Guten Tag, Herr Doktor, ich habe keine Schluckbeschwerden mehr, nur noch 37,2 Grad Fieber, und mein Hals tut kaum noch weh. Aber Mama meint, ich bin noch zu krank, um ein Buch zu lesen. Ich solle lieber Handarbeiten machen. Wie finden Sie das?«

»Was lesen Sie denn gern?« erkundigte sich Bergenser.

»Am liebsten etwas über Astronomie.«

Worauf Bergenser, bevor er sie verließ, in seinem Buch notierte: »Astronomie für Fräulein Bär!«

∗

Seit Magdas Abreise war die Stille im Hause so erdrückend geworden, daß Madame Bär zuweilen sogar ihre extreme Sparsamkeit überwand und kleine Abendgesellschaften gab – sehr zum Entzücken von Polly, weil zu diesen Geselligkeiten auch Dr. Bergenser eingeladen wurde. Das ersparte ihr fortan die Mühe, krank zu werden.

Zwischen Bergenser und der nur wenige Jahre älteren Tilla Bär bestand von Anfang an eine große Sympathie. Vielleicht hätte eine Verbindung mit ihr einen glücklicheren Verlauf genommen als die mit Polly, die in ihm eine Art Vaterersatz sah und einen Lehrmeister in allen naturwissenschaftlichen Fächern. Auf ihr Drängen hin brachte er heimlich astronomische, physikalische und auch biologische Schriften ins Haus und war dabei immer in Sorge, von Madame Bär erwischt zu werden und in Ungnade zu fallen.

Es brauchte mehrere Monate, bis er begriff, daß sich hinter Pollys Wissensdurst eine erste, heftige Verliebtheit verbarg, mein Gott, sie war doch noch ein Kind von fünfzehn Jahren, er hingegen ein neununddreißigjähriger Mann, verbandelt mit einer Schauspielerin vom

Thalia-Theater, der bisher ledigen Töchtern und ihren im Hintergrund mit dem Klappaltar lauernden Müttern erfolgreich entgangen war. Und nun dieses Kind mit seinen glühenden Blicken. Am besten, er schränkte seine Besuche im Hause Bär ein, bis Pollys Gefühle ein passenderes Opfer gefunden hatten. Aber das Fernbleiben fiel ihm nicht leicht, obgleich er in dieser Zeit sehr beschäftigt war, weil der Ruf an die neugegründeten Hamburger Ortskrankenkassen erfolgte und sich seine Praxis überraschend günstig entwickelt hatte. Madame Bär und Polly fehlten ihm, vor allem Pollys lebhafter Ernst, ihre Intelligenz und, ja, auch ihre Zuneigung. Und somit eilte er, als ihn von dort eine Depesche erreichte, geradezu erleichtert in die Moosstraße, zum armen Pollykind, dem Furchtbares zugestoßen sein mußte – sofern er die Andeutungen richtig verstanden hatte.

Das Kleinmädchen öffnete ihm die Tür mit dem Hinweis: »Im Salon, Herr Doktor.« Aber dann kam ihm Polly, vom Läuten an der Tür alarmiert, bereits entgegengelaufen und landete an seiner knopfreichen Brust.

»Mama hat eben telegrafiert. Wir ziehen nach Berlin. Ich werde Sie nie wiedersehen.« Verzweifelte Augen, in Tränen badend: »Es ist alles aus!«

Was war aus, überlegte er besorgt, in seinem Gedächtnis wühlend, ob er ihr je eine Versprechung gemacht hatte, aber nein, er war sich keiner leichtfertigen Äußerung bewußt.

»Sie sind der einzige Mensch, dem ich vertraue und der mich versteht. Ich hab Sie lieb, Herr Doktor.« Beschwörend sah sie ihn an: »Haben Sie mich auch lieb?«

»Ja, aber ja«, versicherte er verwirrt.

»Dann können wir uns doch heimlich verloben.«

Bergenser stand da wie vom Donner gerührt. »Aber Fräulein Polly, im Vergleich zu Ihnen ... Ich bin 39 ...«

»Das macht doch nichts. Bitte, bitte, lassen Sie mich nicht allein.«

Sie rührte ihn. Er war ihr einziger Mensch, hatte sie gesagt. Das schmeichelte ihm. Und diese lieben Tränen in ihren Augen ... Es war ein Moment der Schwäche, in dem seine Vernunft aussetzte und seine Bedenken wegen des großen Altersunterschieds in dem gleichen Maße schrumpften wie seine Zuneigung zu dem jungen Mädchen wuchs.

Polly hielt ihm ihren Mund hin: »Bitte küssen Sie mich«, und machte erwartungsvoll die Augen zu. Und er küßte sie. Ihre Augen gingen wieder auf und strahlten.

Fünf Minuten später fand ihre heimliche Verlobung statt. Bergenser versprach, die Bärschen Damen, so oft es sein Dienst und seine Praxis zuließen, in Berlin zu besuchen und Polly zu heiraten, sobald Tilla ihre Einwilligung geben würde. Vorläufig aber hielten es beide für klüger, ihr nichts zu erzählen. Für ihre Mutter war Polly ja noch ein Kind.

✳

Madame Bär hatte »In den Zelten 18«, nahe am Tiergarten, eine Sieben-Zimmer-Wohnung gemietet.

Diesmal trennte sie sich radikal von allem »altmodischen Krempel« aus dem Bärschen Erbe. Von wackligen Louis-seize-Sitzgarnituren, süddeutschen Barockschränken, von bauchigen Boulekommoden und prunkvoll beschlagenem Empire. Um die Umzugskosten zu sparen, verkaufte sie die Möbel noch in Hamburg. In Berlin wollte sie sich ganz modern einrichten, nach Abbildungen aus Journalen.

Anfangs fiel es ihr nicht leicht, sich in der Hauptstadt einzuleben. Sie fühlte sich fremd und einsam und litt unter Heimweh nach Hamburg. Aber sie war fest entschlossen, ihre Töchter hier gut zu verheiraten, ohne zu ahnen, daß Polly sich bereits in Hamburg gebunden fühlte. Magda, die jedes Gespräch mit französischen Worten garnierte und dennoch nicht in der Lage war, eine zusammenhängende Konversation auf französisch zu führen, hoffte, in Berlin mit ihrer feinen Pensionserziehung Furore zu machen.

Polly verzichtete in ihren Briefen an Dr. Bergenser auf private Gefühlsäußerungen, schließlich wurden sie ja auch von Mutter und Schwester unterschrieben. Sie bombardierte ihn dafür mit Fragen naturwissenschaftlicher Art. Einmal schrieb ihr Bergenser: »Wenn Sie durchaus etwas über Astronomie erfahren wollen, so fangen Sie bitte mit den Elementen der Physik an, mein liebes Fräulein. Die Gesetze der Schwerkraft, der Anziehung und Abstoßung, der Wärme, des Lichtes müssen Ihnen geläufig sein, sonst werden Sie nie verstehen, wie die Milchstraße oder das Planetensystem entstanden sind, und das ist doch das Interessante resp. das Philosophische dabei.«

Polly, der die oberflächliche Schulbildung der höheren Töchter in keiner Weise genügte, besuchte die Kurse im eben erst gegründeten Viktoria-Lyzeum. Hier traf sie auf gleichgesinnte Mädchen, mit denen sie ausführlich diskutieren konnte.

Zu Weihnachten kam Bergenser auf Einladung »Ihrer Sie hochschätzenden Madame Mathilda Bär« nach Berlin und sah nach sieben Monaten zum ersten Mal seine heimliche Verlobte wieder. Polly war noch immer ein Kind im Matrosenkleid mit krausem, von einer großen Schleife dominiertem Pferdeschwanz. Und dennoch strahlte dieses Kind auf einmal Sinnlichkeit aus, wenn sie heimlich seinen Blick suchte. Aber Tilla merkte noch immer nichts. Ihre Mädels waren doch noch Kinder und sollten es auch noch lange bleiben. Daran änderte auch nichts, daß sie vor kurzem Magdas Tagebuch gefunden hatte (sie fand alles, was man vor ihr geheimhielt) und darin las: »... Mama denkt, ich bin noch ein kleines Mädchen, dabei bin ich ein fühlend Weib.«

Zum Weihnachtsfest schenkten sie Bergenser eine wuchtige Gardine, an der seine »drei lieben Freundinnen« abwechselnd gehäkelt hatten. Aber die Kogge im Rettungsring, das wunderbare Mittelstück, hatte Madame Bär ganz allein gemacht. Das Präsent war für seine neue Wohnung bestimmt, siebeneinhalb Zimmer am Neuen Wall.

»Doktorchen, so viele Zimmer, Sie wollen doch nicht etwa heiraten und große Gesellschaften geben, heraus mit der Sprache!« hatte ihn Tilla geneckt, als sie davon erfuhr.

»Aber liebe, verehrte Madame Bär, ich bin rund um die Uhr beruflich unterwegs, wie soll ich da noch eine Frau und Gesellschaften einplanen!?«

Am ersten Weihnachtsfeiertag machte sich Dr. Bergenser mit seinem in Packpapier eingerollten nautischen Häkelkunstwerk, das ob seiner Sperrigkeit das Einsteigen in den Zug beträchtlich erschwerte, auf den Heimweg. Polly blieb nachdenklich zurück. Flüchtige Küsse im Flurschatten, heimliches Händedrücken, sehnsuchtsvolle Blicke – und nun war er schon wieder fort. In den vergangenen sieben Monaten ihrer Trennung hatte sie viele schicksalsbeladene Frauenromane gelesen und sich an ihrer verstiegenen Romantik infiziert. Aus ihrem heimlichen Verlobten war eine Idealfigur geworden, ein Märchenprinz ohne Fehl und Tadel. Statt dessen aber hatte ein abgehetzter, nicht mehr ganz junger Mann, dessen Kleidung man ansah, daß sie ihn nicht im geringsten interessierte, am Heiligen Abend vor ihrer Wohnungstür gestanden. Und die Präsente hatte er auch noch im Zug liegenlassen ...

Dann kam der Winter 1889/90. Die Zeit der Hoftrauer um Kaiser Wilhelm I. und seinen ihm nach nur hundert Tagen Regierung in den Tod gefolgten Sohn Kaiser Friedrich III. war endlich vorüber. Man durfte wieder Feste feiern.

Die Wohnung In den Zelten 18 gab dafür einen vornehmen Rahmen in feiner Lage ab. So beschloß Tilla, zu Magdas Einführung in die Gesellschaft einen großen Ball zu geben. Freundinnen waren inzwischen genug vorhanden, es fehlte lediglich an Tänzern. Alle Mädchen, die Brüder hatten, mußten diese mitbringen. Außerdem trieben einige Lyzeumsschülerinnen noch vier des Tanzes mächtige Jurastudenten auf. Aber was war eine Gesellschaft ohne die Farbe und den Glitzer preußischer Uniformen. Sie gaben einem Debütantinnenball erst den gesellschaftlichen Pli. Eine neue Bekannte Madame Bärs, Frau von Rassigk, riet ihr, Leutnants zu mieten. Denn gegen ein angemessenes Salär waren die jungen Offiziere bereit, auf Bürgerbällen die Fräuleins zu schwenken.

Tilla bestellte außerdem eine Viermannkapelle. Drei Musikanten hätten auch gereicht, aber niemand sollte ihr nachsagen, sie hätte an irgend etwas geknapst.

In der Küche kommandierte eine teure Kochfrau die in ihrer Würde gekränkte Köchin herum, ein Lohndiener mit weißen Zwirnhandschuhen über roten Fäusten mußte die Gäste empfangen, das Hausmädchen sich um die Garderobe kümmern.

Auf dem Plüschsofa im maurischen Salon, eingerahmt von zwei Markartsträußen, thronte Madame Bär in pflaumenfarbenem Samt mit Brüsseler Spitze, eine respektheischende stolze Persönlichkeit. Über den wippenden Rand ihres Fächers aus Straußenfedern hinweg beobachtete sie die beiden Töchter: Magda umtrippelte ihre Freundinnen aus dem Schweizer Pensionat. Warum kicherte sie nur so affektiert, gehörte das etwa zum feinen Benimm, den sie für teures Geld in Montreux erworben hatte? Sie war so zart, die zarteste von allen anwesenden Mädchen. Durch Arsen, Eisen und Blaudscher Pillen, die sie ständig nehmen mußte, ließ sich ihre Bleichsucht nicht ausrotten, und dazu gesellten sich auch noch jeden Monat an den kritischen Tagen diese gräßlichen Migräneanfälle, mit denen sie Mutter, Schwester und das ganze Personal tyrannisierte. Arme Püppi, aber niedlich in ihrem rosa Taft, viel hübscher als Polly in grauer Balltoilette, überhaupt keine günstige Farbe für sie.

Jedes der anwesenden Mädchen trug in der einen Hand den unvermeidlichen Fächer und in der anderen seine Tanzkarte: Walzer, Polka, Française, Quadrille, Polonaise – und daneben war jeweils Platz für willige Tänzer, um ihre Namen einzutragen. Es gab nichts Vernichtenderes als eine leer gebliebene Karte.

Jeder eintreffende männliche Zivilist wurde freundlich, aber nicht übertrieben freundlich, empfangen.

Die Kapelle bemühte sich um Stimmung, mit Sekt aufgefüllter Brombeerschnaps und Kaviareier sowie Käsecremepastetchen wurden herumgereicht, alle eingeladenen Gäste waren da, bis auf die Leutnants. Am vergangenen Sonntagvormittag hatten sie sich doch noch artig vorgestellt und zugesagt!

Endlich zog jemand an der Türklingel. Doch statt eines der erwarteten Leutnants trat der Lohndiener ein, auf dem silbernen Tablett ein Billet mit einer Absage. »Herr Leutnant ... bedauert, am Ball nicht teilnehmen zu können, aber leider ... in letzter Minute ...« – und das kurz hintereinander zwölf Mal, fast alle mit der gleichen fadenscheinigen Entschuldigung, an der Wohnungstür abgegeben von den Burschen der jungen Offiziere. Bei jeder Absage, die er hereintrug, wurde die Miene des Lohndieners unverschämter; geradezu schadenfroh grinste sich dieser Rotzlöffel um sein Trinkgeld von Madame Bär.

Magda hatte bereits hektische rote Wangen vor Scham und Schande. Ihr gesellschaftlicher Einstieg in Berlin, ihr erster Ball – ein Absturz ins Bodenlose. Was sollten ihre feinen Pensionsfreundinnen aus Montreux von ihr denken. Quelle blamage!

Polly nahm es gelassener. Sie hatte schließlich einen heimlichen Verlobten, der war viel mehr wert als ein Leutnant, ein tüchtiger, sozial denkender und handelnder Arzt im militärischen Rang eines Oberstabsarztes.

Während die zivilen Tänzer – zwölf an der Zahl – die vierundzwanzig Jungfern der Reihe nach übers Parkett bewegten und sich dabei zunehmend erschöpften, löste sich Madame Bär aus dem Kreis der zuschauenden Mütter und begab sich in die Küche, um dafür zu sorgen, daß keines der vorbestellten, überzähligen Essen für die Leutnants wieder eingepackt und abtransportiert wurde. Was bezahlt war, blieb im Haus.

Mit Haltung und leicht verkrampfter Munterkeit nahm dieser so kostspielig und umsichtig geplante erste Ball sein unbefriedigendes Ende.

Am nächsten Morgen eilte Tilla zur Baronin Rassigk, die ihr die Offiziere vermittelt hatte, schob das Dienstmädchen zur Seite, das sie aufzuhalten versuchte, und fand die Gesuchte, mit einem Negligé bekleidet, im geheizten Wintergarten beim Lesen ihrer Post vor.

»Nanu, liebe Bär, so früh schon?«

»Wie konnten Sie uns das antun, Baronin«, legte Tilla los. »Wir sind blamiert. Meine armen Töchter – diese Schande!! An allem sind Ihre Leutnants schuld. Was haben Sie uns da bloß ins Haus geschickt!«

»Nun ja«, räumte die Rassigk ein, »sie gehören keinen Eliteregimentern an. Keine Jungs von Stand, aber bisher hat ihr Benehmen noch nie Anlaß zu Klagen gegeben. Was haben sie denn angestellt?«

Tilla erzählte von den Absagebillets zu Beginn des Balles nach vorangegangener fester Zusage. Die Rassigk mußte zugeben, daß das ein starker Affront war, einfach unmöglich; das hatte es noch nie gegeben. Und hatte keine Entschuldigung dafür, nur einen Verdacht: Die Leutnants besuchten ja nicht umsonst einen Privatball. Sie hatten Schulden abzuzahlen und erwarteten eine angemessene Summe dafür, daß sie sich einen Abend lang als Tanzpartner engagieren ließen und mit ihrer Uniform den Festen zu Glanz verhalfen. Sollte Madame Bär etwa vergessen haben, ihnen einen finanziellen Dank abzustatten?

Magda hat nie erfahren, wem sie das gesellschaftliche Fiasko ihres ersten Balles zu verdanken hatte. Gemeinsam mit Polly schaufelte sie noch tagelang übriggebliebene Seezungenrouladen mit Kräuterlachs, Hummersalat sowie Bremer Granattorte in sich hinein, denn Fisch konnte man schlecht aufheben.

Um Abstand zu gewinnen, plante Tilla Bär mit ihren Töchtern anschließend eine Reise nach Capri. Dr. Bergenser, den sie davon unterrichteten, suchte die günstigsten Züge im Reichs-Coursbuch heraus: morgens 7 Uhr 49 ab Berlin, abends 8 Uhr 25 an München. Am nächsten Vormittag vom Centralbahnhof 11 Uhr 25 mit dem einzigen durchfahrenden Zug über Verona, Florenz nach Rom, wo er am nächsten Mittag eintreffen würde und so weiter. Ein Billet Berlin – Neapel zweiter Klasse kostete 153 Mark und 10 Pfennig. Und dann kam noch die Schiffsfahrt nach Capri dazu.

Doch einen Tag vor der Abreise brach sich Magda den Fuß. Die Koffer wurden wieder ausgepackt. Arrivederci bella Italia.

»Weißt du, Mama«, überlegte Magda auf ihrem Kran-

kenlager, als sich beide mit dem Besticken von Schrank-
borten beschäftigten, »der Doktor Bergenser ist so ein
hilfsbereiter, guter Mensch, und er verehrt dich sehr.
Warum heiratet ihr nicht?«

»Gütiger Gott, Deern!« wehrte Tilla ab. »Soll ich etwa
wieder zurück nach Hamburg, wo ich hier so feinen gesellschaftlichen Anschluß gefunden habe und auf Kunst
und Kulturelles nicht mehr verzichten möchte!? Niemals!«

Polly war, als dieses Gespräch geführt wurde, im Lyzeum und freute sich auf das nahe Osterfest und auf Robert Bergenser, der »seine drei lieben Damen« an diesem
Tag besuchen wollte.

In einem auf dem Postamt geschriebenen Brief bedrängte sie ihn, der Mama ihre Heiratspläne mitzuteilen.
Sie konnte es nicht mehr erwarten, Tilla zu entkommen,
die sie immer noch als dumme, aufmüpfige Göre behandelte, und endlich in Hamburg eine angesehene
Frau Doktor zu werden. Sobald sie das Lyzeum abgeschlossen hatte, wollte sie einen Kurs in Krankenpflege
belegen und in Buchführung, damit sie ihren Robert in
der Praxis entlasten konnte.

Bergenser kam also nach Berlin und hielt um Pollys
Hand an. Was für eine Osterüberraschung! Tilla fürchtete im ersten Augenblick, er wolle ihr selbst einen Antrag
machen, aber doch nicht diesem Grünschnabel Polly,
die noch einen Zopf trug, lang bis zum Popo! Sie war
entsetzt. Bergenser konnte ihr Vater sein. Und so schnell
wollte sie das Kind noch nicht hergeben. Da zog man
mit Mühe und unter großen Opfern so ein Wurm groß,
und wenn man endlich die Früchte seines Einsatzes ern-

ten wollte, kam ein Mann daher und pflückte sie einem vor der Nase weg. »Neinneinnein, lieber Doktor, vor Pollys achtzehntem Geburtstag ist an eine Heirat nicht zu denken. Basta!«

Im Grunde war Robert erleichtert über Tillas strikte Ablehnung einer baldigen Hochzeit. Bei seiner beruflichen Überlastung war ein junges, anspruchsvolles Mädchen genau das, was er am wenigsten zu Hause gebrauchen konnte. Er hoffte, in späteren Jahren mehr Zeit für Polly zu finden.

Als Polly achtzehn wurde, blieb Tilla nichts anderes übrig, als ihre Verlobung öffentlich bekanntzugeben und die hysterischen Ausbrüche und Dauermigränen Magdas zu ertragen. Schließlich war es ein Ding der Unmöglichkeit, wenn die jüngere Tochter vor der älteren aus dem Haus ging.

So schrieb Tilla an Bergenser: »Mein lieber Doktor. Sie haben viel Unordnung und Kummer in unser Leben gebracht. Sie nehmen mir mein Kind vor seiner ersten Ballsaison. Und Magda leidet. Ach, ich hatte meine Karten so gut gemischt, aber Sie haben mir meine Trümpfe aus der Hand geschlagen. Damit muß ich erst einmal fertig werden!

Dennoch Ihre Madame Mathilda Bär«

Trotz dieser Enttäuschung blieb sie Bergenser sehr zugetan und auch zu Dank verpflichtet. Rettete er sie doch aus den Klauen ihres korrupten Finanzberaters Eisenthal, der sie durch Fehlspekulationen beinahe um ihr Vermögen gebracht hätte. Und zu ihrem Geburtstag ließ er ihr stets durch die Firma Johann Cölln ein Pfund Kaviar in der Dose schicken sowie einen großen Rosenstrauß aus einer Berliner Gärtnerei. »Doktorchen, Doktorchen, Sie sind ein Verschwender«, dachte sie, aber es tat Tilla wohl, so verwöhnt zu werden.

Nein, sie konnte sich wirklich keinen tüchtigeren, aufmerksameren Mann für ihre Jüngste wünschen als Robert Bergenser, und sich selbst keinen zuverlässigeren Freund. Aber da war etwas, das all seine guten Eigenschaften nicht aufwiegen konnte und das ihr Polly erst nach der offiziellen Verlobung gestand: Robert Bergenser war Jude.

Ein Jude in der Familie hatte Tilla gereicht. Bitte nicht noch einen zweiten in der Töchtergeneration. Die armen Enkel aus dieser Ehe, die kriegten ja kaum noch ihr friesisches Blut ab.

Polly war indes von dieser Heirat nicht abzuhalten, sie hatte nun mal den starken Willen ihrer Mutter geerbt.

Und so ging Tilla mit dem Friesentick zum zweiten Mal eine herzliche Beziehung zu einem Juden ein.

»Mein lieber Robert«, schrieb sie in einem Brief, »wir haben prächtiges Frostwetter mit kalter Sonne. Die Rousseauinsel ist für Schlittschuhläufer freigegeben. Meine Mädels tummeln sich dort drei Stunden täglich auf dem Eise und kehren mit boskoproten Backen und großem Appetit nach Haus zurück. Am ersten Tag habe ich sie begleitet, da froren mir beinah die Zehen ab.

Nun ziehe ich es vor, zu Haus zu bleiben. Und was soll den beiden schon ohne meine Aufsicht auf dem Eise passieren ...?«

Tja, was? Magda passierte ein Leutnant der Artillerie, mit dem sie jeden Walzer tanzte und auch mit gekreuzten Armen holländerte. Sie verliebte sich heftig in ihn, und er überlegte schon, wann er sie seinen Eltern vorstellen sollte. Als sie ihrer Mutter beichtete, daß ein Leutnant Habicht sie zu einem Regimentsball eingeladen habe, reichte Tilla bereits das Wort Leutnant.

»Das kommt überhaupt nicht in Frage. Den triffst du nie wieder, verstanden! Oder ich enterbe dich!«

Als Polly aus dem Französischunterricht nach Hause kam, hörte sie Magdas Schluchzen. Sie lag bäuchlings auf ihrem Bett und heulte das Kopfkissen naß. Polly, ihrer Schwester eher abgeneigt als zugetan, streichelte die Verzweifelte und meinte: »Das Schlimmste, das wir Mama antun könnten, wäre wohl ein nichtarischer Leutnant.«

Die sogenannte Brautzeit war wegen der strengen Konventionen des ausgehenden 19. Jahrhunderts eine Qual. Das Paar durfte niemals allein gelassen werden, denn ein anständiges Fräulein ging unberührt in die Ehe, wenn nicht, war sie ein gefallenes Mädchen und gab dem Bräutigam die Möglichkeit, sein Eheversprechen zu annullieren.

Seit ihrer offiziellen Verlobung behandelte Dr. Bergenser die schlanke, aber kräftige Polly wie ein Porzellanfigürchen, mit dem man behutsam umgehen muß, damit ihm nichts Kostbares abbricht. Er machte nicht einmal mehr den Versuch, sie heimlich zu küssen. War es die Sorge, er könnte dadurch Tillas Sympathien verlieren?

Nach sieben Jahren Witwendasein war endlich wieder ein Mann in der Familie, der ihr Vermögen vermehrte, ohne sich selbst daran zu bereichern, und zu dem sie vertrauensvoll mit all ihren Sorgen kommen konnte. Und sie revanchierte sich, indem sie ihm bei der Einrichtung seiner Wohnung behilflich war, mehr noch und schrecklicher, sie übernahm die volle Regie ohne Rücksicht auf Pollys eventuelle Wünsche. Die wurde gar nicht erst gefragt. Was verstand schon ein Kind von 18 Jahren von der Erstellung eines gut assortierten, voll funktionierenden Haushalts. Und eigenen Geschmack hatte man in dem Alter sowieso noch nicht.

Tilla Bär überzeugte Bergenser von Anfang an von ihrer Unentbehrlichkeit. Überfüllte Sprechstunden, Hausbesuche Tag und Nacht, dazu die Privatpraxis, sein guter Ruf als Arzt sprach sich herum und lockte immer mehr Patienten an – wie sollte er da ohne seine Schwiegermutter noch Zeit für die Einrichtung einer Wohnung finden. Er empfand sie in der Tat als ein Göttergeschenk.

Übrigens hatte inzwischen auch Magda einen jungen Assistenzarzt kennengelernt, honorig, aber pudelarm, der dringend nach einer Braut mit stattlicher Mitgift suchte. Es war auf beiden Seiten keine überschäumende

Verliebtheit, eher eine gegenseitige Erleichterung, sich gefunden zu haben. Magda mußte nicht länger unter dem Makel leiden, als ältere Schwester übriggeblieben zu sein, und er war aus dem finanziellen Schneider. Dr. Kimmelstiehl hieß er, Edmund, aus Wesermünde, seine Mutter, eine Geborene mit Trittbrett vorm Namen, hatte ein Gut mit in die Ehe gebracht, sein Vater, ein Herren-reiter, hatte es durchgebracht. Edmund war ein schöner Mann, durch und durch, und einwandfrei nordisch, und dennoch konnte ihn Tilla Bär vom ersten Tag an nicht »verknusen«. »Ein feiner Pinkel ohne einen Floh in der Hosentasche, aber Ansprüche stellen!« pflegte sie zu schimpfen.

＊

»Meine Liebste«, schrieb Robert Bergenser nach der Heimkehr von einem kurzen Berlin-Besuch an seine Braut, »der Schaffner hatte mir ein Abteil besorgt, in dem ich ungestört schlafen konnte, ich schlief aber leider nicht. Gegen halb sechs Uhr früh war ich zu Haus – ein Glück, daß mein junger Freund Simon den Nachtdienst übernommen hatte, so konnte ich mich noch zwei Stun-den aufs Ohr legen, dachte ich zumindest; jedoch, ich fand eine telegrafische Nachricht vor: Kaiser und Kaise-rin waren in Hamburg eingetroffen, um sich von hier aus nach Holland einzuschiffen. Und wir Reserveoffizie-re mußten um sieben Uhr früh am Dammtorpavillon an-treten, und zwar in Uniform mit weißen Beinkleidern. Ich hatte aber keine weißen Beinkleider und trommelte meine Wirtin aus dem Bett. Wo bekommt man um halb sechs Uhr früh weiße Beinkleider her? Sie hatte zum Glück noch eine Segelhose von ihrem Sohn, die holte sie vom Dachboden und bügelte sie. Sie hatte den Gilb und Stockflecken und war mir viel zu weit, aber ich hatte keine andere Wahl. Auf dem Wege zum Dammtorpavillon wehte eine Naphthalinfahne von Mottenkugeln hinter mir her. Ahnt so ein Monarch eigentlich, in welche Bredouille er einen unausgeschlafenen Oberstabsarzt der Reserve durch einen weißen Hosenbefehl stürzt?

Und nun, nach Ausübung meiner vaterländischen Pflicht, muß Harms seine Lotte anspannen und mich zu meinen schwerkranken Patienten kutschieren, ich hoffe, sie haben die kaiserliche Verzögerung meiner Visite einigermaßen überlebt.

Dein Dich immer liebender, auf Händen tragen möchtender Robert«

*

In Hamburg begannen die Handwerker unterdessen mit der Instandsetzung und Modernisierung der Wohnung am Neuen Wall, in der Polly mit Robert Bergenser wohnen sollte.

Gleichzeitig nahm Tilla Bär in Berlin mit der ihr eigenen bestürzenden Energie die Komplettierung der Aussteuer ihrer Töchter in Angriff. Bett- und Tischwäsche türmten sich bereits seit längerem hohlsaumiert und lochgestickt in der Nähstube. Jetzt konnten endlich, nachdem die zukünftigen Initialen der Mädchen feststanden, die Monogramme eingestickt werden. Mit steigendem Mißmut betrachteten Polly und Magda die Ballen soliden Bielefelder Leinens, aus denen Tilla mit der großen Schneiderschere ihre Leibwäsche zuschnitt. Untertaillen, Hemden, Hosen, Unterröcke, Nachthemden – und jedes Teil gleich im Dutzend. Von früh bis spät wurde genäht und bestickt, Magda hatte sich Batist und Seide vorgestellt, Spitzenrüschen, verführerisch raschelnde Taftunterröcke – und statt dessen kriegte sie eine Aussteuer »wie ein Bauerntrampel«.

Endlich war die Wohnung am Neuen Wall renoviert und über dem Küchenherd ein Gasarm angelegt, die Öfen waren gesetzt und in jedem Zimmer elektrisches Licht und Glockenzüge installiert. Bis zum Fingerhut im Nähkästchen wurden die Räume nach Tillas Geschmack eingerichtet. Als sie sich aber auch noch daranmachen wollte, seine Praxis neu zu gestalten, wagte Bergenser erstmals zu protestieren.

Am 16. Januar 1892 fand der Polterabend In den Zelten 18 in Berlin statt. Magda und eine Freundin traten als Neapolitanerinnen auf, und ihre selbstgemachten, holprigen Verse nahmen kein Ende. Minna Büxenstein, eine enge Bekannte von Tilla, hielt eine pastorale Rede. Da hinein platzte der Bräutigam, man hatte schon befürchtet, er würde seine eigene Hochzeit verpassen, aber ein schwerer Fall hatte ihn in Hamburg aufgehalten und innerlich immer noch nicht losgelassen.

»Ein einjähriges Kind mit einer Genickstarre«, erzählte er Polly. »Kommt es durch, so wird es blind sein. Man denkt, man würde sich an das Leiden, das man täglich sieht, gewöhnen, aber es gibt immer wieder Fälle, die kann man keinen Augenblick aus seinen Gedanken verdrängen.«

Am Tag nach der kirchlichen Trauung fand ein Empfang statt. Während die Gäste sich am Nachmittag zurückzogen, um für das abendliche festliche Diner wieder frisch zu sein, nahm die selige Polly strahlend Abschied von ihrer Mädchenzeit.

∗

München – Meran – Mailand – Nizza – Monte Carlo – Paris. Von jeder Station ihrer Hochzeitsreise schickte Polly Karten und Briefe nach Berlin, die nur ein Thema hatten: ihr Glück. Auf jeder Station empfing sie Nachrichten von Tilla und Magda. »Dein leeres Bett, Dein leerer Stuhl am Eßtisch, Deine Stimme – Du fehlst uns überall«, schrieb Tilla, und am Ende eines Briefes: »Adieu, mein Kind, denk daran, daß die Flitterwochen vielleicht die schönsten und sorglosesten in Eurer Ehe sein werden.«

Danach wurden ihre Berichte sachlicher, denn inzwischen waren Mutter und Schwester in Hamburg eingetroffen, um die vielen Kisten mit der Aussteuer auszupacken.

»Heute kamen die Kücheneinrichtung, der Silberkasten, das Speiseservice – alles auf einmal, wir wateten in Stroh und Papier, unsere Hände sind rissig, der Rücken schmerzt, dazu überall Handwerker. Der Maler hat eine abscheuliche Farbe für die Diele ausgesucht. Die Federbetten sind noch nicht da. Ich war bei einer Vermieterin und habe eine Köchin und ein Kleinmädchen engagiert, die nächste Woche eingearbeitet werden müssen. Bei der kleinsten Anstrengung kriegt Magda ihre Migräne, und wer fragt danach, wo mir der Kopf steht?«

✳

Sie gewöhnten sich rasch an den Luxus der Grand Hotels. An die Sonnentage in einem milden Klima, Kutschfahrten unter Palmen, an sorgloses Dahinschlendern zwischen anderen sorglosen Nichtstuern. An Opernabende mit weltbekannten Sängern.

Und danach die Heimkehr nach Hamburg. Tilla, Magda und windgetriebene Graupelschauer empfingen die frisch Verheirateten am Venloer Bahnhof. Auf der Droschkenfahrt zum Neuen Wall lobte Tilla ihren eigenen ungeheuren Fleiß beim Einrichten der Wohnung, und Magda zeigte ihre Wunden vor – abgebrochene Nägel, Schnitte und Risse an den Händen. »Und das alles während ihr unter Palmen flaniert seid.«

Köchin und Kleinmädchen froren bei ihrer Ankunft schon vor der Haustür, um die schwere Bundeslade mit der Reisegarderobe zwei Treppen hinaufzuhieven.

Zum ersten Mal betrat Polly das Haus, in dem sie 18 Jahre leben sollte. Bergensers Stellung bei den Ortskrankenkassen verpflichtete ihn, im Zentrum zu wohnen. Da wohnte man eigentlich nicht, wenn man etwas Besseres war, und schon gar nicht auf einer Etage, sondern im eigenen Haus, von dem man vielleicht das Obergeschoß vermietete. Die Wohnung lag aber nicht nur nicht standesgemäß, sie war auch dunkel und sehr kalt. Sprech- und Wartezimmer im Erdgeschoß besaßen keine Heizmöglichkeit außer einem qualmenden Petroleumofen, und die Gesellschaftsräume dämmerten im ewigen Schatten des gegenüberliegenden Hauses. An einem fensterlosen, über zwanzig Meter langen Korridor befanden sich die Kammern der Mädchen, Küche, Bad, Toilette und dazwischen riesige Schränke mit der Aussteuer, gebündelt und gestapelt, mit Leinenbändern zusammengehalten, mit einem Spruch bestickt, der irgend etwas von »Sommerwind und grüner Au« faselte und mit »... ruht still es nun im Spinde zum Lob der deutschen Frau« ausklang.

In der Küche blinkten auf Hochglanz polierte »Pütt und Pann«, und über den Handtüchern hing ein von Tilla bestickter Kreuzstichvorhang mit erhobenem Zeigefinger: »Halte Ordnung, übe sie, sie erspart dir Zeit und Müh.« Eine Mahnung, die Pollys wütende Opposition geradezu herausforderte und wohl dafür sorgte, daß aus ihr kein ordentlicher Mensch geworden ist.

Außer schweren Samtportieren verdunkelten Kelims, von Ritterhellebarden gehalten, den Blick aus den Erkerfenstern des Salons. Nippes begruben Pollys kleinen Schreibtisch aus schwarzem Jakarandaholz unter sich. Alle Möbel waren schwarz, auch das Umbausofa, das ebenfalls mit Nippes überladen war. Es gab ein schwarzes Klavier und eine schwarze Säule, auf der ein Bronzebürschchen mit Schiebermütze im Nacken vor sich hin pfiff – Fabrikware des 19. Jahrhunderts. Neben dem Salon das friesische Eßzimmer. An den Wänden und um den Eichentisch standen 24 handgeschnitzte Eichenstühle, ihr rotgepunzter Lederbezug war mit unzähligen Messingnägeln eingezäunt, welche alle vier Wochen geputzt werden mußten, »hörst du Pollichen?« Tilla war so stolz auf sich und konnte gar nicht genug gelobt werden für ihr umsichtiges innenarchitektonisches Meisterwerk.

Lichter waren die Zimmer nach hinten hinaus mit dem Blick auf das Fleet und vorüberziehende Kähne. Hier lag auch das Schlafzimmer mit einem Baldachin über dem Bett; verschämte Putten hielten die Vorhänge aus blauem Moiré beidseitig zurück.

Pollys Wunsch, nun endlich mit ihrem Mann allein zu sein und ihre Ehe anzufangen, erfüllte sich noch immer nicht. Magda reiste zwar bald ab, aber Tilla sah es als ihre wichtigste Aufgabe an, die Tochter in ihre hausfrau-lichen Pflichten einzuführen. So wurde es März, bis Tilla nach Berlin zurückkehrte. Polly und das Personal atme-ten auf.

Nun endlich glaubte sie, sich als Hausfrau fühlen zu können – und stellte resignierend fest, daß sie als solche keine anderen Aufgaben hatte, als jeden Morgen den Speiseplan für die Köchin zu erstellen. Auch aus ihrem Wunsch, in der Praxis zu helfen, wurde nichts. Eine Frau Doktor konnte nicht gut als Sprechstundenhilfe fungieren, die Patienten würden ja denken, daß sich der Doktor keine Hilfskraft leisten konnte. Also was tun den ganzen lieben langen Tag? Sie war nun kein chapero-niertes Mädchen mehr. Mit Kapotthütchen und langen gelben Bindebändern, dem Zeichen der verheirateten Frau, machte sie sich auf den Weg in die Freiheit. Dieser endete bereits an der Ecke Neuer Wall-Poststraße in der Konditorei Hübner, wo sie sich einen Kinderwunsch er-füllte: Sie stopfte sich voll Creme- und Schokoladentor-ten, bestellte Schlagsahne dazu und bedauerte beinah, daß ihre sparsame Mutter nicht miterleben konnte, wie sie schlemmte. Einmal lud sie eine Bekannte dazu ein, aber ihr ständiges Gejammer, noch keinen Mann gefunden zu haben, beeinträchtigte Pollys Freude an den Eclairs.

Weil sie sich ob ihrer Freßsucht vor der Bedienung schämte, wechselte sie die Konditoreien. Bald schon genügte ihr das Kuchenessen nicht mehr als Ausdruck ihrer neuen Freiheit. Sie wollte etwas für ihre seit dem Umzug nach Hamburg vernachlässigte Bildung tun. Als sie abends im Salon unter der Stehlampe saßen, Robert mit der Zeitung und Polly unruhig vor lauter Nichtstun, bat sie ihn um eine Liste all der klassischen und zeitgenössischen Autoren, die zu lesen ihren Horizont erweitern würde. Auch Geschichtsbücher interessierten sie. Aber Bergenser, dem es einst Freude gemacht hatte, die Wißbegier der Fünfzehnjährigen anzustacheln und zu befriedigen, antwortete diesmal zerstreut, in seine Zeitung vertieft: »Ach Schatz, lies doch, was du magst.«

Polly war zutiefst schockiert. Es war, als ob sich ein Loch vor ihr öffnete: Hinein fiel Robert samt seinem hohen Sockel, auf den sie ihn gestellt hatte. War dieser müde, desinteressierte Mann noch ihr Lehrmeister und Liebhaber? Seit Paris hatte er sie nicht einmal mehr angerührt. Schade. Es hatte ihr gefallen. Machte man das etwa nur während der Hochzeitsreise? Sie wagte ihn nicht zu fragen. Auch vom Ausbleiben ihrer Blutungen erzählte sie ihm nichts, obgleich er Arzt war, aber es kam ihr so vor, als ob er nur der Arzt der anderen wäre, die ihn von früh bis spät in Anspruch nahmen und auch noch nachts aus dem Bett holten, die ihn ausnutzten, erschöpften und ihr, seiner jungen Frau, nur seine Müdigkeit überließen.

Und auch wenn sie einmal gemeinsam ins Theater oder zu seinen Freunden gehen wollten, kam meistens ein dringender Krankheitsfall dazwischen.

Bergenser hatte gesagt, lies doch, was du magst. Somit schleppte sie Literatur paketweise aus der Leihbücherei nach Hause. Ibsen. Tolstoi. Flaubert. Fontane. Maupassant. Balzac. Immer wieder begegnete sie in deren Büchern unverstandenen, von ihren Ehemännern vernachlässigten, sehnsuchtsvollen Frauen, denen sie sich verbunden fühlte.

Tilla wußte schon, warum sie ihrer Jüngsten das Lesen von Romanen verboten hatte. Es weckte gefährliche Phantasien und verdarb die Moral. Und am Ende war die Gosse. Selber schuld.

Tilla sagte auch, Lesen am Tage sei sträflicher Müßiggang, weshalb Polly eine List anwandte: Sie zog eine der untersten Schrankschubladen halb heraus, setzte sich drauf und las; wenn das Kleinmädchen vorbeikam, stopfte sie ihre Lektüre unter die Handtücher und zählte emsig die Wäsche.

Eines Tages betrat Dr. Simon, Bergensers junger Freund und Praxisvertreter, eine Konditorei, um Kuchen für seine angereisten Breslauer Verwandten zu holen. Dabei bemerkte er eine sehr junge Frau allein an einem Tisch, die las und gleichzeitig Cremeschnitten in sich hineinstopfte. An der Stuhllehne hing ein Kapotthütchen mit gelben Bändern. Das war Polly Bergenser.

Ihr Anblick ergriff ihn. Sie wirkte allein gelassen. Sollte sie an einer Mangelerscheinung leiden, so tat sie alles, um sich mit Ersatzgenüssen zu befriedigen.

Simon sprach sie nicht an, sie sollte sich nicht ertappt fühlen, und er erzählte auch Robert nichts davon. Der überarbeitete Mann hatte eh ein schlechtes Gewissen, weil er sich nicht genug um sie kümmern konnte.

Außer Romanen und Kuchen hatte Polly noch eine weitere Leidenschaft, von der sie niemandem erzählte. Sobald Nordweststürme über die Elbe tobten und Kanonenschüsse das bedrohliche Steigen des Hochwassers ankündigten, lief sie hinunter zum Hafen. Auf einem kleinen Dampfer ganz vorn am Bug stand sie im Sprühregen hochschäumender Wellen, vom Sturm fast umgerissen, und schrie sich frei von ihren Fesseln der Konvention und überschüssigen Gefühlen. Es kostete sie jedesmal Überwindung, nach solchen Ausflügen die dunkle Stiege zum zweiten Stock wieder hinaufzusteigen und in ein Leben ohne Pflichten und Abwechslung zurückzukehren, in einen dunklen Käfig, überladen mit Geschmacklosigkeiten.

Polly wußte nun, daß sie im dritten Monat schwanger war, außer Schlaflosigkeit hatte sie indes keine Beschwerden. Die zergrübelten Nächte, begleitet von Bergensers Schnarchen, trieben sie immer häufiger aus dem Bett. Ihre Decke um sich geschlagen, stolperte sie durch die ausgekühlte Wohnung oder saß – als die Nächte wärmer wurden – auf dem kleinen Balkon des Frühstückszimmers und betrachtete die Sterne zwischen den ziehenden Wolken oder das Mondlicht auf dem kaum bewegten Wasserspiegel des Fleets. Dort fand sie eines Nachts Bergenser, als er aufwachte und sie nicht neben ihm war. Er machte ihr Vorwürfe wegen ihres Leichtsinns: »Du kannst dir eine Lungenentzündung holen« – und Polly ließ sich willig in ihr Bett zurücktragen und bis zum Kinn einpacken. Robert stopfte die Decke fest um sie herum. Auf die Idee, sie in den Arm zu nehmen und mit seinem Körper zu wärmen, kam er nicht.

Da lagen sie nebeneinander, und keiner suchte die Hand des anderen. Es war soviel Fremdheit zwischen ihnen. Polly war gerade am Einschlafen, als er sagte: »Vielleicht hast du geglaubt, es würde immer so sorglos weitergehen wie auf der Hochzeitsreise. Aber leider – dies ist nun mal mein Alltag. Ich habe zuwenig Zeit für dich, das deprimiert mich. Du bist nicht glücklich.«

»Laß mich an deiner Arbeit teilhaben. Bitte, Robert. Laß mich in der Praxis helfen. Ich mache einen Kursus in Krankenpflege ...«

»Du machst gar nichts, meine Liebe, sondern konzentrierst dich jetzt völlig darauf, Mutter zu werden«, bestimmte er. Und weil sie nicht antwortete, fragte er eindringlicher: »Hast du mich verstanden?«

Sie hatte ihn verstanden. Er wollte sie monatelang in ihre Schwangerschaft einsperren, unter einer Glasglocke, wie die Tortenstücke bei »Hübner« während der Wespenzeit.

Polly war zu müde, um zu revoltieren, und außerdem hatte sie längst aufgehört, ihm zu erzählen, was sie anstellte, wenn er keine Zeit hatte, sich um sie zu kümmern ...

In den Briefen, die Tilla und Polly täglich wechselten, berichteten sie sich jeden Alltagskram, aber niemals wurde Pollys Schwangerschaft erwähnt. Über »solche Dinge« sprach man nicht, das galt in Hamburg als nicht schicklich. Was für ein enggeschnürtes Moralkorsett, das selbst ehelich gezeugten Babys bis zur Niederkunft die Existenz verweigerte.

Anfang August schrieb Tilla an ihren Lieblingsschwiegersohn Robert: »Ich hatte auf eine lange Brautzeit mit dem Kimmelstiehl gehofft, weil er arm ist wie eine Kirchenmaus und es mit selbständiger ärztlicher Tätigkeit höchstens auf 3000 Mark im Jahr bringen kann. Also muß ich 6000 Mark zusteuern, wenn sie gleich heiraten, damit Magdas Migränen und ihr ständiges Geheule (schlimmer als Kindchen, die zahnen) endlich aufhört. In Gottes Namen, soll sie den Kimmelstiehl haben, ist er doch immer noch zuverlässiger als ein windiger Leutnant mit Spielschulden. Ich gebe mir täglich aufs neue die allergrößte Mühe, seine törichten Ansichten protestlos zu schlucken.«

∗

Im August 1892, als die ersten Cholerafälle in Hamburg durch die Gazetten publik gemacht wurden, gab Tilla ihre prüden Bedenken auf und beschwor ihre Tochter, wegen ihres diffizilen Zustandes umgehend nach Berlin zu flüchten.

Polly weigerte sich, ihren Mann zu verlassen. Endlich bot sich ihr eine Chance, sich als Arztfrau zu bewähren. Schwester Magda machte ihr schriftlich Szenen, denn

Anfang September sollte ihre Hochzeit mit Dr. Kimmelstiehl stattfinden.

»Verlaßt Hamburg sofort, bevor es zur Seuchenstadt erklärt wird«, schrieb sie in einem Eilbrief, »denn Du, Robert, bist Trauzeuge, und außerdem ist der Saal schon gemietet, das Festmenü bestellt, und alle Gäste haben zugesagt.«

Polly schickte umgehend per Telegraf die Antwort: »Arzt in Hamburg wichtiger als Trauzeuge in Berlin. Gruß Paula.« Paula. Nicht mehr Polly. Schließlich war sie schwanger und die Frau eines Arztes, mit dem sie gemeinsam die Cholera sozusagen an vorderster Front bekämpfen wollte.

Von der Obrigkeit wurde das Ausmaß der Epidemie zunächst heruntergespielt: Die Auswirkungen der Cholera seien längst nicht mehr so verheerend wie in früheren Zeiten, und schon gar nicht im kühlen Norden.

Professor Koch in Berlin, der Entdecker des Cholera-Bazillus, hatte inzwischen aber anhand zugesandter Proben festgestellt, daß es sich in Hamburg nicht um die einheimische, sondern um die weit gefährlichere asiatische Cholera handelte. Am schwersten wütete sie in Altona und in der Hafengegend, verschlimmert durch die für Hamburger Verhältnisse ungewöhnlich lang anhaltende sommerliche Hitzewelle. Dann endlich gab es einen Temperatursturz, Dauerregen füllte die ausgetrockneten Fleete langsam wieder auf.

Auch Robert versuchte nun immer dringlicher, Polly zur Abreise zu überreden, ein völlig sinnloses Unternehmen, wie sich bald herausstellte. Sie mußte schließlich dafür sorgen, daß sich ihr rund um die Uhr im Einsatz stehender Mann in seinem übermüdeten Zustand nicht selbst vernachlässigte.

Da der Hauptüberträger der Seuche das Hamburger Leitungswasser war, benutzte sie selbst für sein tägliches Bad nur noch abgekochtes Wasser.

An manchen Tagen hatte er bis zu siebzig Hausbesuche zu machen. Ständig läutete die Praxisglocke. Erbarmungswürdige Gestalten standen vor der Tür, selbst infiziert, die sich hergeschleppt hatten, um den Arzt zu ihrer cholerakranken Familie zu holen.

Vor der Haustür döste Lohnkutscher Harms, dem müden Gaul hatte er den Futtersack umgehängt. Robert gab ihm eine Adresse im Hafenviertel an, zu der er ihn bringen sollte, und schlief bereits, bevor der Wagen angefahren war.

Überall in den elenden Behausungen empfing ihn der Gestank von Moder, Urin und Durchfall, Schweiß und menstruierenden Frauen, von Erbrochenem und Verwestem und ausgekotztem Schnaps.

Als er einmal in eine Kellerwohnung hinunterstieg, in die er gerufen worden war, lebte von einer achtköpfigen Familie nur noch die todkranke Mutter. Er setzte sich neben sie und versprach, daß alle toten Familienmitglieder ein anständiges Begräbnis bekommen würden, mit Orgelmusik und schönen Kränzen, und die Kinder einen weißen Sarg. Also getröstet – denn die Armen vertrauten ihrem Doktor, gab er ihr Morphium, um ihr das Sterben zu erleichtern.

Endlich zurück in die kühle Nachtluft, ein befreiendes Durchatmen und ein verdutztes Umschauen. Seine Kutsche war fort.

Nach dem achten Leichenkarren, der an ihm vorüber-
gerumpelt war, hatte den Kutscher Panik ergriffen. Bloß
raus aus diesem verseuchten Viertel, eh ihn die Krankheit selbst umbrachte.

Paula war noch auf, als Robert schließlich zu Fuß in
sein nach Lysol stinkendes Zuhause zurückkehrte. Sie
und ihr Personal putzten nicht nur in der Praxis jede
Klinke und jeden Gegenstand, den ein Kranker ange-
faßt haben mochte, sie desinfizierten auch im privaten
Bereich.

Bergenser war so erschöpft, daß er sich am liebsten
samt Schuhen auf sein Bett geworfen hätte, um endlich,
endlich zu schlafen. Aber da war seine Mädchen-Frau
mit dem dicken Bauch unterm Morgenrock, die ihn daran hinderte, indem sie ihm zuerst die Hände desinfizier-
te, dann seine Kleider aufknöpfte und ihn auszog:
»Nein, bitte nicht noch ein warmes Bad, und ich möchte
auch nichts essen! Nur schlafen.« So wie ihm ging es den
meisten Ärzten. Der Gestank, der sie überall erwartete,
hatte ihre Mägen blockiert.

Tilla Bär, die täglich mit ihrer Tochter korrespondier-
te, schickte Hühner und Rindfleisch für eine kräftige
Bouillon, und das Gemüse dazu brachte ein Bauer aus
dem Alten Land, dem Robert einmal das Leben gerettet
hatte. Ein großer Kessel mit Brühe köchelte ständig auf
dem Herd – und nicht nur für ihn; auch die jungen Hilfs-
ärzte stellten sich täglich ein, um Paulas heiße Bouillon
zu schlürfen.

Ab und zu trafen sich mehrere Ärzte abends in Mo-
sers Bierrestaurant. Dort konnte sie niemand erreichen.
Sie sahen aus wie ihre eigenen Patienten – hohläugig,

abgemagert, erschöpft, aber das Miteinanderreden und der Austausch von Erfahrungen, das Sich-gehen-Lassen ohne Rücksicht auf die Doktorwürde und das Bier halfen ihnen über manche seelische Krise hinweg.

»Ich bin so stolz auf meinen Mann«, schrieb Paula an ihre Mutter. »Jetzt merke ich erst, was für eine wichtige Stellung er hat. Ständig wenden sich die städtischen Behörden an ihn um Rat. Seine Patienten verehren ihn. Gibt es in Notzeiten einen wichtigeren Beruf als den des Arztes? Vielleicht noch Feuerwehrmann. Mama, bitte schick mir Eure abgelegten Kleider, geh im Haus sammeln und auch bei Deinen Bekannten. Die verseuchte Kleidung wird hier ja verbrannt, und die Armut wird durch die Epidemie immer größer.« Paula selbst hatte als erstes ihre gesamte Leinenunterwäsche aus der Aussteuer gestiftet.

Robert an seine Schwiegermutter: »Ich beschwöre Dich, Paula zur Abreise zu überreden. Ich schaffe es nicht. Das Kind hat seinen eigenen Kopf. Es glaubt, es wird dringend in Hamburg gebraucht. Dabei bringt es nur sich und das Baby in Gefahr.«

Magda an ihre Schwester: »Wieso höre ich nichts von Euch? Es geht um meinen Hochzeitstermin. Schon einmal haben wir alles wegen Robert verschieben müssen. Hat er denn als Trauzeuge kein Verantwortungsgefühl der Familie gegenüber? Edmund ist auch schockiert.«

Paula an ihre Schwester: »Robert ist bald 24 Stunden im Einsatz. Wir hatten heute 800 Todesfälle. Es würde ihn seine Stellung kosten, wenn er jetzt nach Berlin reiste, um Trauzeuge zu spielen. Begreif das doch endlich.«

Tilla an Paula: »In Berlin herrscht große Entrüstung

über die unverantwortlich nachlässige Hamburger Regierung. Dieselbe Geschichte wie damals beim großen Brand 1842. Da hieß es anfangs auch: Lat man erst 'n büschen brennen – und hinterher war nichts mehr zu löschen.«

Paula an Tilla am 2. 9.: »Danke für Hühner, Würste und Schwarzbrot. Die Stimmung hier ist entsetzlich. Ständig rumpeln Leichenwagen durch unsere Straße. Es herrscht so eine grenzenlose Verbitterung in der Bevölkerung. Wie wenig für das Wohl der Bürger getan wird. Da baut der Senat ein bombastisches Rathaus für Gott weiß wieviel Millionen, aber für eine bazillenfreie Trinkwasserversorgung ist kein Geld da. Dabei war gerade unser Leitungswasser der Hauptüberträger der Cholera. Es kommen zwar Mittel zur Verteilung, aber was die Komitees ausgeben, ist wie ein Tropfen auf einen heißen Ofen. Eine kleine Flasche Karbol zur Desinfizierung kostet schon eine Mark fünfundzwanzig. Welcher Arme, der kaum Geld für Brot hat, soll das bezahlen? Das hiesige Elend hat nicht auch noch die Cholera gebraucht, aber wenigstens hat die Cholera die Journaille auf das Elend aufmerksam gemacht.

Ach, Mami, es ist so traurig, Robert hat mir strikt verboten auszugehen, aber ich halte es zu Hause nicht mehr aus. Vorhin traf ich Harriet Elias in tiefer Trauer. Ihr Vater ist gestorben. Wohin man hört, nur traurige Nachrichten. Frau Goll und alle drei Kinder von Dr. Mayer sind auch tot. Wenn der Wasserwagen kommt, stehen Frauen Schlange. Manchmal bricht eine zusammen, dann weichen die anderen entsetzt zurück.

Das Schlimmste ist, wenn die Eltern sterben und kleine Waisen auf der Straße herumirren.«

Robert Bergenser an Tilla Bär am 4. 9.: »Um Gottes willen, bring Deine Tochter zur Raison. Heute kam sie mit einem Waisenkind an, das sie unterwegs aufgelesen hatte. Ich schaute mir das Kind an und erkannte Anzeichen einer beginnenden Cholera. Dr. Simon brachte es ins Krankenhaus.«

Tilla an Paula am 5. 9.: »Du kommst umgehend nach Berlin! Und wehe, Du faßt noch einmal verseuchte Kinder an und bringst sie auch noch mit nach Haus.«

Paula an Tilla, ebenfalls am 5. 9.: »Ich leide unter meiner Einsamkeit. Wie gerne möchte ich mich mit der jungen Frau Petersen von nebenan unterhalten, sie hat vor drei Monaten ein Kind gekriegt. Sie könnte mir so viele Ratschläge geben, aber es geht nicht wegen ihres Mannes. Es darf kein Fremder in seine Nähe, schon gar nicht eine Arztfrau, deren Mann ständig mit der Seuche in Kontakt ist. Er ist so ängstlich, daß er seit Beginn der Epidemie im Bett bleibt.

Robert hat es auch nicht gern, wenn ich ausgehe. So komme ich nicht mehr zur Leihbibliothek und wage auch keine Wolle zum Stricken zu kaufen, weil die Tochter des Ladenbesitzers erkrankt ist. Ihr Arzt sagt, es sei Mumps. Aber selbst hinter akutem Plattfuß vermutet man heute Cholera-Bazillen.

Die meisten Läden haben geschlossen, die Hotels und Restaurants – alles zu. Ich habe es nicht mehr zu

Hause ausgehalten. Auf dem Markt kaufte ich einen großen Strauß Rosen, und auf dem Heimweg habe ich ihren Duft tiiief eingeatmet. Damit mein Kind auch einmal etwas anderes riechen darf als Desinfektionsmittel.

Mich bedrücken die vielen elternlosen Kinder. Obgleich es nicht seine Aufgabe ist, bespricht sich Robert mit Waisenhäusern und versucht vor allem, die Kinder im Freundeskreis unterzubringen oder auf dem Land. Aber dort werden bereits Vierjährige als Arbeitskräfte eingesetzt. Ach, Mama, das ganze Elend tut so weh, wenn man nicht allen helfen kann. Vor vier Wochen war ein Mann in der Praxis, um seine Rechnung zu bezahlen. Er war so vergnügt. Sein neues Haus war gerade fertig geworden, geräumig genug für die vier Kinder, so fröhliche Kinder, und seine Frau so lieb und fleißig. Manchmal hätte er beinah Angst vor soviel Glück, sagte er.

Heute war er wieder in der Praxis. Seine Frau und drei Kinder sind bereits Opfer der Cholera geworden, der Doktor möge sofort kommen, um das letzte, ebenfalls schon erkrankte Kind zu retten. Doch es war bereits gestorben, als Robert das Haus eine Stunde später erreichte. Der Vater hat sich erhängt ...«

10. 9.

Liebe Mami,

die Zeitungsausschnitte aus Berliner Gazetten, die Du geschickt hast, sind empörend. Die lügen wie gedruckt. Natürlich lag hier anfangs vieles im argen. Die Seuche kam ohne Vorwarnung und gleich so massiv. Aber daß

die Leichen, in Säcke verpackt, in der Elbe herum-
schwimmen, ist eine glatte Infamie. Alle Transporte von
Toten oder Kranken müssen einen roten Schein vom
Stadthaus haben, das liegt in unserer Straße, da sehe ich
doch die Transporte hier am Haus vorüberfahren. Am
26./27. kamen sie ununterbrochen, jetzt nur noch wenige am Tag. Heute wird jeder einzeln in einem Schlüter-
schen Landauer, aus dem die Polster entfernt sind, sofort ins Krankenhaus gebracht. Ihr würdet kaum noch
merken, daß Ihr in einer verseuchten Stadt seid. Die
Straßen sind wieder voller Menschen.

11. 9.

Mein liebes Paulinchen,
    Dein zukünftiger Schwager Kimmelstiehl ist am
Bahnhof eingesetzt. Er läßt jeden Ankömmling aus
Hamburg baden, desinfiziert ihn und unterwirft ihn
noch einer sechstägigen polizeilichen Kontrolle. Dafür
kriegt er 15 Mark am Tag, endlich verdient er mal was.

12. 9.

Liebe Mama,
    schön war unser Telefongespräch gestern, nur so
kurz, und vor lauter Aufregung weiß man nicht, was
man sagen soll. Jetzt endlich ist eine Statistik mit den
wahren Zahlen herausgekommen. Am 27. August waren es über 1100 erfaßte Neuerkrankungen und 460 Todesfälle. Gestern sind es nur noch 160 Tote gewesen.
Wenn die Epidemie weiter so abklingt, kann ich vielleicht am 29. zur Hochzeit kommen.

20. 9.

Liebes Kind,

heute sagte Kimmelstiehls Vater ab: Er reist nicht nach
Berlin, die Cholera-Bazillen könnten ja in den Coupé-
polstern auf ihn lauern. Und die geladenen hiesigen
Hochzeitsgäste wollen auch nicht kommen, wenn Ihr
kommt. Sie brauchen nur das Wort Hamburg zu hören,
schon greifen sie zur Lysolflasche. Dann sollen sie bleiben, wo der Pfeffer wächst. Hauptsache, Ihr seid hier.

Magda an Paula am 25. 9.: »Vielleicht ist es besser, wenn
Ihr doch nicht kommt. Uns laufen ja alle Gäste weg vor
lauter Angst. Man heiratet doch nur einmal, da möchte
man gern eine große Hochzeit. Und dann macht einem
Eure Cholera alles kaputt.«

Also reisten sie nicht nach Berlin.

Am 7. Oktober schrieb Paula an ihre Mutter: »Nur noch
24 Neuerkrankungen und 4 Todesfälle. Man hofft, Hamburg in den nächsten Tagen für seuchenfrei erklären zu
können. Robert ist trotzdem noch drei Mal in dieser
Nacht herausgerufen worden – um 12, halb 2 und um 5.
Anschließend mußte er mehrere Häuser mit der Ge-
sundheitskommission untersuchen. Die Kommission ist
verhaßt bei all denen, die ihre Kranken nicht melden,
sondern zu Hause pflegen. Sie haben einfach Angst, daß
sie nicht wiederkommen, wenn sie einmal abgeholt
worden sind. Ich kann sie gut verstehen, aber so ist die
Seuche nie unter Kontrolle zu bringen. Die Ortskrankenkassen hatten Robert eine öffentliche Danksagung

und eine großzügige Dotation für seinen unermüdlichen Einsatz zugedacht. Von dem Geld hat er mir eine Teppichmaschine gekauft.«

*

Mit der kompletten Babyausstattung im Gepäck reiste Madame Bär Anfang November nach Hamburg. Köksch und Kleinmädchen erinnerten sich mit Grauen an die strenge Fuchtel der »Ollschen« während der Einrichtungszeit und kündigten umgehend. Dem neuen Personal versprach Paula ein Geldgeschenk, wenn es die Gnädige aus Berlin ertragen würde.

Als die Wehen begannen, fragte Paula ihre Mutter, wie so eine Geburt eigentlich vor sich gehe, und erhielt einen Verweis: »Das fragt eine anständige Frau nicht.«

Die Entbindung war schwer und dauerte lange. In der kalten blauen Pracht des Schlafzimmers war Paula ganz der Hebamme und ihrer Mutter überlassen. Im Wohnzimmer warteten Robert und Dr. Simon bei einer Flasche Sekt. Ab und zu ging Bergenser ins Schlafzimmer, streichelte sein armes kleines Mädchen und floh gleich wieder, weil er es nicht leiden sehen konnte. Zum ersten Mal versagte er als Arzt. Simon mußte das Baby zur Welt bringen.

Wenn es der von Tilla heimlich erhoffte blondgelockte Knabe mit dem friesischen Erbteil geworden wäre, hätte es Bernhard geheißen wie ihr zu früh gestorbener Abgott. Weil es aber eine mandeläugige Enttäuschung weiblichen Geschlechts wurde, nannte man das Kind-

chen Jenny nach Bergensers Schwester. Jennifer Mathilda Bergenser, genannt Jenny. Sie wurde am 7. 11. 1892
am Neuen Wall geboren.

Die Wochenstube wimmelte von Frauen, die den
Säugling wickeln, baden, warten und stillen mußten.
Eine stand der anderen im Wege und achtete eifersüchtig darauf, daß sie nicht ihre Kompetenzen überschritt.
Nur Paula, die junge Mutter, durfte an diesem Wett-
kampf nicht teilnehmen. Sie war zu schwach, um zu stillen. Also wurde eine Amme engagiert, die mit ihren
Wünschen und Launen Familie und Personal drangsa-
lierte. Ging es einmal nicht nach ihrem Willen, drohte
sie mit dem Wegbleiben ihrer Milch, was das eh frag-
würdige Leben des schwächlichen Babys in Gefahr gebracht hätte. Außerdem kam noch eine Trockenamme
ins Haus, die Tätigkeiten ausführte, die Tilla Bär nur zu
gern selbst übernommen hätte.

Jeden Abend, wenn er müde nach Haus kam, mußte
sich Robert die endlosen Klagen seiner Schwiegermutter über das nutzlose Weibervolk anhören.

Wie schon beim Einrichten ihrer Wohnung hatte Paula überhaupt nicht mitzureden. Umgeben von Streit und
Gekeife war sie zum Zuschauen verurteilt. Auch als sie
wieder aufstehen konnte, durfte sie ihr Kindchen nicht
im Zimmer herumtragen.

Einmal, als sie für kurze Zeit allein in der Wohnung
war, nahm sie ihr Baby aus der Wiege, packte es aus,
betastete seinen zarten Körper, küßte seine Haut und
wurde dabei von ihrer heimkehrenden Mutter erwischt
und mit Vorwürfen behagelt. In ihrer Eigenmächtigkeit
hätte sie die Gesundheit des Kindes gefährdet. Zu allem

Überfluß gab Robert Tilla auch noch recht, er gab ihr immer recht, wenn es um seine Tochter Jenny ging.

»Wozu kriegt man eigentlich ein Kind, wenn man es nicht mal anfassen darf?« heulte Paula.

Dann kam ein Telegramm aus Berlin von Edmund Kimmelstiehl: Magda hatte Fieber und verlangte nach ihrer Mutter. Tilla Bär reiste ab. Da wurde es schon bedeutend friedlicher in der Kinderstube. Nach Monaten verließen dann auch die Ammen das Haus. Paula atmete befreit auf, Köksch und Lüttdeern sangen zum ersten Mal wieder in der Küche, jedoch zu früh, zu früh, denn nun begann der Reigen der Fräuleins.

Jennys überängstlicher Vater wollte eine absolut zuverlässige Person Tag und Nacht um sein Baby wissen, außerdem war es nicht standesgemäß, ja geradezu unfein, wenn die Gnädige ihr Kind selbst versorgte.

Kinderfräuleins waren meist ältere Jungfern. Sie taten keinen Handschlag, der nichts mit dem Kind zu tun hatte, außer dem Abwasch der Frühstückstassen, wohlgemerkt nur der Tassen. Dafür wurde ihnen eine Schüssel mit warmem Wasser ins Zimmer getragen, man konnte Fräulein ja nicht zumuten, die Küche zu betreten. Einbrüche in ihr Revier hätte die Köchin auch nicht geduldet. Sie und Lüttdeern hielten einmütig zusammen, wenn es um die anfangs häufig wechselnden Fräuleins ging. Was für eine unselige Situation für diese, zwischen Herrschaft und Dienstboten rangmäßig eingeklemmt zu sein!

*

Jennys Kinderleben spielte sich vor allem auf einem kleinen Balkon überm Fleet ab. Sie konnte stundenlang dem Hin und Her der Schuten auf dem grüngrauen Wasser zuschauen und im Winter die in der Luft stehenden Möwen füttern. Ganz selten kam sie mit gleichaltrigen Kindern zusammen und wenn, dann immer unter Aufsicht. Es war ihr streng verboten worden, die Haustür zu öffnen. Aber wenn es klingelte, stand sie als erste da. Sie wußte ja, wer kam. Zuerst der Bäckerjunge mit einem Riesenkorb überm Arm, rechts die Brote, links die zugedeckten Kuchenstücke. Danach brachte der Sohn des Schlachters das bestellte Fleisch in einer Holzmulde. Beide durften allein auf die Straße, sie hatten bereits eine Aufgabe und waren nicht älter als Jenny, die sie beneidete, genau wie den Knaben, der dünn genug war, um alle paar Wochen in den Wasserkasten der Toilette zu kriechen und den darin angesammelten Elbschlick auszuräumen – und wenn er Glück hatte, dabei »'nen lütten Aal to griepen«, der sich in den Kasten verirrt hatte.

Nachts lag Jenny oft wach. Die Tür zum Nebenzimmer war angelehnt, der Lichtstrahl von Fräulein Amandas mit Tüchern abgedunkelter Lampe bildete einen hellen Strich auf dem Fußboden. Jenny hörte die Uhr der Petrikirche schlagen, die Trompeten des Zapfenstreichs und das unheimliche, dumpfe Tuten der Nebelhörner. Und manchmal hörte sie ihre Eltern streiten. Sie vertrugen sich nicht mehr.

1899 kam Jenny in die Schule. Es gab damals zwei renommierte Privatschulen. Trafen sich Hamburger Damen mit Standesdünkel irgendwo in der Welt, so fragten sie sich als erstes, auf welcher Schule sie gewesen waren. Die Beantwortung der Frage entschied darüber, ob sie gesellschaftsfähig waren, ob »eine Geborene« oder etwa nur »eine Gewisse«.

Fräulein Milbergs Schule war die unbestrittene Nr. 1. Hier blieben »die Geborenen«, die Töchter der Senatoren und königlichen Kaufleute so ziemlich unter sich. Dafür wurde in Fräulein Schabens Schule, auf die Jenny ging, mehr gelernt.

Sie war glücklich, nun endlich unter Mädchen zu sein. Außer zu Vera, die neben ihr saß, fand sie aber keinen Kontakt, weil in behüteter Isolation aufgewachsen. Meist stand sie in der Pause an der Hofmauer, die Hände auf dem Rücken, sah mit gespanntem Interesse dem Getobe der Schülerinnen zu und hegte den brennenden Wunsch, eine von ihnen zu sein, war aber zu schüchtern, um zu fragen, ob sie wohl mitspielen dürfte. Es kam auch niemand auf die Idee, sie dazu aufzufordern. Vera hingegen spielte mit und sagte zu Jenny: »Nun hab dich nicht, du tust ja gerade so, als ob du was Besseres wärst.«

O Gott, nein, sie fühlte sich eher minderwertig, weil sie nicht toben konnte – wie denn auch, wenn ihr Hauptspielplatz ein kleiner Balkon gewesen war. Was konnte sie überhaupt?

Als Fräulein Amanda sie verließ, war sie zehn Jahre alt und noch nicht einmal in der Lage, ihre Strümpfe alleine anzuziehen. Damals nahm Mama sie unter ihre Fittiche. Nach dem immer gleich lau temperierten Fräulein hatte Jenny nun ihre junge, vitale Mutter als Gefährtin, die ihr das Spielen beibrachte, das Ponyreiten, das

Rutschbahnfahren und Um-die-Wette-Laufen. Nur ungern kehrte sie in die triste Atmosphäre der Wohnung am Neuen Wall zurück.

Jenny betete ihre Mutter an. Von nun an nahm Paula ihr jede Entscheidung ab: Sie beeinflußte ihren Tagesablauf, ihre Wünsche und ihre Sympathien. Mutter und Tochter wurden unzertrennlich. Neben ihnen hatte kein Vater mehr Platz und keine gleichaltrige Freundin.

Frau Jonasson

Im April 1920 schrieb Jenny an ihre Mutter: »Wir haben Frühling, einen Frühling nach dem anderen. Ich war noch nie so glücklich.« Und im nächsten Brief: »... und habe noch nie soviel gelacht ... und schlimmer noch: Ich hätte nie gedacht, daß das Leben so schön sein kann. Manchmal glaube ich, jetzt fängt es überhaupt erst richtig für mich an.«

Jenny ahnte nicht, wie sehr sie ihre Mutter kränkte, indem sie – absichts- und gedankenlos – all die Jahre, die sie gemeinsam verbracht hatten, als nicht so wichtig einstufte, wie Paula selbst sie empfunden hatte. Sie war in Jennys Leben an die zweite Stelle gerückt. Das tat weh. Sie verfluchte den Tag, an dem sie in der Pension Ballmann Zimmer gemietet hatte.

Zur gleichen Zeit erreichte sie ein anonymer Brief: »Von einer, die es gut mit Ihnen meint und Sie warnen möchte: Ihre Tochter verbringt die Nächte bei Dr. J. im Zimmer.«

Paula nahm daraufhin den nächsten Zug nach Berlin, um zu verhindern, wofür es hoffentlich noch nicht zu spät war.

Jonasson tippte, als er von dem Brief erfuhr, auf die Rutschmeyer oder Frau Ballmann als Urheber dieses falschen Alarms.

Sowohl Jenny als auch Björn schworen reinen Herzens, daß nichts passiert sei.

Mäßig überzeugt kehrte Paula bald darauf nach Hamburg zurück, und Jenny verbrachte die Nächte wieder in Björns Armen. Im Morgengrauen erst kehrte sie in ihr Zimmer zurück, es blieb ihr gerade noch Zeit zum Ein- aber nicht mehr zum Ausschlafen, denn um halb sieben klopfte er bereits an ihre Zimmertür, um sie zum Frühstück und zum Tiergartenspaziergang zu wecken. War dieser Mensch denn nie müde? Nie erschöpft?

Auch in seiner Liebe nicht. Er brachte Jenny mit seinen Zärtlichkeiten beinahe um den Verstand. Ein unerträglicher Zustand. Es mußte endlich ein Ausweg gefunden werden, der sie von diesem verflixten Ehrenwort erlöste, das sie ihrer Mutter gegeben hatte, ein Ausweg, der gleichzeitig Björns massiver Ehescheu gerecht wurde und sie dennoch ihrem Ziel näher brachte: Jenny wünschte sich ein Kind von ihm!

Die meisten Frauen fingen mit Anfang Zwanzig an zu brüten, sie selbst näherte sich bereits ihrem dreißigsten Geburtstag, es wurde also Zeit, und eine Schwangerschaft ließ sich auch gut mit ihrer Gesangskarriere verbinden. Mami würde schon auf das Kind aufpassen, wenn sie Liederabende gab oder in Oratorien sang.

Und endlich, nach langem Überlegen, fiel ihr eines Tages die Lösung ein ...

Während des Unterrichts wunderte sich die Dreese: »Ja, meine gute Jenny, was ist denn mit Ihnen geschehen? Ich spüre schon seit einiger Zeit, daß Ihre Stimme geradezu birst vor Gefühl. Sie singen zu sehr aus. Vielleicht sollten wir jetzt das absolute Piano und Portamento studieren.«

Am Abend dieses Tages trödelte sie mit Björn Hand in Hand durch stille Nebenstraßen. Von Balkonen tropfte Gießwasser, ein Kanarienvogel, dessen Käfig draußen aufgehängt war, tirilierte. In der von Hunden bepinkelten Erde um eine Linde hatten Kinder ein Loch gegraben, in das sie ihre Murmeln rollen ließen. Ein Mann fluchte beim erfolglosen Versuch, den Motor seines Zweisitzers anzukurbeln.

»Du bist beängstigend schweigsam, meine Liebste«, stellte Björn irgendwann fest.

»Ich weiß«, sagte Jenny. »Ich versuche zu formulieren, was ich dir sagen möchte.«

»Ist es was Ernstes?« erkundigte er sich leicht besorgt.

»Wart's ab!«

Sie betraten die Taverne am Bayerischen Platz. Jenny trank sich Mut an. Er sah ihr dabei amüsiert zu. »Na?«

Sie lehnte sich im Stuhl zurück und atmete tief durch: »Also! Ich habe über eine Lösung für uns nachgedacht, denn so kann es ja nicht weitergehen.«

»Nein, so geht es nicht weiter«, bestätigte Jonasson.

»Und da ist mir eine Idee gekommen. Sag mal – aber ganz ehrlich –, glaubst du, daß deine Liebe zu mir ein Jahr halten wird?«

»Warum?« fragte er vorsichtshalber.

»Glaubst du es? Ich muß das wissen, Björn.«

Noch nie hatte er sie so beharrlich erlebt. Er mußte unwillkürlich grinsen.

»Nicht lachen, es ist mir verdammt ernst mit meinem Vorschlag!«

»Bestimmt«, sagte er, »aber nicht in Keuschheit.«

Jenny holte tief Luft: »Was hältst du davon, wenn wir für ein Jahr heiraten? Und danach Scheidung.«

»Oh«, Jonasson schien verblüfft und skeptisch zugleich. »Das willst du wegen deiner Mutter?«

»Auch.« Sie hielt ihm ihr leeres Glas hin, er schenkte nach.

»Wir könnten weiter zusammen in der Pension wohnen wie Ledige und doch verheiratet sein.«

Björn vermutete plötzlich eine Falle. »Aber ...«

»Wir gehen natürlich vorher zum Notar«, beruhigte sie ihn. »Es wird alles schriftlich festgelegt.«

Jetzt brauchte er dringend eine Zigarre und tastete seine Jackentaschen ab, bis er die Schachtel gefunden hatte. »Weiß deine Mutter schon von deinem Plan?«

»Nein. Das ist doch wohl zuerst einmal unser Problem, nicht?« An der Art, wie sie einen Zahnstocher zerstückelte, bemerkte er ihre Nervosität. »Aber das Kind bleibt natürlich bei mir, wenn wir uns trennen.«

»Was für'n Kind?« fragte er interessiert, ihren Vorschlag noch immer nicht ernst nehmend.

»Unseres natürlich. Das wäre überhaupt der Hauptgrund für unsere Ehe. Es wird dir doch hoffentlich gelingen, innerhalb eines Jahres aus mir eine Mutter zu machen, oder?«

Darauf orderte Jonasson eine zweite Flasche Wein und machte sich zögernd mit der verrückten Idee vertraut, Jenny Bergenser für ein Jahr zu heiraten und mit ihr ein Kind zu zeugen.

»Hm«, ließ er endlich vernehmen. »Ein richtiges Kind so mit Kopf und Armen und Beinen? Unser Kind?« Er fing an, sich für den Vorschlag zu erwärmen, Vater zu werden, ja mehr noch, zu entzücken, und wünschte sich ein Mädchen, das Ellen heißen sollte ...

Auf dem Heimweg wollte es Jenny dann noch einmal genau wissen: »Du bist also bestimmt einverstanden mit einer Ehe auf ein Jahr?«

Und er: »Wann heiraten wir, meine Süße? Wir wär's mit morgen früh?«

»Um Gottes willen! Meine Mutter ...«

Sie kam nicht weiter, weil Björn bei Paulas Erwähnung wie ein Hund aufheulte, dem man auf die Pfote tritt.

»... immerhin muß ich sie ja vorher in Kenntnis setzen.«

Das sah er ein. »Aber schnell. Schick ihr ein Telegramm. Ich will nicht länger warten!«

Am nächsten Morgen, auf dem Weg durch den Tiergarten, beim Bitterwassertrinken am Charlottenburger Brunnen, führten sie ein ernstes Gespräch. Björn fragte Jenny noch einmal, ob sie auch stark genug sei für den Abschied nach einem Jahr Ehe, und sie versicherte ihm glaubhaft, daß sie ihre Freiheit genauso brauche wie er seine, um ganz ihrer Kunst zu leben – und für ihr Kind natürlich.

13. Juni

Liebste Mami,

Björn und ich haben beschlossen, für ein Jahr zu heiraten, wir haben ganz im Ernst darüber gesprochen. Ein glückliches, verliebtes Jahr ohne lange Verlobung, den üblichen Hochzeitsklimbim und vor allem ohne Zwang, ein Leben lang aneinandergekettet zu sein. Damit erfülle ich Deinen Herzenswunsch, in keiner »wilden Ehe« zu leben (wild wird sie bestimmt auch so, aber das ist ja gerade das Wunderbare). Ich wünsche mir ein Kind von ihm. Du mußt also damit rechnen, daß ich nach einem Jahr mit einem Baby und allem Umstand, den es mit sich bringt, zu dir zurückkomme.

Ob Dir das recht sein wird? Eine geschiedene Tochter mit Kleinkind, das Dein Leben durcheinanderbringt!? Und was die Leute in Hamburg dazu sagen werden! Mir ist es piepegal. Aber Du schriebst ja neulich, Du könntest nur für mich und durch mich leben, dann darf ich doch Dein Einverständnis voraussetzen, nicht wahr?

Björn möchte zu gern wissen, was ich gerade an Dich schreibe, und noch lieber möchte er Deine Briefe lesen. Haha! Hat er gedacht. In Liebe

Dein Kind

Am 15. Juni schrieb Paula Bergenser an ihre Tochter: »Deinen Brief las ich in der Sonne, als ich auf einer Bank an der Alster saß. In dieser Ruhe mit Blick auf das Wasser habe ich über Euren Entschluß nachgedacht. Du schreibst ›im Ernst‹ über Deine zukünftige Ehe, und nun möchte ich Dir gleichfalls ›im Ernst‹ antworten. Vielleicht habe ich Deinen Freund, durch die anonymen Briefe fremder Menschen beeinflußt und auch, ich gebe es zu, durch meine Eifersucht, falsch beurteilt. Deine Briefe über ihn klingen so glücklich und schildern ihn als einen verantwortungsbewußten Menschen. Da bleibt mir wohl nichts anderes übrig, als ihn als Schwiegersohn zu akzeptieren, wenn ich Dich nicht ganz verlieren möchte.

Was Du nun ›im Ernst‹ über Deine Ehe schreibst, verzeih mir, aber das verstehe ich nicht. Wenn man sich liebt, hat man den natürlichen Wunsch zusammenzubleiben. Ob diese Liebe in zwei, drei Jahren ihren Reiz verliert, ob die Kinder, die noch gar nicht da sind, beim Vater, der Mutter oder der Großmutter unterkommen werden, ist im Augenblick zweitrangig. Solltet ihr eines Tages erkennen, daß ihr trotz Kindern nicht zusammenpaßt, ist es moralisch und vernünftig, sich zu trennen. Nur nicht sich zugrunde richten in einer mißlungenen Ehe, das weiß ich aus eigener Erfahrung. Aber, mein Liebling, sich vorher, in der heftigsten Verliebtheit, hinzusetzen und ernsthaft über eine Scheidung zu diskutieren, verzeih, aber das ist nach meinem innersten Gefühl frivol und verwerflich. Denkt und grübelt nicht lange, heiratet mit der Absicht, eine glückliche Familie zu gründen und die Kinder anständig zu erziehen. Ob Du dann noch die Kraft und Zeit hast, eine berühmte Sängerin zu werden, wird die Zukunft zeigen. Schade ist es dennoch. Daß ich immer für Dich und meine Enkel dasein werde, muß ich Dir nicht erst versichern. Ich wünschte nur, nicht Jonasson, sondern ich hätte Dir all die Fröhlichkeit geben können, die Du so sehr brauchst; ich konnte es wohl nicht.

Nun freue ich mich auf unsere Wochen auf Juist, da wollen wir uns noch einmal recht genießen, und im August fahren wir zwei nach Bayern. Was meinst Du, mein Engel? Denn sonst wäre wirklich alles, was ich mir von unserer gemeinsamen Zukunft erträumte, vergebens gewesen.«

Abschließend stellte Paula eine Bedingung: Dr. Jonasson müsse ein Gesundheitsattest beibringen, bevor sie ihre Einwilligung zur Hochzeit gebe. Schließlich war er ein homme à femmes mit bewegtem Vorleben. »Sollte er sich weigern, heiratest Du ihn ohne meine Zustimmung.«

Jenny ahnte nicht einmal, daß ein Gesundheitsattest etwas anderes bedeuten könnte als eine Untersuchung auf Herz, Lunge und Kreislauf. Vielleicht noch Nieren. »Es tut mir leid«, sagte sie an diesem Abend zu Björn, »aber meine Mutter besteht darauf! Es ist wahrscheinlich wegen deiner Raucherei.« Er sah sie an mit einem sich langsam über sein Gesicht ausbreitenden, herzlichen Grinsen: »O meine Süße ...« und zog sie auf seinen Schoß. »Auf welcher Wiese hast du all die 29 Jahre herumgeträumt? Sicher hat sie deiner Mutter gehört.«

Und dann klärte er Jenny über Geschlechtskrankheiten auf und versicherte ihr, daß er die Sorge ihrer Mutter durchaus verstehen könne.

Am folgenden Morgen schrieb Jenny an Paula: »Mami! – Sonnenaufgang zwischen den Schornsteinen. Ich bin eben aus Björns Zimmer geschlichen, zu aufgewühlt, um zu schlafen. Wenn Du jetzt hier wärst, würde ich an Deine Tür klopfen und mich auf Dein Bett setzen. Und seufzen. Was hat sich so alles in den vergangenen Monaten verändert. Wenn ich bedenke, wie sehr mich seine starke Betonung des Sexuellen anfangs abgestoßen hat, so sehr, daß ich mit Fäusten auf ihn losgegangen bin. Und jetzt bin ich genauso verrückt nach ihm wie er nach mir.

Ach Mami, Du meine einzige und beste Freundin, wie bin ich froh, daß ich Dir alles, was ich fühle, denke, erlebe, anvertrauen darf ...«

Björn wollte zwei Tage später vom Schwielowsee aus eine Karte an seine zukünftige Schwiegermutter schicken: »Sehr geehrte gnädige Frau, gestern sind Jennifer und ich stundenlang auf dem Schwielowsee gerudert, und wir verbrannten uns beim keuschen Sonnenbad den Rücken. Jennifer ist ganz durcheinandergewirbelt. Sie weiß inzwischen, daß die körperliche Liebe sie nicht enttäuschen wird, und entwickelt sehr sicher ihre natürliche Sinnlichkeit. Mit freundlichen Grüßen ...«

»Um Gottes willen! Das kannst du nicht schreiben, Björn, das ist mir peinlich!« stöhnte Jenny. »Das schicken wir nicht ab.«

»O doch«, verteidigte er seine Karte. »Deine Mutter soll wissen, daß wir trotz einer allerletzten Enthaltsamkeit ein reges Liebesleben führen.«

»Aber das weiß sie doch schon«, rief Jenny.

»Woher?«

»Ich hab's ihr auch geschrieben ...«

✳

Paula mit ihren noch fest im 19. Jahrhundert wurzelnden, sehr konservativen Vorstellungen hatte Schwierigkeiten, sich für diese Einjahresehe zu erwärmen. Sie kam deshalb voll Sorge nach Berlin gereist, um die Heiratsformalitäten zu besprechen, darunter Mitgift, Aussteuer, Festivitäten. Jonasson reagierte, als ob sie ein rotes Tuch vor ihm schwenken würde: »Verehrte Frau Doktor, kommen Sie mir bitte nicht mit dem üblichen Hochzeitshokuspokus. Jennifers Mitgift interessiert mich nicht. Ich verdiene genug. Aber ich möchte Sie bitten, Jennifers und sämtliche dieser Ehe entspringenden Kinder bei sich aufzunehmen, wenn unser Jahr um ist.«

Diese rüde Forderung kränkte Paula so sehr, daß sie vorzeitig nach Hamburg zurückreiste, um sich bei ihrem Kümmerer Joel Simon auszuleiden.

Ihre einzige, über alles geliebte Tochter, ihr Lebensinhalt, ihre Jenny, in die sie so viele Hoffnungen gesetzt hatte, verliebte sich bis zur Hörigkeit in den erstbesten Mann: einen charakterlosen Weiberhelden! Einjahresehe! Sollte Jenny ihr auch hundert Mal versuchen einzureden, es wäre ihr Einfall gewesen. Nein, nein, so eine Schnapsidee konnte einfach nicht ihrer reinen Seele entsprungen sein. Das war bestimmt Jonassons Idee gewesen. Typisch Jonasson. Das Vergnügen wollte er, aber nicht die Verantwortung für die Kinder, die daraus entstanden. Die halste er ihr auf, womöglich auch noch finanziell, aber da sollte er sie mal kennenlernen!

Dr. Simon, Paulas besonnener Freund, gab zu bedenken, wie viele Kinder wohl in diesem einen Jahr, wenn überhaupt, gezeugt werden konnten: »Es sei denn, in eurer Familie besteht Veranlagung zu Zwillingen?«

Anfang Juli schickte Jonasson das gewünschte Gesundheitsattest an Paula Bergenser. Der Teufel ritt ihn, als er demselben eine bürgerlich-formell verfaßte Bitte um Jennys Hand beifügte:

Sehr verehrte gnädige Frau! In der Zeit, in der es mir vergönnt war, mit Ihrem Fräulein Tochter zusammenzusein, habe ich diese immer mehr schätzen und lieben gelernt. Da Ihnen, gnädige Frau, die gegenseitige Annäherung zwischen Frl. Jennifer und mir nicht entgangen sein dürfte, so werden Sie nicht überrascht sein, wenn ich heute bei Ihnen um die Hand Ihres Frl. Tochter anhalte. Sie würden mich zum glücklichsten Menschen machen, wenn Sie, gnädige Frau, dem heimlichen Jawort, das Frl. Jennifer mir unter Vorbehalt Ihrer Zustimmung gegeben hat, Ihren Segen erteilen würden. Der bezaubernde Charme, die holde Weiblichkeit und die innere Reife, auch die klangreiche Stimme Frl. Jennifers lassen sie mir als die einzige Frau erscheinen, der ich mich voll und ganz für ein Jahr zu Füßen legen möchte. Genehmigen Sie, verehrte gnädige Frau, die Versicherung meiner tiefsten Hochachtung

Ihr ergebenster Jonasson

Paula war zutiefst berührt von diesem Brief. Sie hatte Jonasson also falsch eingeschätzt. Er wußte, was sich gehörte, nun ja, Jenny hatte mal erwähnt, daß er aus einer sehr guten Familie stammte – sein Großonkel ein berühmter Forscher, der Großvater ein erfolgreicher Baumeister, der Vater ein schwedischer Kommodore zur See und seine Schwester eine Doktorin der Medizin. Und dann, beim zweiten Durchlesen seines Antrags wurde ihr auf entsetzliche Weise plötzlich klar, daß dies nicht sein Stil war, sich auszudrücken, viel zu altmodisch, gelackt und devot. Sie brach in Tränen aus vor Wut und Demütigung.

»Aber Mami, Liebste, er wollte dich nicht kränken, bestimmt nicht. Das war ein Jux – das hättest du doch beim ersten Satz merken müssen«, erklärte ihr Jenny am Telefon.

Das hatte sie eben nicht gemerkt, und das nahm ihm Paula vor allem übel. Ihr fehlte jeder Sinn für Humor, und schon gar nicht war sie seinem Sarkasmus gewachsen. Außerdem waren beide Rivalen – hoch zu Roß mit heruntergelassenem Visier und stechbereiter Lanze ritten sie aufeinander zu. Voll Eifersucht kämpften beide um Jenny, Paula mit alten, zäh verteidigten Besitzansprüchen, Jonasson mit leidenschaftlicher Verführung und neuen Besitzansprüchen.

Bei aller Seligkeit verließ Jenny keinen Augenblick das schlechte Gewissen: Arme Mami, mein Glück ist ihre Verzweiflung, meine Sonne ihr schwarzer Schatten.

Wenn schon einen Schwiegersohn, so hätte sie sich bestimmt einen anderen ausgesucht als diesen Verführer mit seiner Sucht nach Leben, seinem scharfen Witz und seinem Charisma.

Ohne Datum

O Mami, jetzt wird es ernst. Ab 22. 7. können wir uns trauen lassen, wo immer wir wollen. Wenn er sich nur nicht um alles kümmern würde, was mich angeht. Du hast geschrieben, daß es vielleicht besser wäre, ich würde vor der Hochzeit meine gestopfte Wäsche aussortieren und neue kaufen. Zu meinem Entsetzen wollte er unbedingt dabeisein. Den ganzen Sonnabendnachmittag waren wir unterwegs, von einem Geschäft zum anderen. Die Verkäuferinnen verzweifelten an uns, die wir bis aufs Blut zerstritten waren. Wie konnte ich denn ahnen, daß es Männer gibt, die sich für weibliche Leibwäsche interessieren!!! Es sollten unbedingt seidene Garnituren sein, er liebt Garnituren, sagt er, da werde ich ja wahnsinnig, wenn ich die immer zusammenhalten soll. An einem glanzseidenen Pyjama, der ihm so gut gefiel und mir gar nicht, wären beinah unsere Heiratspläne gescheitert. Überhaupt geht der ganze modische Kram über meine Kraft. Großmamas Handtasche will er nicht mehr sehen, meine Schnürstiefel findet er abscheulich. Schuhe mit hohen Absätzen soll ich kaufen, wozu Absätze bei meinen langen Beinen, da bin ich ja größer als er. Glaubst Du, das stört ihn?

Ich kaufte gar nichts an diesem Nachmittag, obgleich wir per Droschke von einem Geschäft zum anderen galoppierten. Jedem Kutscher stellte mich Björn als sein »Frollein Braut« vor. Solange uns keine modischen Querelen dazwischenkamen, waren wir ja auch ein blödsinnig verliebtes Paar, nach dem man sich kopfschüttelnd umschaute. Bei Wertheim gab es Luftballons mit Werbeaufschrift. Björn stand zwischen den Kindern und verlangte drei Stück für »seine Gören« ...

Ach, wo wir überall an diesem Abend nach diesem Nachmittag eingekehrt sind! Gegen elf holten wir Björns Schwager Oskar aus dem Bett und scheuchten ihn in den Keller auf der Suche nach einer Flasche Champagner zur Feier unserer unaufschiebbaren, bedeutenden Neuigkeiten:

Erstens: Wir heiraten!

Zweitens: Du, Oskar, sollst unser Trauzeuge sein!

Dann kam Inger aus der Klinik nach Hause und lachte sich schief bei der Vorstellung, ihr ehefeindlicher Bruder habe die Absicht zu heiraten. Einfach zum Piepen. Sie glaubte uns kein Wort, freute sich aber herzlich über mich als Schwägerin.

Es wurde dann noch sehr lustig rund um den Küchentisch, über dem die Luftballons an der Decke klebten mit herunterhängenden Strippen. Inger stellte auf den Tisch, was sie an Eßbarem in der Speisekammer fand. Mitten im Absäbeln von Schinkenscheiben sah sie mich an: »Ist das wirklich wahr? Will er wirklich heiraten?« Ich sagte: »Wir heiraten auf ein Jahr. Ich möchte ein Kind von ihm.« Inger sah mich kopfschüttelnd an und zog eine Zigarettenschachtel aus ihrer Jackentasche. »Ihr seid total verrückt. Und wenn es nun nicht klappt mit dem Kind?«

Ehe ich antworten konnte, sagte Jonasson, während er seiner Schwester Feuer gab: »Dann hatten wir dennoch ein unvergeßliches Jahr miteinander, nicht wahr, Jennifer?«

Am 7. Juli schrieb Jonasson an Jennys Mutter: »Wir haben uns mit dieser verflixten Enthaltsamkeit wohl zuviel zugemutet. Dazu diese anhaltende sengende Hitze in Berlin. Das Jennifer muß furrt! Dringend fort. Sie trifft 23 Uhr 43 am Dammtorbahnhof ein. Ihr Einverständnis vorausgesetzt, möchte ich Ende des Monats nach Juist kommen und Jennifer dort heiraten. Anschließend Hochzeitsreise!«

∗

Paula Bergenser und Dr. Simon holten Jenny vom Zug ab. Nach strahlenden Berliner Sommerwochen nun Hamburger Schmuddelwetter. Eine schmal gewordene Mutter, die ihre Tochter in die Arme schloß und nicht mehr loslassen mochte, eine Umarmung, die zur Umklammerung ausartete und Jennys Wiedersehensfreude jäh trübte. O Gott, die arme Mami! Sie litt so maßlos unter dem Ende ihrer gemeinsamen Zukunftspläne. Alle Beteuerungen – es ist doch nur für ein Jahr; du wirst immer der liebste Mensch in meinem Leben bleiben – waren nicht Trost genug, um Paulas Stimmung aufzuhellen.

Wenig später kam auch Jonasson nach Hamburg und fing sich ein striktes Nein ein, als er den Wunsch äußerte, Jenny auf Juist zu heiraten. Paula war nicht bereit, auch nur einen Tag von der Zeit, die ihnen zu zweit noch blieb, zu opfern. »Es ist seit Monaten ausgemacht, daß wir den Juli zusammen auf Juist verbringen und im August nach Bayern fahren. Gib zu, Jenny, das hast du mir versprochen.«

Jenny sah Björn bedauernd an und seufzte. Enttäuscht und voller Zweifel fuhr er nach Berlin zurück, während Mutter und Tochter gemeinsam nach Juist dampferten, wo Paula ein Haus mit Seeblick gemietet hatte.

Drei Tage lang schien die Sonne, sie lagen am Strand, hopsten bei Flut in den Wellen und machten lange Wanderungen. Eine zärtliche Zweisamkeit voll Abschiedswehmut für Paula, während Jennys Unruhe stündlich zunahm. Björn rief nicht an, noch beantwortete er ihre Briefe. Am fünften Tag schlug das Wetter in Sturm und

Regen um. Jenny stand am Küchenfenster. Von dort konnte sie den Briefträger schon von weitem viel zu langsam näher kommen sehen. Voller Ungeduld rannte sie ihm entgegen. Diesmal hatte er einen Brief von Jonasson. Sie riß ihn bereits auf der Straße auf, der Regen verwischte die Tinte, später, im Haus, verwässerten ihre Tränen die Schrift:

Liebe Jennifer,

das strikte Nein Deiner Mutter und Dein Sich-Fügen aus Sorge, sie zu enttäuschen, haben mich mehr ernüchtert, als ich anfangs erwartet hatte. Wenn Deine Mutter eine kluge Frau wäre – aber wer ist schon klug, wenn über die Maßen eifersüchtig –, hätte sie zu Dir gesagt: Liebchen, mach aus diesem einen Jahr was Unvergeßliches. Der Knabe taugt nicht viel, genieß ihn dennoch. Statt dessen kommt sie mir mit bürgerlicher Präjudiz in Geldangelegenheiten. Bitte, versteh mich richtig. Ich schreibe Dir das nicht des Geldes wegen, das ist mir Wurrrrscht. Die Gesamteinstellung setzt mir zu. Die Bleischwere, die Schmetterlingsflügel zerdrückt.

Ich verweigere mich entschieden einer Ehe zu dritt.

Unsere rauschhafte Verliebtheit liegt plötzlich so weit zurück. Und meine Bedenken sind inzwischen stärker als meine Gefühle. Unsere Geschichte scheint mir so reizlos legitim zu werden. Ist Jennifer – trotz ihres Vorschlags einer Einjahresehe – nicht genau wie ihre Mutter in bürgerlichen Illusionen gefangen? Wird sie nach einem Ehejahr wirklich zur Scheidung bereit sein und meinen Freiheitswillen respektieren?

Du hast mir mehrmals versichert, daß Dein Freiheitswille genauso stark ist wie meiner, aber warst Du, die noch immer an einer Nabelschnur hängt so stark wie die Ankerkette eines Hochseedampfers, denn jemals eine Minute in Deinem Leben wirklich frei, um aus Erfahrung zu wissen, was Freiheit bedeutet? Wenn ich an unsere Heiratspläne denke, kriege ich Reißausgefühle, bevor der Käfig zuschnappt.

Nun träum schön weiter auf Deiner Nordseedüne. Ich spiele täglich Tennis, von 6 bis 7 mit einem Trainer und nach dem Büro noch einmal mit einer schottischen Wienerin oder Wiener Schottin, eine geradezu umwerfende Nationalcharaktermixtur. Anschließend treffe ich mich mit Freunden im Lunapark oder zu nächtlichen Bootsfahrten auf dem Wannsee – oh, diese südlich warmen Nächte von Berlin. Auf einmal hab ich soviel Freiheit wieder – ein fast schon vergessenes Plaisir.

Heute lieferte der Juwelier unsere sechseckigen, goldenen Ringe. Deiner paßt nicht mal auf meinen kleinen Finger. Die Ringe sind da, aber wo ist der Wunsch zu heiraten geblieben. Komm, hilf mir ihn suchen.

Björn

Jenny packte umgehend einen Handkoffer mit dem Nötigsten und trat, bereits im Reisedreß für eine stürmische Seefahrt, vor ihre Mutter hin. »Ich muß nach Berlin zurück. Ich muß mein Glück retten.« Paula Bergenser war diesmal klug genug, Jenny weder durch Vorhaltungen noch Bitten zurückzuhalten. Sie stand weiß und schmal auf dem Steg, ohne dem ablegenden Schiff nachzuwinken, während Jenny, auf dem Heck, wieder einmal Tränen des schlechten Gewissens vergoß.

Als das Schiff in Norden anlegte, schaute sie noch einmal zurück nach der Insel, auf der ihre Mutter allein zurückgeblieben war.

Die erste Karte schrieb sie ihr bereits vom Bahnhof aus, während sie eine Tasse Kaffee trank, die zweite beim Umsteigen in Soltau ...

Bahnhof Friedrichstraße. Der Gestank von Dampfloks, Benzin, Pferdeurin, Straßenstaub – das emsige Durcheinander von Großstadtgeräuschen, laut und hektisch und herrlich vertraut. Sommerabend in Berlin. Hier gehörte Jenny inzwischen her. Hier war sie aus dem Kokon der totalen Unselbständigkeit gekrochen. Hier hatte ihr Björn beim Überwinden strengbürgerlicher Konventionen geholfen, und mehr noch, er hatte sie zum Lachen, Lieben und Selbst-Entscheidungen-Fällen gebracht.

Sie war nicht länger das bleichsüchtige, zarte Bäumchen, das geschont und behütet werden mußte zwecks Ausbildung seiner ergreifend schönen Stimme, wie ihre Mutter noch immer glaubte. Sie war eine junge, sonnengebräunte, hochbeinige und sehr attraktive Person, die sich mittlerweile als unabhängige Großstädterin fühlte, ja wirklich, das wollte sie zu gern sein.

Jenny geriet an einen Gepäckträger, der sie samt Köfferchen zum Centralhotel brachte, das ihr Paula Bergenser empfohlen hatte: »An deiner Stelle würde ich nicht in eure Pension gehen.« Aber leider war kein Zimmer frei. Anstatt mit einem Taxi in den Westen zu fahren oder zu einem großen Hotel rund um die Linden, folgte sie dem Dienstmann zu Fuß in die Friedrichstraße, zu einer Absteige letzter Güte, die seinem

Schwager gehörte. Und zum Dank lud sie ihn auch noch zu einem Glas Bier ein.

Sie war eben doch noch keine erfahrene Großstädterin, sondern nach wie vor eine höhere Gans, die in dem schmuddeligen Loch eine Nacht lang ihre Unerfahrenheit verfluchte, während sie Flöhe und Wanzen jagte.

Am nächsten Morgen rief sie Jonasson, ihre Beklommenheit bekämpfend, in seinem Büro an. Er klang kühl, beinahe desinteressiert, blätterte in seinem Terminkalender, bis er gegen Abend eine Möglichkeit für ein Treffen fand. Jenny wußte später nicht mehr, wie und wo sie sich die Stunden bis dahin vertrieben hatte, auf den Gedanken, die Absteige zu wechseln oder in die Pension Ballmann zu fahren, kam sie jedenfalls nicht.

Das Wiedersehen war am Wannsee geplant. Björn brachte seine noch immer verletzte Eitelkeit mit und nannte sie Mamakind. Nun fing auch Jenny an zu bokken, schließlich hatte sie ihre Mutter auf Juist einfach sitzenlassen, um zu ihm zu fahren, und im Grunde genommen entpuppte er sich als genauso besitzergreifend wie sie. Jenny wollte aber niemandes Eigentum mehr sein, verflixt noch mal. Er selbst hatte sie zur Selbständigkeit ermutigt. Dann unterbrach sie plötzlich ihren gerechten Zorn, irritiert durch sein Grinsen.

»Du hast es wirklich nicht leicht«, sagte er und streckte die Hände nach ihr aus. Sie sank ihm entgegen, ob sie wollte oder nicht, seine Anziehungskraft war so stark.

Gegen Mitternacht brachte er sie in die Absteige zurück. Der Ring an ihrem Finger, den Björn ihr in der Taverne übergestreift hatte, vergoldete die Schäbigkeit ihres Zimmers: Nun gehörten sie offiziell zusammen, und alles war wieder gut. Er selbst würde keinen Ring tragen, er war der Meinung, er raube ihm viel von seinem »Schmelz«.

Jenny erkannte sich nicht wieder, als sie am nächsten Morgen in den Spiegel voller Stockflecken schaute. Ihr Gesicht war zugeschwollen. Wanzen und Flöhe hatten diesmal ganze Arbeit geleistet, auch Arme und Beine waren mit Stichen übersät.

Um neun Uhr sollte sie bei Björn im Büro sein. Er hatte bereits eine Trainerstunde hinter sich und war noch im Tennisdreß. »Gut, daß du kommst, wir müssen gleich los«, sagte er und hakte sie unter. Im Vorzimmer rief er seiner Sekretärin zu, daß er um drei zur Konferenz zurück sein würde.

»Na dann, Hals und Beinbruch, Herr Doktor«, feixte Jettchen.

»Wo fahren wir eigentlich hin?« wollte Jenny wissen, als sie im Taxi saßen, er hatte Straße und Hausnummer so leise zum Schofför gesagt, daß sie ihn nicht verstanden hatte.

Auf einmal hielten sie vorm Rathaus Charlottenburg. Dort standen schon Oskar und Lilli Schönberg, eine exzentrische Erscheinung: Trotz der Sommertemperatur trug sie ein Cape aus schwarzem Affenpelz und eine Kappe mit Pailletten. Lilli war Modezeichnerin. Jenny kannte sie aus der Taverne und wußte, daß sie Björns erste Freundin gewesen war, als er nach Berlin kam. Zur Zeit lebte sie mit einem Filmschauspieler zusammen.

Sie bedauerte ihren Aufzug. »Ich habe noch das von

gestern abend an, ich war noch gar nicht zu Hause. Warum hast du uns eigentlich in dieser Herrgottsfrühe hierherbestellt?« fragte sie Björn.

»Weil heute kein anderer Termin mehr frei war. Ich hab den überhaupt nur so schnell gekriegt, weil ich gesagt habe, daß morgen unser Schiff nach Buenos Aires ausläuft.«

»Sag mal, piept's bei dir?« erkundigte sich Oskar.

»Wahrscheinlich, sonst wäre ich nicht hier.« Und dann nahm er Jenny bei der Hand und zeigte auf eine Orientierungstafel, die an der Wand hing: »Standesamt‹. Da! Wir müssen nach links.«

Jenny stand da wie vom Donner gerührt.

»Nun komm schon! Es wird Zeit.«

»Nein!« Erst aufs Klo! Der Schreck war zuviel für sie. Zu viert im Eilschritt suchten sie die besagte Örtlichkeit. Während Jenny hineinschoß, warteten die anderen drei auf dem Flur. Oskar und Lilli fielen über Björn her, weil er ihnen nicht vorher gesagt hatte, daß sie als Trauzeugen geladen waren. Als Jenny aus der Toilette zurückkam, fragte sie: »Hat einer von euch einen Kamm?« Björn packte sie am Arm. »Nun komm, es geht auch ungekämmt.«

Lilli hatte nur ihre Fahrerlaubnis zur Identifikation. Oskar rang die Hände: »Nicht mal ein Blumenstrauß ist da.«

O Mami, dachte Jenny, du hast dir die Heirat deiner Tochter gewiß anders vorgestellt.

Ihre Kratzerei wegen der Flohstiche irritierte den Standesbeamten, der sein Wort zuerst an Oskar gerichtet hatte, weil er einen seriösen Anzug trug und Schlips. Er hielt ihn für den Bräutigam. Lilli Schönberg quietschte in ihr Taschentuch, weil ein Lachanfall sie übermannte. Das steckte an.

Als der arme Standesbeamte Björn fragte, ob er die hier anwesende Jennifer Mathilda Bergenser ehelichen wolle, unterbrach dieser ihn ungeduldig: »Natürlich. Deswegen sind wir doch hier!«

Kaum hatten sie das Standesamt verlassen, stieg Lilli in ihr Auto, um nach Hause zu fahren und sich umzuziehen. Zum Sektfrühstück in der Taverne würde sie rechtzeitig zurück sein, versprach sie.

Zu dritt trödelten sie die Straße hinunter und amüsierten sich noch nachträglich über den verstörten Standesbeamten. »Nun, Frau Jonasson«, fragte Oskar, »wie fühlst du dich?«

Jenny überlegte. Horchte in sich hinein. »Albern. Das Ganze war wie ein Jux.« Und danach wurde sie nachdenklich.

An einem Blumenstand verlangte Björn nach einem Veilchenstrauß, erntete aber nur ein Kopfschütteln. Wieso gab es keine Veilchen im Sommer? Und was sollte er denn sonst nehmen als frischgebackener Ehemann. »Komm, Jennifer, such mal Blumen für mich aus, ich kann doch nicht ohne Strauß geheiratet haben, das ist doch wider die bürgerliche Konvention.«

In einer Kutscherkneipe kippte jeder von ihnen einen doppelten Kümmelschnaps, sie bestellten Schmalzstullen zum Frühstück, denn alle drei waren noch knurrmagennüchtern.

Danach mußte Jonasson unbedingt zum Postamt, ein Telegramm aufgeben an Frau Bergenser.

»Oh, bitte bitte nicht, überlaß das mir«, flehte Jenny.

»Wieso dir«, fragte er, »ist es deine oder meine Schwiegermutter? Und ihr bleibt solange draußen!«

Als sie allein waren, wandte sich Oskar an die Braut: »So ein Mädchen wie dich heiratet man doch nicht für ein Jahr! Das sagt auch Inger. Björns Scheidungsideen bezeichnet sie als Gemütsverwilderung infolge übersteigerter Ehescheu.«

»Es war meine Idee«, sagte Jenny.

»Hast du das auch wirklich ernst gemeint?«

Hatte sie? Hatte sie nicht? »Egal, wie es kommt, ich halte mein Versprechen. In einem Jahr ist er wieder frei.«

Oskar sah sie kopfschüttelnd an. »Selbst wenn dir die Trennung das Herz zerreißt?«

»Selbst dann, lieber Schwager.«

»Du bist genauso verrückt wie Björn«, knurrte Oskar.

Im gleichen Augenblick verließ Jonasson das Postamt und schwenkte einen Zettel.

»Was hast du telegrafiert? Hoffentlich nichts Freches.«

Er las ihr den Kladdezettel laut vor: »Liebe Frau Dr. Bergenser. Wir haben kurzen Prozeß gemacht und geheiratet. Jennifer kehrt nicht nach Juist zurück. Herzlich grüßt das Ehepaar Jonasson.«

O Gott, dachte Jenny und beschloß, in einem heimlichen zweiten Telegramm ihre Mutter zu beruhigen.

Björn holte anschließend Jennys Gepäck aus der Absteige und brachte es in der schönsten Suite des Hotels Dressler unter.

Gegen Mittag trafen sie in der Taverne zum Champagnerfrühstück ein. Lilli Schönberg war schon da, diesmal als Backfisch verkleidet – kurzer Rock mit vielen

Volants, tiefe Taille und eine Art Matrosenkragen, alles aus weißem Waschtüll. Björn war so entzückt von dem Kleid, daß Lilli es noch am Tisch ausziehen wollte, um es Jenny zur Hochzeit zu schenken. Sie war übrigens die erste Person, die eine Ehe auf ein Jahr nicht abwegig fand. »Mir gefällt die Idee. Ihr werdet keinen Tag als selbstverständlich nehmen, jeder hat seine Bedeutung. Je weiter das Jahr fortschreitet – so ein Jahr ist ja schnell vorüber –, um so bewußter werdet ihr jede gemeinsame Stunde leben, schließlich jede Minute. Und dann – am 16. Juli 1921: der Abschied. Björn steigt in ein weißes Boot und segelt aufs Meer hinaus. Jenny bleibt auf dem Steg zurück und schaut ihm nach. Es gibt keinen melancholischeren und längeren Abschied als am Meer.«

»Vor allem bei Flaute«, gab Björn ihr recht.

Oskar war dennoch nicht von der Güte einer solchen Ehe auf Zeit zu überzeugen. »Damit sollte man nicht spaßen. Und wenn ihr euch nach einem Jahr noch immer liebt?«

»Komm, Oskarchen, sei nicht so stur. Dann verlängern sie eben«, beendete Lilli das Thema und hob ihr Champagnerglas. »Auf 365 unvergeßliche Tage!«

Es wurden noch viele Toasts ausgesprochen, bis Björn, auf die Uhr schauend, wie vom Skorpion gestochen hochsprang. Es war halb drei. Um drei begann seine Konferenz. Vorher mußte er noch in die Pension Ballmann, um sich seriös zu verkleiden, er trug noch immer seinen Tennisdreß. Auch Oskar hatte einen Termin.

Vor der Tür stand das Auto, mit dem Lilli gekommen

war. Es gehörte ihrem Filmschauspieler. Sie fuhr damit erst Björn in die Pension. Auf dem Weg dorthin schlief er – kein Wunder: Von sieben bis acht Tennis gespielt. Dann geheiratet. Dann gefeiert. Zuviel Champagner. Und das vor einer wichtigen Konferenz mit angereisten Chemiekonzernchefs.

Er küßte Jenny flüchtig: »Bis heute abend, Frau Jonasson«, und stieg aus.

»Und wo soll ich dich absetzen? Im Dressler?« fragte Lilli.

»Nein«, sagte Jenny, »leider nicht. Ich brauche dringend ein Nachthemd.«

»Für die Hochzeitsnacht? Damit du eins anhast, das er dir ausziehen kann? Komm, steig ein. Ich kenn einen Laden, da kriegst du Modelle zum Träumen. Nicht nuttig – extrem edel!«

»Soviel Geld habe ich nicht bei mir«, fiel Jenny ein.

»Macht nichts«, beruhigte Lilli die Braut. »Ich habe da Kredit.«

Sie kamen in einer Kabine unter, ganz in Rosa ausgeschlagen, mit großen Spiegeln. Lilli nahm auf einem Stühlchen Platz und rauchte, während Jenny sich auszog und dabei Unterwäsche von bestürzender Biederkeit enthüllte.

Lilli blies durch die Backen vor Staunen. »Björn muß dich wirklich lieben. Ich glaube, ich such mal was Passendes für dich aus.« Sie kannte ja seinen Geschmack.

In einem Schönheitssalon ließen sie im Anschluß Jennys von Floh- und Wanzenstichen entstelltes Gesicht retuschieren. Danach lieferte Lilli Schönberg sie samt ihren Einkäufen im Hotel Dressler ab.

Im Wohnzimmer der eleganten Suite blühte ein mit Rosen in rosa bis dunkelroten Farbtönen gefüllter Henkelkorb von Oskar und Inger, der inzwischen geliefert worden war. Herrlich!

Jenny versank in der Badewanne, im heißen Wasser voll duftender Öle. Danach packte sie aus, was Lilli für sie ausgesucht hatte: ein Kleid aus elfenbeinfarbener Charmeuseseide, dazu passende Pumps. Zwei lachsfarbene Hemdhosen und ein weißes Nachthemd mit hohem Schlitz, alles aus Crêpe de Chine.

Die Rosen und die herumliegenden glanzseidenen Wäschestücke gaben ihr ein Gefühl von Luxus und Exklusivität und erinnerten sie daran, daß sie vor wenigen Stunden unter etwas bizarren Umständen geheiratet hatte. Zum ersten Mal begriff sie, daß sie nun Frau Jenny Jonasson, Björns Frau, war. Und es war kein Traum. Jenny stieß einen Juchzer aus vor Freude. Dann fiel ihr ein, daß ihre Mutter weder auf Björns noch auf ihr eigenes Telegramm bisher geantwortet hatte, in dem sie ihr auch mitteilte, daß sie im Hotel Dressler wohnten. Aber was hatte Jenny denn erwartet? Mami saß allein an der See in einem für einen Monat gemieteten Haus, in dem sie noch einmal zu zweit hatten Ferien verbringen wollen ...

Björns Sekretärin mußte seine Berliner Freunde anrufen und für acht Uhr abends in die Taverne einladen. Dort rang man die Hände: Ein Festessen für ca. 25 Personen ohne vorherige Ankündigung. Wie sollte man so rasch all die Lebensmittel organisieren in diesen miesen Zeiten? Man entschied sich schließlich für pürierte grüne Erbsensuppe mit Flußkrebsen, von denen es zur

Zeit genügend in den Havelgewässern gab, und Kartoffelpuffer hinterher. Da die Weinvorräte der Taverne nicht ausreichten, steuerten die Gäste Alkoholisches bei.

Lilli Schönbergs Schauspieler brachte einen schwarzen Trompeter mit und Jettchen einen arbeitslosen Zauberer, der bei ihr wohnte. Es kamen Leute aus der Gesellschaft, Björns Angestellte, Künstler – und vor allem viel mehr als eingeladen worden waren, denn Jonassons Hochzeit war natürlich eine echte Sensation. Damit hatte bei ihm keiner gerechnet.

Während der Trompeter einen durch und durch gehenden Blues spielte, wurden die ersten Wetten abgeschlossen, wie lange die Ehe der beiden wohl halten würde. Daß der Termin der Trennung bereits feststand, konnte niemand ahnen.

So gegen Mitternacht schlichen sich Jenny und Björn unbemerkt von ihren Gästen, die sich bereits im Stadium ausgeprägten Mitteilungsbedürfnisses gegenseitig zu übertönen versuchten, aus dem Lokal und fuhren in einer offenen Kutsche unter klarem Sternenhimmel zum Hotel Dressler.

Während Jenny ihr wunderschönes neues Kleid aus- und ihr wunderschönes neues Nachthemd anzog, ließ sich Björn in einen Sessel fallen, kickte die Schuhe von den Hacken, zog seinen Schlips vom Hals und seufzte erleichtert: »Endlich allein! Das war vielleicht ein langer Tag.«

Als Jenny aus dem Bad zurückkam, blieb sie barfuß mitten im Zimmer stehen. Das elegante Hemd mit den dünnen Trägern und dem hohen Schlitz stand ihr bezaubernd – und auch die leichte Verlegenheit, mit der sie sich einmal im Kreis drehte.

»Komm her.« Björn zog sie auf seinen Schoß, hob ihre Hand mit dem goldenen, sechseckigen Ring und sagte beinah nachdenklich: »Meine Frau ...«

✳

Sie blieben zwei Tage im Dressler. Björn ließ Jenny nur allein, wenn er ins Büro fuhr, um Briefe zu diktieren und Jettchen zu instruieren, was sie während seiner Abwesenheit zu erledigen hatte, denn ein paar Tage Ferien am Schwielowsee mußten sein.

Der Abschied von den Luxusbetten im Hotel fiel ihnen schwer.

»Wenn ich an die verkuhlten Ballmannschen Matratzen denke, tut mir schon jetzt der Rücken weh!« seufzte Björn.

Mit ihrem großen Rosenkorb und Jennys Gepäck fuhren sie zum Nikolsburger Platz, und die ganze Zeit malte er sich genüßlich aus, wie die Ballmannsche vor moralischer Entrüstung hecheln würde, wenn Jenny mit ihrem Bettzeug in sein Zimmer umzog.

Seine Schadenfreude wurde ihm gründlich verdorben, als sie die Pension betraten und ein Schild an seiner Tür hängen sahen mit der Aufschrift: »Dem glücklichen Brautpaare«, von Frau Ballmann eigenhändig gemalt. Die Chaiselongue war verschwunden, dafür stand ein zweites Bett neben seinem, und drumherum waren all die vielen inzwischen eingetroffenen Blumenarrangements gruppiert. »Das sieht ja aus wie bei einer Aufbahrung«, stellte Björn fest. »Das räumen wir erst mal weg. Noch sind wir nicht verschieden, meine Süße.«

Die Herren von der Tafelrunde empfingen sie mit kleinen Geschenken. Der Oberst überreichte eine Miniature aus Familienbesitz, Lobinsky lieferte Stoff für eine Überdecke und zwei Paradekissen. Redakteur Lieseke hatte ein flottes Gedicht gemacht, das er vortrug, und Schmidt befand sich auf Urlaub.

Das Schönste aber war die herzliche Freude, mit der ihre Heirat aufgenommen wurde.

Auch dieser Abend endete in der Taverne, diesmal in Gesellschaft von Frau Ballmann und ihren Pensionsgästen.

Jenny hatte in der Zwischenzeit versucht, mit ihrer Mutter zu telefonieren, um sie über den Schock hinwegzutrösten, den ihre Eheschließung ohne Ankündigung und Einladung bei ihr ausgelöst haben mußte. Doch schien sie nicht mehr auf Juist zu sein; in Hamburg meldete sie sich aber auch nicht.

Nun fand Jenny in der Pension eine kurze Nachricht von ihr vor:

Geliebtes, mach Dir keine Sorgen um mich. Ich werde das Alleinsein mit der Zeit schon lernen und bin sicher, daß ich eines Tages wieder die wichtigste Person in Deinem Leben sein werde. Wir sind nicht zu trennen, das wissen wir beide genau, nicht wahr, mein Liebling?

✳

Liebste Mami,

Weißt Du, wie das ist, wenn es in einem lacht und singt? Und wer uns sieht, lacht mit. Wir müssen sehr viel Glück ausstrahlen.

Das Hotel liegt direkt am See und besitzt einen eigenen Landungssteg. Heute früh mußte Björn nach Berlin zu einer Tagung, auf der er nicht fehlen durfte. Ich brachte ihn nach Lienewitz zur Bahn, das ist ein Stundenweg. Um halb fünf kommt er zurück. In der Zwischenzeit trödle ich durch die stille Landschaft. Grüne Ufer, Heide, keine Menschenseele, so weit ich schau. Über jedem Ort ein Kirchturm wie ein frisch angespitzter Bleistift. Im seichten Wasser stehen Reiher. Leider gibt es viele Mücken. So, nun kannst Du Dir ein bißchen die Landschaft um den See vorstellen, auf dem Deine Tochter zur Zeit in einem Ruderboot, pudelnackicht und mulattenbraun, an Dich schreibt. Über mir weiden Lämmerherden am Himmel. Anstatt mich auszuschlafen, denn wann komme ich sonst dazu, sehne ich mich schon wieder nach dem wunderbarsten aller Liebhaber. Ich kenne zwar keinen anderen, kann mir aber nicht vorstellen, daß es einen zärtlicheren, einfühlsameren, leidenschaftlicheren Mann auf dieser Welt gibt. Wir sind uns total verfallen.

Deine Jenny Jonasson

Der Kampf um Jenny begann nun von neuem – Geschriebenes wechselte in kurzen Abständen hin und her.

Paula an Jenny:
Mein Liebes,

was Du jetzt genießt, ist ein Sommerrausch, vergänglich wie die Jahreszeit. Vergiß aber nicht über der Liebe zu diesem Mann die Liebe zu Deiner Kunst. Sie ist das einzig Wichtige und Beständige in unser beider Leben.

Björn an Paula:

Genauso wie das Aneinanderkleben von Kletten eine Ehe zerstört, ist es im fortschreitenden Alter auch mit allzu intensiver Elternliebe bestellt. Sie macht unfrei. Es liegt an Ihnen, Jennifer von ihrem schlechten Gewissen zu befreien, weil sie nun nicht mehr ständig für Sie da sein kann. Sie gehört jetzt zu ihrem Ehemann.

Paula an Jenny:

Ich bin empört. Da, lies mal (Brief beigefügt), was Dein Mann über Elternliebe schreibt, ausgerechnet er, der nach Deiner Erzählung ein besonders inniges Verhältnis zu seiner Mutter gehabt haben soll.

Mit Paulas Brief in Händen ging Jenny auf die Suche nach Björn und fand ihn mit aufgekrempelten Hosenbeinen im seichten Wasser stehend vor, während er Kiesel über die Seeoberfläche tanzen ließ. »Da, lies mal, was meine Mutter schreibt.«

Björn las und dachte lange nach. »Nein, das Verhältnis zwischen mir und meiner Mutter war ganz anders als eures. Bonnie war zwar auch meine engste Vertraute und ich ihr abgöttisch geliebter Sohn. Aber sie hat niemals versucht, Besitz von mir zu ergreifen. Und war nie eifersüchtig auf meine Amouren.«

*

Später, auf ihrem gemeinsamen Abendspaziergang, sagte Jenny: »Ich habe einen großen, einen allergrößten Wunsch ...«

»Dein Hochzeitsgeschenk ist noch beim Juwelier zum Engermachen«, unterbrach er sie bedauernd. »Nächste Woche können wir es abholen.«

»Das meine ich nicht. Ich wünsche mir, daß du meine Mutter, auch wenn du sie nicht magst, höflich und freundlich behandelst. Dann wird sie sich dir gegenüber auch nett verhalten, und ich komm mir nicht länger wie das Seil vor, an dem ihr Tauziehen übt.«

Jenny an Paula:

Schwielowsee

... Er bringt mir jetzt das Schwimmen bei. Ich kann schon drei Züge machen, ohne unterzugehen. Meistens vergessen wir, ein Handtuch mitzunehmen. Dann tanzen wir uns mit Foxtrott trocken, bis wir stolpern und in den Sand fallen, und dann müssen wir wieder ins Wasser zum Abspülen ... O liebste Mami, es ist ja nicht nur die Verliebtheit allein: Es ist ein Augenblick, gelebt im Paradiese (Goethe oder Schiller?).

Björns bester Freund hat uns besucht. Beim nächtlichen Krebsessen, mit Serviette um den Hals, leise schlürfend und pulend, hat Walther, so heißt er, meinem Mann versichert, daß er gar nicht dankbar genug sein kann für so ein beglückendes Geschöpf wie mich!

Wir haben ihm lieber nicht gesagt, daß es nur eine Ehe auf ein Jahr ist, wir haben in diesem Augenblick auch gar nicht daran gedacht. Denken wir überhaupt? Das Leben mit Björn ist, als ob ich in der Sonne auf einem Hügel stehe mit weiter Aussicht hinab ins Land voller Seen, einen sanften Wind in den Haaren, die Arme weit ausgebreitet! Ich möchte die Zeit anhalten: die blödsinnige Verliebtheit bis zum letzten auskosten, die Leidenschaft, den Sommer mit seinen lauen Nächten; weintrinkend auf dem Steg, Katzen, die schnurrend um unsere Beine streichen, das Funzellicht auf einem Fischerboot. Wasserglucksen wie Seufzer ...

Morgen müssen wir nach Berlin zurück.

In einer alten klapprigen Kutsche wurden sie zur Bahnstation gebracht. Da sie keine Federung besaß und der Weg sandig und hügelig war, mußten sie sich gut festhalten, um nicht herauszufallen – am liebsten aneinander. Der Gaul hob immer wieder den Schwanz und äpfelte. Das brachte Björn schließlich auf die Idee, Vergleiche mit der Vertreibung aus dem Paradies anzustellen. Adam, Eva und der Roßapfel.

Und später, im Zug Richtung Potsdam, aus dem geöffneten Abteilfenster lehnend, den Fahrtwind in den Haaren und den beißenden Rauch der Lokomotive in der Nase, sagte er so nebenbei: »Haben wir wirklich geglaubt, das mit uns sei nach einem Jahr vorbei? Wir Kindsköpfe ...«

In diesem Augenblick gehörte ihnen beiden die Ewigkeit.

✳

Zwei Wochen später kam Paula höchstpersönlich nach Berlin, in Begleitung ihres langjährigen Jugendfreundes Dr. Joel Simon. Er war Assistent ihres Mannes während der Cholera-Epidemie in Hamburg gewesen und hatte Jenny auf die Welt gebracht. Ein kleiner, schlanker Herr von anziehender, weil durch Intelligenz und Güte veredelter Häßlichkeit.

Seit Paula sich einsam fühlte so ganz ohne Jenny, erlaubte sie dem Junggesellen, sich intensiver um sie zu kümmern, nicht zuletzt auch, weil sie viele gemeinsame Interessen hatten. Nach ihrem gemeinsamen Berlin-Besuch wollten sie weiterreisen nach Bayern, denn dort begann gerade die beste Zeit für Bergwanderungen.

Seine Anwesenheit erleichterte das Wiedersehen zwischen Paula und ihrem ungeliebten Schwiegersohn, zumal Björn sich auf Anhieb mit Joel Simon gut verstand.

Am ersten Abend feierten sie bei »Borchardt« die Hochzeit nach, am zweiten besuchten sie eine Max-Reinhardt-Inszenierung von »Romeo und Julia« im Deutschen Theater. Zum ersten Mal trug Björn dabei die goldene Repetieruhr, die Jennys Vater gehört hatte. Es war ihr Hochzeitsgeschenk für ihn, das Paula aus Hamburg mitgebracht hatte.

Im Verlauf der berühmten Balkonszene, in der die Liebenden nach gemeinsamer Nacht ein Zeitproblem haben – Romeo zieht es aus Sorge, erwischt zu werden, vor, sich zu verdrücken, während Julia ihn aufzuhalten versucht mit der Versicherung: »Es war die Nachtigall und nicht die Lerche, die eben jetzt dein banges Ohr durchdrang« – und sie auf der Bühne noch überlegten, welcher nun wirklich gesungen hatte – der Nacht- oder der Tagvogel –, erklang im Zuschauerraum plötzlich leise, aber dennoch hörbar der Westminsterschlag einer Taschenuhr.

Das Publikum reagierte mit Kichern, aber es gab auch bitterböse Rufe nach Ruhe: »Is ja unahört so was!!« – wodurch die Balkonszene letztlich mehr gestört wurde als durch den zierlichen Glockenschlag. Ein Saaldiener forderte Jonasson höflich, aber bestimmt auf, das Theater zu verlassen. Gott sei Dank mußten sie sich wenigstens nicht an steifen Knien vorbei aus einer Klappstuhlreihe herauskneten, weil sie eine Loge gemietet hatten.

»Gib zu, der Mensch ist unmöglich«, schimpfte Paula später, als sie und Joel Simon in ihrem Hotel in den zweiten Stock hinauffuhren. »Wenn ich nicht wüßte, daß er aus gutem Hause kommt, würde ich sagen, er hat keine Kinderstube!«

Joel Simon widersprach ihr ungern, dennoch gab er diesmal augenzwinkernd zu bedenken: »Björn hat's doch nur gut mit den beiden gemeint. Sieh mal, wenn man keine Uhr hat und gezwungen ist, sich nach den Vögeln zu richten, ist man jedem dankbar, der einem die Zeit ansagt.«

Paula schaute ihn kopfschüttelnd und sehr mißbilligend an. »Ich glaube, dieser Jonasson hat dich auch schon eingewickelt.«

Bedauernd hob Simon die Hände. »Tut mir leid, ich mag ihn. Aber ich habe auch keine geliebte Tochter, die er mir weggenommen hat ...«

*

Bevor er sich auszog, nahm Björn die goldene Deckeluhr ab und behielt sie dabei noch einen Augenblick nachdenklich in der flachen Hand.

»Erzähl mir von deinem Vater«, bat er Jenny schließlich, die sich nebenan im Kabinett die Zähne putzte und für die Nacht zurechtmachte. »Ich glaube, du bist ihm viel ähnlicher als deiner Mutter. Du bist nicht so energisch und dominant wie sie. Du hast seinen weicheren Gesichtsausdruck geerbt und seine Augen.«

Als Jenny zu ihm ins Zimmer zurückkam, war sie in ein Flanellnachthemd gehüllt.

Björn, der schon im Bett lag, stöhnte auf: »O nein! Nicht diesen Liebestöter!«

»Das bleibt an«, beharrte sie, während sie sich zu ihm legte. »Erstens ist mein Luxushemd in der Wäsche, und zweitens ...« sie wehrte seine lüsternen Finger ab, die nach ihr griffen »... hast du gesagt, ich soll dir von meinem Vater erzählen. Also, mein Vater ...« Sie dachte nach und hatte sogleich eine bestimmte Situation vor Augen, die sie Björn beschrieb: Das Hamburger Derby. In welchem Jahr, wußte sie nicht mehr, war ja auch unwichtig. Auf alle Fälle war sie noch ein kleines Mädchen und hatte mit ihren Eltern mitgedurft. Joel Simon hatte sie mit einem eleganten Doppelgespann abgeholt und kutschierte selbst.

Sämtliche Fürstlichkeiten waren von der Kieler Woche herübergekommen, um beim Derby nicht zu fehlen. Nach dem Rennen fuhren sie zu Ehmke und aßen Mandelrahmtorte. Jenny wußte das alles so genau, weil ihre Mutter immer wieder von diesem Ausflug erzählt hatte. Es gab ja nicht so viele bedeutende gesellschaftliche Ereignisse in ihrem Leben.

Björn, die Hände sittsam auf der Bettdecke gefaltet, erinnerte sie daran, daß sie ihm eigentlich von ihrem Vater erzählen wollte und nicht vom Derby.

»Dazu komme ich ja jetzt, sei nicht so ungeduldig«, wies Jenny ihn zurecht. »Also, an diesem Tag habe ich meinen ernsten Vater ganz anders erlebt als sonst. Er war von ansteckender Fröhlichkeit, bezauberte alle Bekannten um uns herum, selbst Mami war entzückt und sagte, ach, wenn er doch öfter so wäre. Später erfuhr ich von Onkel Simon, daß Menschen wie mein Vater, die unter Depressionen leiden, manchmal umwerfend fröhlich und ausgelassen sein können. Leider habe ich diese Sonnenseite seines Charakters nie wieder erleben dürfen ...«

Jennys Vater

1902 kaufte Dr. Bergenser ein Landhaus an einem kleinen holsteinischen See. Er schaffte ein elegantes Dogcart an und dazu Nelly, eine bezaubernde irische Stute mit schlanken Fesseln und schwachen Nerven. Gleich bei der ersten Ausfahrt ging sie durch. Ihre Hufe trommelten gegen den Boden des Gefährts, Jenny flog in weitem Bogen ins Gebüsch und Kuddel, der livrierte Groom, polterte samt Rücksitz auf die Straße. Tränenden Herzens trennte sich Bergenser daraufhin wieder von Nelly, da Paula es so wollte, und erstand einen Ackergaul mit stabilen Nerven. Das war Lotte. Weibliche Arbeitspferde hießen meistens Lotte oder Liese.

Von Mitte April bis tief in den Oktober hinein lebten Mutter und Tochter auf dem Land, während Robert Bergenser sie nur am Wochenende besuchen kam. Jeden Morgen kutschierte Paula Jenny eigenhändig zur nächsten Bahnstation. Im Zug nach Hamburg machte sie ihre Schulaufgaben.

Während der Woche führte Bergenser in Hamburg ein Junggesellenleben: Tagsüber widmete er sich der Praxis, und weil er sich vor der Einsamkeit in der stillen Stadtwohnung fürchtete, verbrachte er die Abende meist mit Kollegen oder Mitgliedern des Thalia-Theaters, die zu seinen Patienten gehörten.

Wenn er am Sonnabendabend, mit Delikatessen beladen, aus dem Hamburger Zug stieg, spürte Jenny, wie sehr er sich nach ihrer Umarmung sehnte, aber sie hielt sich zurück, aus Sorge, Mama zu mißfallen, wenn sie ihn allzu herzlich begrüßte.

Das Sommerhaus war ein gelbes einstöckiges Gebäude mit vorgebauter gläserner Veranda. Im Obergeschoß schliefen das Hausmädchen, die Sommerköchin und Robert Bergenser während seiner Wochenendbesuche. Paula und Jenny, die auch in Hamburg zusammen schliefen, bewohnten das einzige Zimmer im Erdgeschoß neben dem großen Wohnraum. Jenny begriff: Papa gehörte nicht mehr zu Mami.

Auf dem nächstgelegenen Anwesen wohnte ein Ehepaar Peterhans mit seinen zwei Söhnen im Alter von zwölf und vierzehn Jahren. Von ihnen lernte Jenny fischen, klettern, Baumhütten bauen, Äpfel klauen, mit den Jagdhunden über Land stromern und die Natur entdecken. Leider kamen sie nur während der Sommerferien, sonst lebten sie im Internat.

Auch die Ehepaare Bergenser und Peterhans freundeten sich an. Sie machten sogar Reisen zusammen bis nach Norwegen und nach Ägypten.

Peterhans hatte genügend Vermögen geerbt, um sich ausgiebig seinen Steckenpferden widmen zu können, wozu die Malerei gehörte. Er hatte auch zwei Bilder von Paula gemalt, eins davon vor dem großen Taubenhaus, aus dem seine Insassen zuguckten. Paula saß ihm immer Modell, wenn Jenny in der Schule war.

Jahre später gestand sie ihrer Tochter, daß ihr Nachbar Peterhans ihre große Liebe gewesen war. Weil aber

Bergenser bei einer Scheidung niemals seine Tochter hergegeben hätte, verzichtete sie auf ihr Glück.

Wie selbstlos sie doch war. Ihre Opferbereitschaft belastete Jennys Schuldkonto. Was gab die Mutter doch alles auf, um ganz für ihr Kind dazusein. Über den möglichen Kummer des Vaters und der Nachbarsfamilie im Falle einer Scheidung machte sich Jenny nie Gedanken, dazu war sie ihrer Mutter gegenüber viel zu unkritisch.

Robert Bergenser und Hans Joachim Peterhans hatten gemeinsam eine Jagd gepachtet. Es existierte ein Bild von ihnen, das sie als Jäger verkleidet zeigt. Peterhans war darauf als ein noch junger, hübscher Mensch mit weichen Zügen zu erkennen, bei Bergenser fiel vor allem der hochgezwirbelte Kaiser Wilhelm II.-Bart auf. Wie die meisten Bürger sonnte er sich geradezu im Nationalbewußtsein. Sein strammer Untertanengeist entbehrte dabei nicht einer gewissen Lächerlichkeit. Als Jude verehrte er Seine Majestät, den Kaiser, kurz S.M. oder »Willem Zwo« genannt, vor allem wegen seiner liberalen Einstellung den Juden gegenüber, oder zumindest den reichen unter ihnen, da der Aufbau seiner Seeflotte ja immense Summen kostete. Die freundschaftliche Haltung des Kaisers gegenüber dem großen jüdischen Reeder und Generaldirektor der HAPAG, Albert Ballin, und seine Besuche in dessen Harvestehuder Villa beglückten Robert Bergenser bald ebensosehr, als ob S.M. in seinem eigenen Haus gefrühstückt hätte.

✳

Der Tag von Jennys Konfirmation war ein Sinnbild für den Zwiespalt, in dem sie aufwuchs: Zuerst die kirchliche Feier, die enge Verbundenheit mit ihrer Mutter vor dem Altar, die Fülle der Blumen und kostbaren Geschenke – das alles verblaßte jedoch in ihrer Erinnerung angesichts des schmerzlichen Augenblicks, als ihr der Vater beim Heimkommen fast heimlich ein Etui mit einer goldenen Taschenuhr in die Hand drückte.

Paula hatte ihm nie verziehen, daß er nicht bereit gewesen war, seinen mosaischen Glauben aufzugeben und sich christlich taufen zu lassen. Deshalb hatte sie ihm auch verboten, an der Konfirmationsfeier teilzunehmen. Zu diesem Zeitpunkt hatten sich die Eheleute längst auseinandergelebt.

✳

Im Jahre 1909 zogen sie endlich vom Neuen Wall in ein herrschaftliches Mietshaus mit Blick auf die Innenalster, das Robert Bergenser einem Senator abgekauft hatte. Die Familie bewohnte darin eine Zehn-Zimmer-Wohnung im zweiten Stock. Während Bergenser sich mit einem Schlafzimmer mit Blick auf den Hof begnügte, belegten Mutter und Tochter zwei miteinander verbundene Zimmer nach vornheraus, neben den saalartigen Gesellschaftsräumen.

In ihrem »Tagebuch einer höheren Gans« schrieb Jenny auf den letzten Seiten einsichtsvoll: »In diesem Zimmer habe ich bis 1917 meine Mädchenjahre verträumt, anders kann ich es leider nicht nennen. Ich besuchte die neugegründete Frauenschule, in der ich so gut wie gar nichts lernte, geigte viel, sang im Konservatoriumschor, und das alles – wie mir scheint – fernab jeglicher Realität. Mein Wunsch, einen Beruf zu ergreifen, stieß auf taube Ohren. Wenigstens in diesem Punkt waren sich die Eltern einig. Papa lehnte aus konservativen Gründen ab: Ein Mädchen aus gutem Hause durfte seiner Meinung nach höchstens karitativ tätig sein.

Gegen ein Pensionat war wiederum Mama – es sei denn, sie reiste mit und mietete nahebei eine Wohnung, von der ich täglich ins Pensionat hinübergehen konnte, was jedoch nicht dem Sinn eines Pensionats entsprach. Also kein Pensionat.

So blieb alles beim alten. Mama nahm Klavierunterricht, um mein Geigenspiel begleiten zu können, Papa war den ganzen Tag in der Praxis oder auf Hausbesuchen. Nur die Mahlzeiten nahmen wir gemeinsam im riesigen Speisesaal ein, bedient von Hausmädchen und Diener. Ich kann mich an kein Lachen in diesem Raum erinnern, aber an viele mit leiser, bitterböser Stimme ausgetragene Meinungsverschiedenheiten zwischen den Eltern, die meist damit endeten, daß der eine oder der andere – oder alle beide – vorzeitig die Tafel verließ. Dann blieb ich allein zurück, den Blick starr auf die hohe, üppige Kassettendecke gerichtet, zu verklemmt, um mit dem Personal zu reden, das mich zu Ende bediente.«

Im Jahr 1910 erkrankte Robert Bergenser an einem Nierenleiden. Dr. Simon mußte nun immer öfter seine Hausbesuche übernehmen, sofern sie mit Treppensteigen verbunden waren. Paula umsorgte ihren Mann wie eine bezahlte Pflegerin, umsichtig, aber ohne die menschliche Wärme, die er so dringend gebraucht hätte.

Sein Pflichtbewußtsein ließ es indes nicht zu, sich hinzulegen, wenn es ihm schlechtging. Dr. Bergenser hielt regelmäßig seine Sprechstunden ab und machte Krankenbesuche.

Lange begriffen Paula und Jenny nicht, wie lebensgefährlich krank er war. Einmal, in der Nacht, bekam er keine Luft, sein Herz raste, da war die Angst ... Als der Anfall nachließ, stand er auf und klopfte an Jennys Tür. Er sagte, er sei so grenzenlos allein, und fragte, ob er mit ihr reden dürfe. Schlaftrunken ließ sie ihn wissen, daß sie jetzt zu müde sei zum Reden, lieber morgen früh!

So blieb Bergenser, der Tausenden in ihrer Not und Todesangst beigestanden hatte, in dieser Nacht allein.

Am nächsten Tag ging er noch einmal aus. Auf dem Rückweg brach er vor seiner Haustür plötzlich zusammen. Ein Patient aus dem Hafenviertel, der gerade vor dem Nebenhaus Kohlen auslud, sah es und kam angerannt. Er hob seinen Doktor auf und trug ihn vorsichtig die Rundtreppe hinauf in den zweiten Stock. Ein Kleinmädchen öffnete, er fragte nach dem Schlafzimmer von »uns Dokter« und legte Robert Bergenser behutsam auf seinem Bett ab, schnürte ihm auch noch die Stiefel auf, bevor er sich verabschiedete, und mag sich gewundert haben, warum der Doktor wohl alleine in einem Hinterzimmer schlief.

So gründlich und verantwortungsbewußt er seine Patienten behandelt hatte, so fahrlässig war Bergenser mit seinem eigenen Leiden umgegangen. Aus einer nicht auskurierten Nierenentzündung war eine schwere chronische Nierenentzündung geworden, die schließlich zu einer Harnvergiftung durch Nierenversagen führte.

»Komm schnell, wenn Du von Papa Abschied nehmen möchtest«, telegrafierte Jenny ihrer Großmutter nach Berlin, und Tilla Bär nahm den nächsten Zug nach Hamburg. Auf der Fahrt strickte sie einen Nierenwärmer für Robert zu Ende. Auch wenn er ihn nie mehr tragen würde, die Handarbeit beruhigte ihre Nerven.

Anfangs war er nur ihr Hausarzt gewesen, später ein guter Freund, dann der geliebte Schwiegersohn, der sie rechtzeitig aus den Klauen ihres betrügerischen Vermögensberaters gerettet hatte. Zu Festtagen schickte er ihr Kaviar, weil er wußte, daß sie den kleinen grauen Kügelchen verfallen war, aber aus Sparsamkeitsgründen sich niemals welche geleistet hätte. Sie strickte ihm Socken und Pulswärmer und lernte ein paar koschere Gerichte zu kochen, die er aus seinem Elternhaus gewöhnt war. Schmalzgebackenes zum Purimfest (»Aber Mama, nimm kein Schweinefett!«), Ochsenzunge mit Rosinen und Mandeln oder Zimmes mit Hühnerleberchen ...

Während Tilla die Namen all dieser Gerichte vor sich hin sagte, weinte sie bitterlich auf den nutzlos gewordenen Nierenwärmer zwischen ihren emsigen Stricknadeln.

Ungefähr zur gleichen Zeit, als ihr Zug im Hauptbahnhof einfuhr, ging Robert Bergensers Leben zu Ende.

Joel Simon legte die alten Gebetsriemen um Bergensers gefaltete Hände, mit denen er an den Gott seiner Väter gebunden war, in dessen Frieden er nun zur Ruhe kam.

Bei seiner Trauerfeier saßen viele stadtbekannte Herren mit dem Zylinder auf den Knien in den ersten Bankreihen gleich hinter der Verwandtschaft. Die Kirche war überfüllt: Wer keinen Sitzplatz mehr fand, drängte sich stehend hinter den Bankreihen. Männer in marineblauen Joppen, die Mütze in der Hand, Arbeiter und Seeleute, ihre Frauen in Umschlagtüchern, und Mädchen von der Reeperbahn – alles Patienten, die von ihrem Doktor Abschied nehmen wollten. Möglich, daß sie zu diesem Zeitpunkt längst beschlossen hatten, ihre zum Jahresanfang fälligen Rechnungen nicht mehr zu bezahlen, von dem Geld hatte »uns Dokter« eh nichts mehr. Dafür sammelten sie straßenweise für einen Kranz; das kam billiger und machte was her. Wenigstens die kleinen Leute hatten ihn geliebt und verehrt.

Am anschließenden Leichenschmaus nahmen auch ein paar Mitglieder des Thalia-Theaters teil. Jenny saß bei ihnen und hörte atemlos zu, als sie sich über ihren Vater unterhielten und dabei immer lustiger wurden. Dabei erfuhr sie, daß er ein blendender Entertainer gewesen war: Brachte einen vollen Saal aus dem Stegreif zum Lachen. Dichtete die besten Schüttelreime. Und konnte Krakowiak tanzen!

»Krakowiak?« staunte Jenny.

»Das hat er in Polen gelernt. Ja, wußten Sie das nicht, Fräulein Bergenser? Und von seinen Reisen in den Ural? Nie gehört?«

»Doch, doch«, versicherte Jenny da rasch und wunderte sich, warum er anderen anscheinend so viel von sich erzählt hatte und zu Hause gar nichts. Hat das etwa an uns selbst gelegen, fragte sie sich nachdenklich. Wollten wir ihm vielleicht nicht zuhören?

Das Immobilienvermögen, das er seiner Frau und Jenny hinterließ, empfand Paula vor allem als lästig, weil er ihr damit die Mühe der Verwaltung aufbürdete. Was immer er tat, er hat es ihr nie recht gemacht.

*

»Mein Vater muß ein bezaubernder Mann gewesen sein, zwischen Heiterkeit und Schwermut schwankend«, sagte Jenny zu Björn, der schweigend neben ihr im Bett lag und die Stuckrosette am Plafond betrachtete. »He, Björn! Was ist los? Warum sagst du nichts?«

»Du hast deinen kranken Vater in seiner grenzenlosen Verlassenheit fortgeschickt, weil du zu müde warst, um dich mit ihm zu unterhalten!« Darüber kam er nicht hinweg. »Das paßt nicht zu dir, und wenn doch, dann hab ich mich in dir geirrt«, überlegte er. »Ich nehme an, du hast ihm nicht aufgemacht, weil du Angst hattest, deine Mutter könnte mitkriegen, daß er bei dir Trost suchte. Bei deiner Mamahörigkeit durchaus denkbar.«

Jenny richtete sich ärgerlich im Bett auf. »Immer und an allem gibst du Mami die Schuld. Das ist nicht gerecht. Wer hat sie denn als Kindfrau in der düsteren Wohnung am Neuen Wall regelrecht verkümmern lassen – ohne jede Aufgabe; nicht einmal ihr Kind hat er ihr anvertraut, das mußte ein Fräulein behüten. Glaub mir, Papa

und Mami waren beide gleich schuldig und gleich un-
schuldig an ihrer ungücklichen Ehe.«

Jenny knipste die Nachttischlampe aus und kroch unter die Decke. Nach einer Weile jedoch flüsterte sie ihm
zu: »Wenn du wüßtest, wie oft ich nach seinem Tode
wachgelegen und mir gewünscht habe, er stände noch
einmal vor meiner Tür und ich könnte ihm öffnen und
ihn bitten, daß er mir verzeiht. Aber es gab ja keine Tür
mehr zu ihm, und ich konnte meine Schuld nicht loswerden ...«

Björn

Von ihrer ersten gemeinsamen Reise nach München zum Fest des Vereins zur Wahrung der chemischen Interessen berichtete Jenny ihrer Mutter in überschwenglicher Ausführlichkeit:

Liebe Mami,

während unsere Männer in Sitzungen sitzen und kluge Reden reden, befinden wir Frauen uns auf Damenfahrt – ich, das Küken, zwischen lauter betagten Hennen der teuersten Gesellschaft. Die ganze Chemie-Industrie ist vertreten. Neben mir im Autobus auf der Fahrt zum Nymphenburger Schloß eine Rennstallbesitzerin. Sie fragte mich, ob wir auch Pferde hielten. Nein, leider, sagte ich, Haustiere sind in unserer Pension verboten. Damit war unsere Unterhaltung beendet. Ich weiß, das hätte ich nicht sagen dürfen, das hätte ich vor einem Jahr auch noch nicht mal zu denken gewagt. Das macht eben der schlechte Einfluß von Herrn Jonasson. Wir besuchten auch Amalienburg und waren anschließend zu einem feudalen Essen in der Residenz geladen. Alle Damen kannten sich, nur mich kannte niemand, und es legte auch keiner Wert darauf.

Nachmittags traf ich Björn. Wir kauften einen kleinen, frechen Hut für mich, und weil er so teuer war, schlug ich vor, daß wir ihn abwechselnd tragen sollten – aber nee, das wollte er nicht. Spießer!

Abends fand ein Galadiner im Bayerischen Hof statt. Inzwischen war Schwager Oskar aus Berlin angereist und mit ihm mein neues Abendkleid, das wir vergessen hatten einzupacken. Lindgrüne Georgetteseide (hat die Verkäuferin gesagt), schmal fließend mit winzigem Ärmelansatz, ausgesucht von Lilli Schönberg, einer Freundin von Björn und mir. Ich also wunderschön grün, rechts und links einen schwarzweißen Pinguin, so rauschten wir ins festliche Geschehen. Im Gegensatz zu den chemischen Damen waren die dazugehörigen Herren neugierig, die Frau kennenzulernen, der es gelungen war, den eisernen Junggesellen Jonasson zur Ehe zu bekehren. Etliche baten darum, mir vorgestellt zu werden. Ich erntete einen Handkuß nach dem anderen und viele entzückende Komplimente – kurz, ich diente Björn zur Zierde. Er schlug Rad vor Stolz über meinen Erfolg. Aber auch ich erhielt genügend Komplimente für den Mann meiner Wahl – er muß wirklich ein hervorragender Anwalt mit einem messerscharfen Verstand sein.

Mein Tischherr war ein mit der Chemie verwandter Graf D. (auch er züchtet Pferde, ganze Koppeln voll, und war also schon der zweite nach meiner Platznachbarin im Bus). Ich erzählte ihm, daß ich Gesang studiere, worauf er mir anvertraute, daß er gern Pianist geworden wäre, aber schließlich als Ältester das väterliche Gut und Gestüt übernehmen mußte. Während des gesamten Diners sprachen wir über Musik und stellten immer mehr Wesensverwandtschaften fest. »Nun, wie war's«, fragte mich Björn hinterher. Und ich: »Selten so gut unterhalten.« Und er, anzüglich: »Das ist nicht nur mir aufgefallen.« Björn war eifersüchtig. Er hatte auch Grund dazu. Noch nie hatte ich mich auf Anhieb mit einem Fremden so gut verstanden wie mit Graf D.

Am Sonntagvormittag fand noch ein Weißwurstfrühstück bei Pschorr statt. Ein Komikerpaar namens Karl Valentin und Liesl Karlstadt trat auf – umwerfend!! Björn hat Tränen gelacht. Anschließend lud Graf D. ein paar Gäste auf sein Gut ein, das ca. 2 Stunden Autofahrt von München in südlicher Richtung gelegen ist.

Nach all dem gesellschaftlichen Rummel, dem vielen strapaziösen Lächeln und Konversationmachen, dabei immer auf der Hut, nichts Falsches zu sagen, freute ich mich auf die Fahrt in die ländliche Stille. Braunes Herbstlaub rechts und links des Weges; wenn die Sonne darauf schien, glühte es wie Kupfer. Darüber ein tiefblauer Himmel. Dörfer um einen Zwiebelturm geschart. In hohen Bäumen sammelten sich Zugvögel. Und diese starke, grüne Luft. Nur schade, daß Björn nicht neben mir saß. Er fuhr in einem anderen Wagen mit. In der Schummerstunde bei Kerzenlicht forderte mich der Graf auf zu singen – und er wollte mich am Flügel begleiten. Oskars Chef wünschte sich das »Heideröslein« und »Brüderlein fein«.

Es wurden dann noch mehrere Zugaben verlangt. Für Björn sang ich »Dat du min Leevsten bist, dat du wohl weeßt. Kumm bi de Nacht, kumm bi de Nacht, segg wo du heeßt« in seine Richtung. Aber anstatt gefühlvoll zuzuhören wie die anderen Gäste, hob er bedauernd die

Schultern und tippte auf seine Uhr, was soviel bedeuten sollte wie: »Kann nicht kommen, muß zum Nachtzug.« Noch vor dem Abendessen fuhr ihn der Schofför nach München zurück.

Eins weiß ich: Bei meinem ersten öffentlichen Konzert wird er hinter eine Säule gesetzt, damit ich ihn nicht sehen kann, und seine Uhr muß er an der Garderobe abgeben.

Der Graf lud mich übrigens ein, noch ein paar Tage »am Land« zu bleiben, um mich von den gesellschaftlichen Strapazen der letzten Tage zu erholen und mit ihm zu musizieren. Ich wäre gern geblieben, aber nicht ohne Björn. Und so fuhr ich am nächsten Tag mit Oskar nach Berlin zurück.

※

Eines Morgens im November erhielten Jenny und Björn Jonasson ganz überraschend folgendes Telegramm: »Ihr Lieben. Simon und ich kommen gerade vom Standesamt. Wir haben geheiratet und hoffen, Ihr freut Euch mit uns. Gruß. Mama.«

Wie schön für Mama, daß sie nicht mehr allein war, dachte Jenny. Das würde auch ihr Verhältnis zu Björn spürbar entkrampfen. Und sie konnte sich keinen lieberen Mann als Stiefvater vorstellen. Das telegrafierte sie ihm und auch wie glücklich sie war, daß er nun ganz zur Familie gehörte. Dennoch: Ihre Mutter war 48, Simon 56: Mußten sie in diesem Alter noch heiraten? Es vereinfachte zwar aus moralischer Sicht ihr Zusammenleben in der gleichen Wohnung und in Hotels, aber –

aber was? Was bedrückte sie so sehr? War es eine Vorahnung all dessen, was durch diese Heirat auf ihre Mutter zukommen würde?

Björn schrieb: »An die Eheleute Simon. Seid fruchtbar und mehret Euch. Jennifer wünscht sich dringend Geschwister. Werdet so glücklich wie wir. Im Vergleich zu Euch sind wir schon ein altes Ehepaar – also bitte, wenn Ihr Probleme habt, wir beraten Euch gern.«

Jonasson war ein anstregender Mann, der ständig chaotische Zustände in ihrer beengten Behausung schuf. Er war von unregulierbarer Lebenskraft, unerschöpflich im Auskosten jedes Vergnügens, so als ob es das letzte sein könnte. Sie lebten in einem Rausch, nahmen keine Rücksicht auf ihre Gesundheit und Jennys Stimme und ließen kein Fest aus; dafür tanzten beide viel zu gern. Außerdem wurde ihnen dabei schön warm. Das war wichtig in diesem Winter, in dem es noch weniger Kohlen gab als im Vorjahr.

Nie hörte Björn von Jenny ein: »Ich mag nicht, keine Lust.« Nie hatte sie schlechte Laune, und im Fasching verzichtete sie auf Eifersuchtsszenen, wenn er mit einer anderen Frau flirtete.

»Weißt du was«, sagte er einmal nach einem Ball, als sie untergehakt, gegen eisigen Ostwind ankämpfend, nach Hause schlitterten: »Du bist nicht nur besonders liebenswert, du bist auch ein good sport. Du machst alles mit. Mit dir könnte man Pferde stehlen.«

»Lieber Kohlen«, schlug Jenny vor.

*

Doch auch dieser Winter nahm ein Ende, und auf einmal war es wieder Mai und ihr gemeinsames Jahr in zwei Monaten vorüber. Sie sprachen über alles miteinander, nur nie über diesen näherrückenden 16. Juli 1921. Und darum wußte Jenny auch nicht, ob Björn diesem Tag genauso spannungsvoll entgegensah wie sie selbst, die auf der schriftlichen Festlegung dieses Datums bestanden hatte, damit Björn nicht glauben sollte, sie hätte ihn mit falschen Versprechungen in die Ehe gelockt.

Ende Mai gab ein Bankier in seinem Grunewaldpalais ein rauschendes Fest anläßlich seines sechzigsten Geburtstages, zu dem auch Jonassons eingeladen waren. Doch obgleich er eine famose Kapelle engagiert hatte, tanzte niemand. Man stand bloß so rum. Die Damen waren bis zur Taille ziemlich durchsichtig, und manch unverhüllter, sommersprossiger Speckarm wurde noch durch eine endlose Zigarettenspitze verlängert. Von Charmeuseseide umflossene Gestalten mit Beinen so gerade wie die Stäbe eines Staketenzaunes erinnerten Jenny an Lilli Schönbergs Zeichnungen, die sie für elegante Modejournale anfertigte.

»Hm«, seufzte Björn, nachdem er die anwesenden Damen gemustert hatte, »jetzt heb du mal deinen Rock, Jennifer, damit die Leute sehen, daß du von allen die schönsten und längsten Beine hast.«

»Das kann ich nicht machen«, zierte sie sich, »das tut man nicht in meinem Zustand.«

»Kaputte Strümpfe?«

»Ach wo. Was anderes. Errätst du nie.« Jenny hakte sich bei ihm ein und zog ihn zum Buffet. Dort ließ sie sich gleich drei Blinis mit Smetana und Kaviar servieren.

»Ist das nicht ein bißchen übertrieben?« gab er zu bedenken.

»Nein. Wieso? Wann gibt's schon Kaviar bei Frau Ballmann!«

Björn sah seine kauende Frau kopfschüttelnd an. »Was ist los mit dir?«

»Du sollst raten. Es fängt mit E an – E wie Ellen.«

Und als er noch immer nicht begriff: »Oh, min Seuten, wat büstu all fürn Dösbaddel! Es war deine Idee, daß unser Kind mal Ellen heißt.«

Er sah sie völlig überrascht an. »Du, du bist ... Und so was sagst du mir mit vollem Mund?« Er nahm ihr den Teller aus der Hand und schwenkte sie vor all den Leuten, die gelangweilt herumstanden, einmal im Kreis. Irgend jemand sagte: »Die müssen das hier mit 'nem Rummel verwechseln.«

Jenny – im dritten Monat schwanger – stürmte bereits um acht Uhr früh das Wohnungsamt in Charlottenburg und stand um zwei im Wohnungsamt Wilmersdorf an – jedoch: es war hoffnungslos. Beim Abendessen besprachen sie ihre Notlage mit der Tafelrunde.

»Soll Ellen etwa in der Pension Ballmann aufwachsen!?« sorgte sich Björn, der das Kinderkriegen bald wichtiger nahm als Jenny.

»Haben Sie nicht vielleicht eine schöne Wohnung zum Tauschen?« überlegte Lieseke. »Ich kenne Leute, die haben schon sechs Mal getauscht, bis sie die richtige hatten.«

»Erst mal eine zum Tauschen haben«, sagte Dr. Schmidt, der selber suchte.

So schrieb Jenny an ihre Mutter, ob nicht in Hamburg in einem ihrer Häuser in nächster Zeit etwas frei würde. Es war ja möglich, daß ein Berliner nach Hamburg ziehen wollte ...

Mehrmals täglich horchte Björn, ob man schon Ellens Herztöne hören konnte und machte zudem barbarische Vorschläge, die Kindererziehung betreffend. Ein Glück, daß Paula ihn nicht hörte; ihr würden die Haare zu Berge gestanden haben, denn sie nahm noch immer alles tiefernst, was er von sich gab.

Und dann, am 16. Juli, schrieb Jenny an ihre Mutter: »Hurra, es hat geklappt. Auf dem Wohnungsamt Wilmersdorf kriegten wir für unsere Hamburger Vier-Zimmer-Wohnung drei düstere Löcher in der Motzstraße. Ich bin dann sofort nach Charlottenburg und habe sie gegen eine Fünfeinhalb-Zimmer-Wohnung in der Giesebrechtstraße eingetauscht, die frei geworden war, weil ihre Bewohnerin gestorben ist. Rücksichtsvoll von der Dame, nicht? Björn war mit auf dem Wohnungsamt, er hätte den Beamten, der uns die Wohnung vermittelte, beinahe geküßt vor Freude. ›So ein Glück‹, rief er, daß es alle Umstehenden hörten, ›jetzt können wir endlich heiraten. Das Kind ist nämlich schon unterwegs.‹

›Uns Ellen‹ macht mir übrigens gar keine Schwierigkeiten, ich merke bisher nichts von der Schwangerschaft. Dazu Björn: Seine Kinder benähmen sich immer so brav.

Nun also die Wohnung. Sie hat nach vornheraus drei ineinandergehende große Räume mit einem Balkon. Der linke davon wird mein Musikzimmer, da kommt der Steinway-Flügel hinein, den Björn mir für Ellen schenkt. Dann gibt es noch ein Kinderzimmer, ein großes Schlafzimmer mit Tapetentür zum Bad, ein Mädchenzimmer, eine riesige Küche und eine separate Toilette.«

Als Jenny den Brief an ihre Mutter zusammenfaltete, fiel ihr das Datum auf: 16. Juli 1921.

»Weißt du eigentlich, was heute für ein Tag ist?« fragte sie Björn, als er abends in die Pension kam.

»Nö, wieso?«

»Unser gemeinsames Jahr ist um.«

Er überlegte: »Das heißt, wir trennen uns. Hm«, und gebärdete sich entrüstet. »Jetzt kriegst du das Kind, das du von mir wolltest, jetzt haben wir endlich eine feudale Wohnung, und jetzt schmeißt du mich raus. Das könnte dir so passen. Nein, Frau Jonasson – so nicht!!«

Dann überlegte er: »Ist wirklich schon ein ganzes Jahr um? Ist mir gar nicht so vorgekommen. Das muß ja ein besonders schnelles Jahr gewesen sein.«

»Oder ein besonders glückliches«, sagte Jenny.

*

Nach der Renovierung der Wohnung wurde das Möblieren derselben zum Problem. Es gab fast nichts zu kaufen, und wenn, dann zu stark überhöhten Preisen. Die Inflation machte sich bereits bemerkbar. Paula beschloß deshalb, ihr eigenes Mobiliar zu teilen und die Hälfte davon nach Berlin zu schicken, darunter zwei gewaltige Gemälde aus Großvater Bärs Erbe. Das eine, das sie im Wohnzimmer aufhängten, wo es die halbe Wand einnahm, stellte eine dralle, ländliche Magd dar, die einen Obstkorb in Händen hielt, und einen Jägersmann, der ihr schelmisch unters Kinn griff, ohne im Laufe der Jahrzehnte jemals weitergekommen zu sein. Das andere zeigte den Alten Fritz beim Flötenspiel. Doch weder die Bilder noch das Sammelsurium an Möbeln störten die beiden. Björn war selig, zum ersten Mal in einer eigenen Wohnung zu leben.

Ende November lief ihnen das Hausmädchen davon. Sie kehrte eines Abends, an dem sie Ausgang hatte, nicht mehr zurück. Anfangs genossen die beiden die Ungeniertheit des Alleinseins. Danach setzte bei Jenny jedoch die Ernüchterung ein: Wie putzte man – ebenso unpraktisch wie unerfahren – eine Fünfeinhalb-Zimmer-Wohnung! Wie bewältigte man einen in der Mark Brandenburg organisierten dreipfündigen Kalbsbraten mit Soße, ohne jemals gekocht zu haben! Zudem lud Björn ständig Gäste ein, darunter wichtige Geschäftsleute.

Zu Weihnachten hatten auch Paula und Joel Simon eine Einladung nach Berlin erwartet, aber Björn wollte Heiligabend in der neuen Wohnung mit Jenny ganz allein feiern. Er hatte einen riesigen Tannenbaum und viele Geschenke besorgt, die er überall in den vorderen Zimmern versteckte.

»Du scheinst das mit Ostern zu verwechseln!« schmunzelte Jenny.

Aber Björn meinte, das Suchen von Geschenken sei

nicht saisonabhängig und mache zu jeder Zeit Freude, schon wegen des Findens.

Jenny lag auf dem Sofa, während er Weihnachtslieder auf dem neuen Flügel spielte. Mitten in »Ihr Kinderlein kommet« brach er mit einem dramatischen »Haach« ab und sprang auf. »Ich hab ja Rotraud vergessen.« Wo war Rotraud?

Endlich, unter seinen Frackhemden versteckt, fand er sie wieder: eine Puppe für die zu erwartende Ellen. Björn hatte sie zu einer Schneiderin gegeben, um sie einkleiden zu lassen. Nun trug sie ein graues Straßenkostüm, das ihm aber nicht recht gefiel.

Björn und Jenny, mit Rotraud im Arm, hatten sich unterm Weihnachtsbaum unendlich lieb.

Zwischen Weihnachten und Neujahr waren Jonassons jeden Tag eingeladen oder im Theater. Am Silvesterabend streikte Jenny. Es wurde ihr einfach zuviel. Darum blieben sie zu Haus.

Während sie auf dem Sofa lag und für die Puppe eine Jacke aus Wollresten häkelte, vertiefte er sich am Flügel in Chopinsche Nocturnes, wechselte übergangslos zu »Tristan«, Isoldes Liebestod, stand plötzlich vom Flügel auf und verließ das Zimmer.

Jenny nahm an, daß er zu »Nettchen« gegangen war, wie man in seiner Familie die Toilette zu bezeichnen pflegte.

Als er nach einer halben Stunde jedoch noch immer nicht zurück war, machte sie sich auf die Suche nach ihm und fand ihn an seinem Schreibtisch, Rotwein trinkend. Er heulte fassungslos vor sich hin, ohne Jenny den Grund für seinen Zusammenbruch sagen zu wollen.

So hatte sie ihn noch nie erlebt. Was war los mit ihrem lebenslustigen Mann? Bedrängte ihn die Zukunft? Fürchtete er plötzlich die zusätzliche Bindung an sie durch ihr gemeinsames Kind? Kämpfte seine Liebe mit seinem plötzlich wiedererwachten Freiheitsdrang? Oder war es nur eine vorübergehende Depression? Jenny sollte es nie erfahren.

Völlig erschüttert von seinem Zusammenbruch – Björn und Tränen, ausgerechnet dieser Spötter! – flüchtete sie sich in das für Ellens Ankunft vorbereitete Kinderzimmer und weinte nun selber bitterlich, weil sie sich so allein gelassen fühlte.

Was für ein ernüchternder Absturz, das Silvester von 1921, der letzte Tag ihres bisher glücklichsten Jahres.

Kurz vor Mitternacht aber holte er sie, schon wieder strahlend, als ob nichts gewesen wäre, aus ihrer Verzweiflung, legte ihr zärtlich den Mantel um und führte sie auf den Balkon, wo bereits der Sekt auf dem Tisch stand. Als die Glocken zu läuten begannen, nahm er sie in seine Arme.

»So, meine Liebste, jetzt beginnt Ellens Jahr!«

*

Aus Jennys Tagebuch:

7. 1. 22

Kein schöner Jahresanfang. Björn ist verreist, und ich fühle mich verloren in dieser großen Wohnung, die ich auch noch putzen muß. Wenn bloß das neue Mädchen schon da wäre.

Meine Figur wird immer unförmiger. Manchmal weiß

ich nicht mehr, wie ich liegen soll. Ellen turnt in mir herum. An den Bewegungen der Bauchdecke sehe ich, wie sie strampelt, und möchte ihr Füßchen berühren – oder ist es eine kleine Hand? Noch vier Wochen, dann hab ich sie in meinem Arm.

8. 1.

Heute haben mich Oskar und Inger besucht. Was für eine erfreuliche Abwechslung. Sie fragten nach Björn, und ich sagte, der sei noch geschäftlich in München, aber Oskar meinte, er müßte längst zurück sein. Ich sagte, er hätte noch ein Wochenende in Garmisch angehängt, weil das Wetter so schön ist, Sonne und Schnee. So ein Schuft, schimpfte Inger. Läuft Ski, und du mußt brüten! Ich hab ihm am Telefon ja zugeredet, daß er noch bleibt, nahm ich ihn in Schutz.

Aber recht hatte sie schon.

9. 1.

Ich fuhrwerkte mit dem umständlichen, schweren Staubsauger durch die Wohnung und hatte mich dabei so richtig in Rage gebracht über diesen Kerl, der sich in Bayern amüsierte – da ging die Wohnungstür auf, und er war wieder da. War bester Laune, hatte mir einen ganzen Leberkäs und Brezen mitgebracht, dachte, ich würde ihm um den Hals fallen vor Freude. Statt dessen drückte ich ihm den Staubsauger in die Hand: »Da, mach weiter. Und wenn du was essen willst, dann koch dir was! Ich bin heute sehr schwanger.« Ging ins Schlafzimmer und warf mich aufs Bett. So!

Und was machte Björn? Ich hörte ihn saugen, danach

in der Küche hantieren, anschließend spielte er »Alle meine Entchen« auf dem Flügel und ähnliches. Dann zog ein Geruch von Angebranntem aus der Küche in die Wohnung. Das war leider der Leberkäs ... An diesem Abend und am nächsten Morgen war ich noch böse mit ihm, dann hatte ich keine Lust mehr dazu.

11. 1.

Lisa aus Treuenbrietzen ist endlich eingetroffen. Eine dralle, freundliche Person, die mir den Haushalt führt, ohne daß ich sie in jede Kleinigkeit einweisen muß. Mit diesem Mädchen scheinen wir Glück zu haben.

Nachmittags rief Lieseke an, um sich nach Ellen zu erkundigen und um mir mitzuteilen, daß der alte Oberst gestorben ist. Als Hete morgens in sein Zimmer kam, lag er tot in seinem Bett. Ein schöner Tod.

Dr. Schmidt zieht auch aus. Sein zukünftiger Schwiegervater baut ihm ein Häuschen in Westend. Der hat vielleicht ein Schwein. Er, Lieseke, und Lobinsky, die beiden Überbleibsel von der Tafelrunde, gingen nun auch auf Wohnungssuche, denn die neuen Mieter seien allesamt Spießer und Stänkerer. Mit denen könnte man nicht zusammen essen.

Übrigens: Meine 300 Pfund Kartoffeln, die ich im Herbst teuer erstanden habe, sind im Keller erfroren. Björn hat sich gerollt vor Lachen. Nie wieder lagere ich was ein. Wünschte nur, es hätten wenigstens ein paar Pfund überlebt, es gibt ja zur Zeit keine zu kaufen.

✳

Am 26. Januar gab Jenny Lisa frei, damit sie nach Treuen-brietzen fahren konnte. Ihre Eltern hatten ein Schwein geschlachtet, weshalb sie ihrer Rückkehr am nächsten Vormittag mit großem Appetit entgegensahen.

Am selben Abend fand ein privater Faschingsball statt, zu dem sie eine Einladung hatten. Jenny überre-dete Björn hinzugehen. Doch er zierte sich: »Ich kann dich doch nicht allein lassen, Liebes, kommt nicht in Frage.«

»Warum nicht? Ellen ist erst für Anfang Februar vorge-sehen.«

Björn legte die Hände auf ihre Schultern. »Du bist ein komisches Mädchen. Einmal nimmst du es mir übel, weil ich zwei Tage länger als vorgesehen weg bin, und dann wieder schickst du mich ins Vergnügen, obgleich ich gar nicht will.«

»Dann geh eben nicht«, sagte Jenny.

Natürlich wollte Björn und war im Nu umgezogen. Spätestens um halb zwölf würde er zurück sein, rief er beim Hinausgehen.

Ausgerechnet an diesem Abend setzten kurz nach Mitternacht die Wehen ein. Und Björn war noch nicht da. Jennys erster Gedanke war, Inger anzurufen. Aber dann fürchtete sie sich vor der Frage: »Wo ist denn Björn?« Dann mußte sie ihr sagen, daß er auf dem Fa-sching war, nein, das ging nicht. Sie rief nur im Kran-kenhaus an, um mitzuteilen, daß sie noch in dieser Nacht eintreffen würde. Jenny lief aufgeregt hin und her. An der Wohnungstür stand ihr gepacktes Köffer-chen. Wenn wenigstens Lisa da wäre. Irgend jemand zum Reden, damit sie sich nicht so allein fühlte. Mami?

Mami am liebsten und dennoch zuallerletzt. Wenn sie erführe, daß ihr unmöglicher Schwiegersohn ... Schon wieder kam eine Wehe, über der sie sich stöhnend zusammenkrümmte. Jetzt bekam sie Angst. Sie rief wieder in der Klinik an und verlangte nach einem Krankenwagen. Doch einer hatte einen Achsenbruch, und der andere war auf dem Weg nach Zehlendorf, um einen Patienten abzuholen. Die Taxifahrer befanden sich im Streik. Mittlerweile war es so gegen ein Uhr nachts: Da nahm Jenny kurz entschlossen ihr Köfferchen und machte sich auf den Weg. Beim Öffnen der Haustür schlug ihr atemstockende Kälte entgegen. Sie hielt sich an den Hauswänden fest, um nicht auf dem Glatteis auszurutschen. Vom Kurfürstendamm her kam ihr ein Mann entgegen. Er war gerade aus einer Elektrischen Richtung Halensee gestiegen, die Straßenbahnen fuhren wenigstens noch.

Der Mann hatte den Hut in den Nacken geschoben, den Schal bis zur Nase hochgezogen und pfiff einen Gassenhauer, der plötzlich abbrach. Er schien sich nicht sicher zu sein: »Jennifer?«

»Björn!« Sie stöhnte erleichtert auf. »Gott sei Dank, daß du kommst. Es geht los!«

Er stützte sie, nahm ihr Köfferchen. »Meine Jennifer. O Gott, o Gott! Es sind nur noch ein paar Schritte über den Ku'damm, da ist schon die Haltestelle.« Da war aber noch keine. Durch Björns dramatische Besorgnis wurde Jenny nun vollends ihres gesunden Menschenverstandes, oder besser dessen, was davon noch übrig war, beraubt. Ellen, so fürchtete er, könnte noch vor Erreichen der Klinik in klirrend kalter Nacht zur Welt kommen, als Straßenbahnkind! Verdammter Taxistreik. »Und dann das Glatteis. Gesetzt den Fall, wir rutschen aus und fallen hin – Ingers erste Tochter war eine Sturzgeburt ...«

»Oh, mach mich nicht verrückt«, unterbrach sie ihn entnervt.

Am Ende ging alles gut. Auch der Weg von der Elektrischen zur Klinik – keine Sturzgeburt, kein auf dem Glatteis erfrierendes Straßenkind.

Dennoch kam es Jenny wie ein Wunder vor, als sie endlich ihr vorbereitetes warmes Zimmer betrat und auf das Bett sinken durfte. Björn zog ihr die Überschuhe und die Schuhe aus und rubbelte ihre Zehen warm. Danach wollte er es sich in seinem Faschingskostüm auf der Chaiselongue bequem machen. Aber da hatte er sich geirrt. Energisch schickte ihn die Schwester aus dem Zimmer mit der Aufforderung, nach Haus zu fahren, sie würden ihn schon benachrichtigen, wenn es soweit sei.

In der leeren, kalten Straßenbahn, in seinen Mantel verkrochen, spürte er auf einmal eine Regung, die ihm im allgemeinen fremd war: Er schämte sich. Natürlich hatte er nicht wissen können, daß das Baby schon heute kommen würde, aber das war keine Entschuldigung. Er hätte überhaupt nicht zum Fasching gehen dürfen. Armes Mädchen. Nie würde er vergessen, wie sie ihm mit ihrem dicken Bauch und ihrem Köfferchen mitten in der Nacht so schwerfällig entgegengeschlittert war.

Wenn bloß alles gutging. Wenn ihr bloß nichts passierte. Morgens um sechs rief er in der Klinik an. Ob man vergessen habe, ihn zu benachrichtigen. Das Kind müsse doch längst da sein. So erfuhr er, daß es sich um keine leichte Geburt handelte, die sich noch Stunden hinziehen könne ... Kein weiterer Kommentar.

Daraufhin holte Björn seine Schwester aus dem Schlaf: »Hör mal, da kann was nicht stimmen. Das Kind kommt und kommt nicht. Was meinst du, sollen wir noch einen anderen Arzt hinzuziehen? Und kannst du nicht selber mal hinfahren und nachsehen, was los ist?«

»Jenny ist bei dem besten Geburtshelfer von Berlin«, gähnte Inger. »Weißt du was? An deiner Stelle würde ich auch noch 'ne Runde schlafen« – und hängte ein.

Achtzehn Stunden dauerte Jennys Wehenqual bis zur erlösenden Zangengeburt unter Narkose, aus der sie irgendwann erwachte, nicht wissend, ob es Abend oder Morgen war. Ihre Augen waren eingebettet in dunkelblaue Hämatome, Folgen der Anstrengung während des stundenlangen Pressens. Sie war unendlich erschöpft und der Freude noch gar nicht fähig, als man ihr ein schrumpliges, kleines Menschlein in den Arm legte, am Kopf verbeult von den Zangen. Sein linkes Auge war zugeschwollen. Anfangs wollte es überhaupt nicht atmen, erzählte die Schwester, aber die mütterliche Milchquelle fand es auf Anhieb.

»Mein kleines Mädchen«, sagte Jenny zärtlich, »meine Ellen!«

»Wieso Ellen?« fragte die Schwester. »Das is 'n Junge.« Und dann trat Björn aus dem Schatten des Zimmers in den Lichtkegel der Nachttischlampe, der einzigen, die aus Stromspargründen brennen durfte.

Jenny freute sich, als sie ihn sah. »Guck mal, dein Sohn.«

Was für eine armselige, kleine, ramponierte Kreatur. Sein Anblick rührte Björn zutiefst.

»Wir wollten unser Kind Sven nennen, wenn es keine Ellen wird«, erinnerte ihn Jenny.

»Ja, Sven ist gut.« Er berührte mit einem sehr vorsichtigen Finger die winzig kleine Faust.

In diesem Augenblick kam die Schwester herein und nahm Jenny den kleinen Säugling ab, der gesättigt eingeschlafen war. »Jetzt muß er noch seine Bäuerchen machen. Na, nu mach schon, Männlein, sooo ist es brav!«

Als sie endlich gegangen war, zog Björn seinen wegen der Gefahr des Erfrierens in dickes Zeitungspapier gewickelten Strauß hervor, legte ihn auf Jennys Nachttisch und beugte sich über sie, demütig vor Glück. »Danke.«

»Hast du meine Mutter schon angerufen?« fragte sie später.

»Aber ja. Sie ist bereits auf dem Weg hierher. Oskar holt sie vom Bahnhof ab.«

»Schön«, murmelte Jenny, voller Sehnsucht nach Schlaf, »aber sie sollen mein Baby nicht aufwecken. Sein armes Köpfchen. Es hat soviel durchgemacht.«

Sie schlief schon beinahe, als er sie zum Abschied sanft auf die Stirn küßte. »Hörst du mich noch? Bitte hör mich. Ich muß morgen aufs Standesamt, den Jungen anmelden – und mir ist eine Idee gekommen. Was hältst du davon, wenn wir ihn lieber Björn nennen statt Sven?«

»Ja, gut ...« Und dann war Jenny durch nichts mehr aufzuwecken.

Inger warnte ihn: »Es gibt ein altes norwegisches Sprichwort. Wenn der Sohn auf den Namen des Vaters getauft wird, stirbt der Vater früh!«

»Das hat dir unsere Tante Bergliot aus Tromsö eingeredet«, ahnte er. »Die fürchtet sich ja auch vor Trollen. Alles Quatsch. Mein Sohn heißt Björn, ich werde alt, und damit basta.«

Seine angereiste Schwiegermutter Paula Simon schickte er nach nur drei Tagen nach Hamburg zurück aus Sorge, ein neuer Eisenbahnerstreik könnte sie in Berlin festhalten. Nein, nur das nicht. Björn wollte erst einmal seine kleine Familie ganz für sich allein haben.

Nach der schweren Geburt ging es Jenny nicht gut, sie mußte länger als vorgesehen in der Klinik bleiben, was wiederum ein Glück war, weil diese neben dem Virchowkrankenhaus und dem Aquarium im Zoo die einzige Einrichtung war, die mit Wasser und Strom versorgt wurde. Der Rest von Berlin fror im Dunkeln. Obendrein streikten auch noch die städtischen Verkehrsbetriebe. Es ging überhaupt gar nichts mehr.

Jeden Nachmittag eilte Jonasson bei schneidender Kälte zu einem Stadtbauern in der Steglitzer Straße, um Milch zu holen, denn Jennys eigene Produktion reichte für den Säugling nicht aus.

Jenny am 15. 2. 22 an ihre Mutter: »Nun sind wir endlich zu Hause. Heute nacht schlief Björn zum ersten Mal wieder bei mir im Schlafzimmer. Um sechs Uhr früh krähte Baby nach seinem Recht. Während ich Björn II nährte, kam Björn I von der anderen Seite dazu. Sie sehen sich immer ähnlicher. Nun habe ich meinen Liebsten in zwei Größen. Gibt es eine Steigerung dazu, ihn und seinen Sohn in meinen Armen zu halten? Manchmal habe ich fast Angst vor so viel Glück.«

Nachdem er sich von seinem brutalen Eintritt ins Leben erholt hatte, entwickelte sich der kleine Björn zu einem hübschen, kräftigen, lebhaften Baby, das Jenny Pinschi nannte – ein Wort ohne Sinn, eine Lautmalerei, die sich leichter und zärtlicher rief als das einsilbige Björn. Auch sein Vater war ganz vernarrt in ihn.

Der Ehealltag mit einer oft launischen Schwangeren, die sich mißmutig und erfolglos bemühte, eine perfekte Hausfrau zu werden, hatte ernüchternd auf Björn gewirkt und ihn ab und zu in eine kurze Flucht getrieben. Im Sommer nach Pinschis Geburt wollte er nun keine Mami neben sich, die ausschließlich in ihren Mutterpflichten aufging. Darum engagierte er zusätzlich zu Lisa noch eine Kinderschwester, die sich um den Jungen kümmerte, wenn er mit Jenny dem Familienalltag entkommen wollte. Sie machten Wochenendausflüge, unternommen wie heimliche Abenteuer, die meistens am Schwielowsee in ihrem kleinen Hotel endeten. Dort war Jenny wieder seine unbeschwerte Geliebte. Jedesmal war es ein Wiederfinden und gleichzeitig ein Neuanfang.

Nie würde Jenny jenen letzten Sonntag Anfang September am See vergessen, als sie schon im Morgengrauen aufwachte.

Vor dem blassen Rechteck des geöffneten Fensters der dichte, monoton rauschende Vorhang eines Landregens und dahinter die Unschuld eines frühen Morgens mit all seinen aufgeregten Geräuschen, dem Flügelschlagen der Schwäne flach über der Wasseroberfläche, dem Entenschnattern; Hähne krähten, und weiter weg bellte ein Hund.

Jenny lag in Björns Armen, so wie sie nachts erschöpft eingeschlafen war. Sie spürte seine Körperwärme, darüber das dicke Deckbett. Jenny versuchte es fortzuschieben, ohne ihn aufzuwecken.

»Ich bin schon wach«, sagte er, nahm ihre Hand und küßte nachdenklich einen ihrer Finger nach dem anderen.

»Ich hab Angst«, sagte Jenny. »Bitte sag mir, daß ich keine Angst haben muß.«

»Aber warum ... wovor denn, Liebes?«

Sie schaute zum Fenster, hinter dem das Regenrauschen verstummt war. »Weiß ich nicht. Sie ist einfach da ...«

»Ist dir klar, daß wir bereits unseren zweiten Hochzeitstag gemeinsam überlebt haben?«

»Trotzdem ...«

»Weißt du was?« Er schwang sich auf die Bettkante. »Kaltes Wasser ist gut gegen trübe Gedanken.« Und stieg in seine Badehose. »Gehen wir schwimmen.«

Der See war schon merklich abgekühlt. Es war windig. In kleinen, unruhigen Wellen schaukelten Sonnenlichter um sie herum. Nach dem Frühstück sammelten sie Pilze im Wald, und obgleich es ihnen schwerfiel, sich von der frühherbstlichen Stille zu trennen, nahmen sie einen Zug früher als geplant. Die Sehnsucht nach Pinschi trieb sie nach Haus.

✳

1922 war ein Jahr voller politischer Unruhen und Streiks, die Lebensmittel wurden knapp, die Inflation setzte ein.

In einem Brief an ihre Mutter schrieb Jenny: »Pinschi braucht dringend ein neues Bettchen. Allein das nackte Gestell soll 3000 Mark kosten, die Matratze 2000 und ein Bezug 500 – und wenn ich noch länger überlege, ob ich diese unverschämten Preise akzeptieren soll, muß ich das Doppelte zahlen. Nie habe ich mir die Inflation so gesetzwidrig pleitetreibend vorgestellt. Grüß den lieben Simon. Mit vielen Küssen, Deine Jenny.«

Am 24. Juni, einem Sonnabend, war Außenminister Walther Rathenau nach dem Verlassen seiner Villa in der Königsallee im Grunewald aus einem Auto heraus erschossen worden. Er, der Sohn des Gründers der Allgemeinen Elektrizitätsgesellschaft – kurz AEG genannt –, ein brillanter Wirtschaftsfachmann und Linksintellektueller, war im Bürgertum ebenso wie in Arbeiterkreisen und bei den Gewerkschaften hoch angesehen. Seine rechtsradikalen Mörder lehnten ihn als Juden ab und hielten ihn für einen Freund der Bolschewiki. Björn hatte Rathenau kennengelernt und seinen Intellekt sowie seine humane Gesinnung bewundert.

Seine sinnlose Ermordung hatte ihn erschüttert und gleichzeitig in Sorge versetzt. Der Schlachtruf: »Knallt ab den Walther Rathenau, die gottverdammte Judensau« ließ ihn nicht mehr los.

Auf der Heimfahrt vom Schwielowsee im September war er sehr nachdenklich: »Dieser brutale Rassismus macht mir Sorgen. Ich glaube, wir warten lieber noch mit der Herstellung weiterer kleiner Jonassons.«

»Machst du dir etwa auch Sorgen um Pinschi? Der ist gerade mal ein Viertel jüdisch und getauft, ich bin getauft, dem kann nichts passieren«, beruhigte ihn Jenny. »Außerdem kommen die nie an die Macht.«

Er legte den Arm um ihre Schulter. »Ach, Jennifer. Die morden auch, wenn sie nicht an der Macht sind. Das siehst du an Rathenau und vielen anderen ...«

∗

Aus Jennys Tagebuch:

30. 11. 22

Eine Bekannte von uns, Gerda Delis, ist ganz plötzlich gestorben. Mittags hatte sie noch eine amerikanische Gruppe von Kunsthistorikern durch das Pergamonmuseum geführt, und am Abend brach sie tot zusammen. Man nimmt an, es war ein Blutgerinnsel in ihrem Kopf, aber genau weiß man es nicht. Ihr Mann soll völlig außer sich sein. Es war eine besonders glückliche Ehe.

Am selben Abend kam Björn von einer Geschäftsreise zurück. Während er auf das Abendessen wartete, saß er am Flügel und spielte ein Rondo von Beethoven. Jenny gesellte sich zu ihm und erzählte von Gerda Delis' Ende und daß man ihren Mann keinen Augenblick allein lassen dürfe aus Angst, er tue sich etwas an.

Björn, die Finger auf den stummen Tasten, erwiderte darauf lange nichts.

Jenny würde sich später an diesen Augenblick genau erinnern: Wie er am Flügel saß, sein energisches, schönes Profil, die Zigarette im Mundwinkel, ihr steil aufsteigender Rauch, vor dem sich das Auge schützend schloß. »Jennifer Jonasson, das sage ich dir: Sollte ich plötzlich sterben, dann sieh dich nach einem lohnenswerten Mann um oder versuche, alleine mit deinem Leben fertig zu werden. Solltest du aber in die Abhängigkeit von deiner Mutter zurückkehren, dann, meine Liebe, habe ich umsonst mit dir gelebt!«

∗

Das Jahr 1922 endete damit, daß sich Björn und Jenny kurz vor zwölf von den Gästen ihrer Silvesterparty fortschlichen und über Pinschis Bettchen ihre Sektgläser leise aneinanderklingen ließen: »Danke für ein wunderschönes Jahr! Auf ein gesundes, ebenso glückliches 1923!«

Die letzten Gäste gingen, als der Knabe schon ausgeschlafen hatte.

Mittags legten sie sich hin in der Hoffnung, daß er sie in Ruhe ließe, denn um drei kamen bereits Hofers mit ihren beiden Töchtern, die ganz vernarrt in Pinschi waren. Sie behandelten ihn wie eine Babypuppe, was ihm überhaupt nicht paßte. Er schmiß mit Löffeln nach ihnen und brüllte, dabei genau die Wirkung auf die Erwachsenen beobachtend: Wieviel lassen sie sich wohl gefallen?

Oskar hielt sich die Ohren zu, Björn sammelte die Löffel auf, und Jenny zog an Pinschis neuem Hampelmann. »Wenn ihr ihm weiter alles so durchgehen laßt«, meinte Inger, »wird das ein unerträgliches Kind.«

Diese Bemerkung löste einen lautstarken Krach zwischen den Geschwistern aus, der zu einem frühzeitigen Aufbruch der Familie Hofer führte.

Jenny sah ihnen bekümmert nach und fragte, ob das nun das Ende ihrer familiären Beziehungen sei. »Nein, wieso, das war doch ganz harmlos«, sagte Björn erstaunt. »Da hättest du uns früher mal erleben sollen, als ich noch Mamas Liebling war und Inger mich am liebsten abgemurkst hätte!«

*

Ab Februar war Björn plötzlich von einer nervösen Unruhe erfaßt. Er beteuerte zwar, er sei wie immer und Jenny sähe ihn vielleicht nur anders als früher – aber er war nicht wie früher. Seine starke, ansteckende Lebensfreude war in rauschhafte Lebensgier umgeschlagen.

Gemütlichkeit zu Haus ertrug er nicht mehr.

Jeden Abend waren sie woanders. An einem Abend »Nathan der Weise« mit Bassermann, am nächsten die neue Operette mit Fritzi Massary, »Penthesilea« mit der Straub (schaurig), »Fräulein Julie« mit Elisabeth Bergner (hinreißend), Cabaret in der Wilden Bühne, Konzerte in der Philharmonie, Oper, Bälle, Gesellschaften.

In der Taverne stellte ihr Björn eine sehr aparte Malerin vor – Margo Schwarz, eine Faschingsbekanntschaft. Dann war er wieder tagelang auf Reisen, auch beruflich halste er sich immer neue Verantwortungen auf – wozu?

Am 6. März schrieb Jenny in ihr Tagebuch: »Gestern war der Ball der Juryfreien. Wir gingen zusammen hin, trennten uns aber während der Nacht. Es war Björns Wunsch. Ich amüsierte mich prächtig. Einmal, so gegen drei Uhr früh, entdeckte ich ihn von einer Treppe aus mitten im dicksten Gewühl. Er sah die Masken an sich vorüberwirbeln und streckte plötzlich verlangend die Hände aus, um eine Tänzerin zu fangen. Doch sie dachte gar nicht daran, sich von ihrem Partner zu trennen, und ließ ihn achtlos stehen. Das wiederholte sich mehrmals. Was war nur mit ihm geschehen? Hatte er seine Anziehungskraft auf Frauen verloren? War er den jungen Mädchen zu alt geworden? Warum flog keine mehr auf seinen frechen Charme? Hatte er ihn etwa eingebüßt?

Jede normale Ehefrau wäre in diesem Augenblick erleichtert gewesen, vielleicht sogar schadenfroh. Ich aber empfand plötzlich Mitgefühl: Er tat mir leid ...«

9. 3. 23

Björn weicht mir aus. Früher, das ist noch gar nicht lange her, konnte ich über alles mit ihm reden. Jetzt läßt er mich mit meinen Fragen einfach stehen. Das ist nicht seine Art. Eher ist er bis zur Grausamkeit ehrlich, als daß er kneift. Diese Malerin, Margo Schwarz, geht mir nicht mehr aus dem Sinn. Ich fürchte, ihm auch nicht.

Nimmt er übel, daß sein starkes Gefühl für uns ihn davon abhält, seine Freiheit zurückzuverlangen? Unser Familienleben engt ihn seit Wochen ein. Interessiert ihn wohl auch nicht mehr. Wann hat er sich das letzte Mal nach meinem Gesangsstudium erkundigt? Wann selbst den Flügel aufgemacht?

Und Pinschi. So ein kleiner Junge begreift doch nicht, warum sich sein Vater gestört fühlt, wenn er ihm morgens auf den Bauch krabbelt, und warum er abends beim Heimkommen zu müde ist, um ihn in die Luft zu werfen oder an den Füßen um sich herumzuschleudern. Das hat er bisher immer gemacht, und dabei haben sie sich halb totgelacht. Das ist Pinschis Gewohnheitsrecht. Das will er wiederhaben, und er rebelliert in einer Lautstärke, die seinen Vater nervt und in sein Arbeitszimmer fliehen läßt.

$$*$$

Dann fragte Walther Busch, Björns Freund aus Kindertagen, an, ob Jonassons nicht Lust hätten, mit ihm während der Ostertage eine Wanderung durch Thüringen zu machen. Sie sagten zu.

Jenny hoffte, auf dieser Wanderung endlich einmal mit Björn in Ruhe ein Gespräch führen zu können. Da sie zu dieser Zeit kein Kindermädchen mehr hatten, hüteten Paula und Joel den kleinen Pinschi.

Karte vom 28. 3. 23: »Liebe Mami, um drei Uhr in Rudolstadt eingetroffen; dann ein Marsch von vier Std. Abends über die Saale gesetzt, zu Fuß im Dustern nach

Blankenburg. Blutige Hacken. Total müde. Morgen nach Schwarzburg, übermorgen Katzhütte. Wie geht's unserem wertvollsten Stück? Benimmt er sich lieb? Kuß, Jenny und Björn.«

Die nächsten Karten beschrieben die weiteren Tageswanderungen und Fahrten in überfüllten Postautos: »Auch die Gasthäuser sind überfüllt. Mit Müh und Not noch ein Dreibettzimmer in einem Privatquartier erwischt. Fröhliche Ostern!«

31. 3. 23

Am Trippsteinerweg erwartete uns Walthers Schofför. Mit dem Auto über Ilmenau, Belvedere nach Weimar. Meine Füße kamen sich vor wie Luxusfüße – ohne Schuhe und dazu noch gefahren werden!! Auch in Weimar alles voll. Wir nehmen den letzten Zug nach Berlin und werden somit wohl früher bei Euch sein als diese Karte.

Im Zug hatten sie ein Abteil für sich allein. Im Nebenabteil drängten sich junge Leute, Engländer und Deutsche mit Mundharmonika und Gitarre. Sie sangen dazu schottische und deutsche Volkslieder, und die meisten quollen über vor Melancholie.

Björn und Jenny saßen sich gegenüber. Jetzt hatte er keine Chance mehr, ihr auszuweichen. Er zog sein Jakkett beidseitig auseinander und bot ihr mit theatralischer Geste seine Hemdbrust dar: »Nun schieß, meine Jennifer! Sag, was dich bedrückt.«

»So geht's nicht weiter«, begann sie. »Wir leben fast

wie Fremde nebeneinander her. Warum? Magst du mich nicht mehr?«

»Und wie ich dich mag«, versicherte er ihr.

Auf diese Antwort war sie nicht gefaßt gewesen. »Aber was ist es dann? Was willst du eigentlich?«

»Alles«, gestand er offen, »ich will dich und Pinschi und meine Freiheit.«

»Das bedeutet also uns und nebenbei die andern. Deine Sommernachtsträume und Wintermärchen. Ich nehme an, diese Malerin, Margo, gehört dazu.«

Darauf ging er nicht ein. »Jennifer, wenn du glaubst, Freiheit bedeute für mich allein das Recht auf Untreue, dann irrst du dich, so einfach ist das nicht. Ich ertrage nur auf lange Zeit das Gefühl des Gebundenseins nicht.«

»Verstehe«, sagte sie nach einer Pause. »In deiner Zeitrechnung dauert unser Zusammenleben bereits eine Ewigkeit. Und nun ist es Zeit für dich zu gehen.«

Im Nebenabteil sang ein Mädchen zur Gitarre:

»Ach, wie ist's möglich dann, daß ich dich lassen kann.

Hab dich von Herzen lieb, das glaube mir.

Du hast die Seele mein so ganz genommen ein, daß ich kein andern lieb als dich allein.«

»O Gott«, stöhnte Björn, »muß sie ausgerechnet in diesem Augenblick diesen Heine-Text singen? Brauchst du ein Taschentuch, Jennifer?« Er suchte in seinen Taschen, fand aber keines.

Und dann sah sie, wie ihm selbst Tränen in sein Lächeln liefen, wie er verstohlen versuchte, sie wegzuschieben, und sie begriff beinah getröstet, daß ihm eine Trennung genauso schwerfallen würde wie ihr. Jenny sah ihn an. »Was wird jetzt aus uns?« fragte sie leise.

Björn hob abwehrend die Hände. »Komm mir bitte nicht mit solch ultimativen Fragen. Wenn die Liebe eines Tages durchgeliebt ist, fängt die Freundschaft an. Eins sollst du wissen: Wir beide und Pinschi werden immer zusammengehören, auch wenn wir mal nicht mehr zusammenleben sollten. Ich werde immer für euch dasein.«

Im Nebenabteil versuchte sich ein Amateur auf der Mundharmonika, was nicht eben stimmungsfördernd wirkte.

Jenny und Björn nahmen ihr Gespräch nicht wieder auf. Er tippte nur auf seinen Schoß. »Komm her, hier liegst du bequemer!«

*

Jennys Tagebuch vom 27. April 1923:

Ich war so wütend heute früh: Wir haben zusammen die Wohnung verlassen, Björn, um ins Büro zu fahren, ich, um mit Pinschi möglichst früh auf dem Markt einzukaufen. Morgens hat man die beste Auswahl, und außerdem ist die Ware vielleicht noch ein paar hundert Mark billiger als drei Stunden später. Bei der Wahnsinnsinflation ist doch alles möglich. Björn trug den Jungen die paar steilen Stufen vom Lift zur Haustür hinunter; ein Glück, daß ich schon unten war, um den Sportwagen aufzustellen, denn auf der letzten Stufe stolperte er und wäre gestürzt, wenn ich ihn nicht aufgefangen hätte. »Paß besser auf!« schrie ich ihn an. »Stell dir vor, das Kind wäre mit dem Kopf auf den Marmorboden geschlagen!«

Es tat ihm leid. Er war selbst entsetzt, er sagte, sein Fuß hätte versagt. Ich glaubte ihm nicht. Wahrscheinlich war er mit seinen Gedanken ganz woanders gewesen. Abends kamen Hofers zum Essen. Lisa öffnete ihnen. Ohne Begrüßung ging Inger auf ihren Bruder zu, der sich gerade am Rauchtisch eine Zigarre anzündete. »Hör mal, vorhin hat mich Rosch angerufen.« Rosch lautete der Spitzname eines gemeinsamen Jugendfreundes, der inzwischen Chefarzt eines Sanatoriums auf dem Weißen Hirsch in Dresden war. Björn freute sich, von ihm zu hören. »Wie geht's ihm?« fragte er. »Ist er in Berlin? Warum hast du ihn nicht mitgebracht?«

»Er rief mich vom Bahnhof aus an«, sagte Inger, »er mußte heute abend noch zurück. Es ist folgendes: Rosch ist nachmittags mit der Elektrischen durch die Kaiserallee gefahren, und dabei hat er dich zufällig auf der Straße gesehen.«

»Warum hat er dann dich angerufen, warum nicht mich?« fragte Björn.

»Wahrscheinlich, weil ich Ärztin bin. Er war sehr erschrokken über deinen Gang. Er sagte, seiner Ansicht nach wärst du sehr krank.«

»Blödsinn.« Björn lachte. »Mir geht's gut. Ich habe keine Schmerzen. Bin eben überarbeitet und bei unserem vielen Ausgehen ... Ich sollte mal von acht bis acht durchschlafen!«

Bevor wir ins Bett gingen, schauten wir im Schein des Flurlichtes auf den schlafenden Pinschi. Er lag auf dem

Bauch, den Po in der Luft, zur Hälfte freigestrampelt. Ich deckte ihn wieder zu.

»Findest du, daß wir noch immer Ähnlichkeit haben?« fragte mich Björn, seine Hand auf meine Schulter legend.

»Nun ja, er hat inzwischen Löckchen und du nicht.«

»Ich muß es mir immer wieder klarmachen, daß das wirklich unser – unser – Kind ist!« Da war so ein zärtliches Lächeln in seiner Stimme. Wir waren auf einmal wieder eine Dreieinigkeit: Björn – Jenny – Pinschi.

Auf dem Weg ins Schlafzimmer blieb seine Hand auf meiner Schulter, nun nicht mehr als Geste der Zusammengehörigkeit, sondern vor allem als Ausdruck des Wunsches, sich auf mich zu stützen. An seinem Bett angekommen, ließ er sich rückwärts hineinfallen.

»Ich mag nicht mehr ins Bad. Komm, zieh mich aus, Jennifer.«

Ich fing mit seinen Schuhen an. »Du bist so lieb«, murmelte er, »ich hab dich gar nicht verdient.« Als ich sein Hemd aufknöpfte, schlief er bereits. Ich saß noch eine Weile auf seinem Bettrand und liebte ihn so sehr. Und immer war diese Angst da, wer weiß wie lange das noch dauert: ein paar Monate, ein Jahr, bevor »die Liebe durchgeliebt ist und die Freundschaft anfängt«.

In der Nacht wachte ich durch Pinschis Weinen auf und ging im Dunkeln ins Kinderzimmer, nahm ihn hoch, sein heißes, naßgeweintes Gesichtchen sank an meinen Hals. Ich zog an der Spieluhr, die ihm Lilli Schönberg geschenkt und die sie selbst bemalt hatte. Sie spielte »Freut euch des Lebens ...« Langsam beruhigte er sich. Sobald er wieder eingeschlafen war, legte ich ihn in sein Bettchen und kehrte ins Schlafzimmer zurück, zog meinen Morgenmantel aus und rollte mich fröstelnd unterm Deckbett zusammen.

Neben mir im Dunkeln pfiff Björn die ersten Takte von »Freut euch des Lebens«, das er mitangehört hatte, und dann sagte er: »Ich dachte gerade über uns beide nach. Es wird bestimmt noch andere Lieben in unserem Leben geben, aber so eine nie mehr!«

»Nein, nie mehr.« Und spürte Tränen aus den Augenwinkeln in mein Haar laufen.

»Glaubst du, wir werden uns bald trennen?« überlegte er. »Aber wir müssen ja nichts überstürzen ...«

Er tappte neben sich auf dem Laken herum. »Wo bist du? Du bist so weit weg. Gib mir deine Hand, Jennifer.«

Ehe ich einschlief, fiel mir ein: Morgen kommt Mami aus Hamburg, ich darf nicht vergessen, Blumen zu besorgen ...

26. 5. 23

Meine letzte Eintragung ist einen Monat her. Ich hatte keine Zeit inzwischen und auch nicht das Bedürfnis, Tagebuch zu führen. Ich war ja nie allein. Jetzt ist auch Mami abgereist. Inger hat ihre jüngste Tochter bei uns abgestellt, damit sie sich mit Pinschi beschäftigt. Damit ich wenigstens eine Weile Ruhe vor ihm habe. Er ist ja ein so lebhaftes, forderndes, unermüdliches Kind.

Ich fange am besten da an, wo ich aufgehört habe: Am 6. Mai, morgens um sieben Uhr. Björn war wie immer beim Weckerläuten schon hellwach. Er pflegte als erster ins Bad zu gehen, Lisa kümmerte sich um Pinschi, ich hatte noch eine Viertelstunde Galgenfrist. Niemals sind die Bettbezüge so seidig-kühl und verführerisch wie kurz vor dem Aufstehenmüssen ...

»Jennifer?« fragte Björn neben mir.

Er war noch da? »Ich dachte, du bist im Bad.«

Statt dessen saß er aber auf seiner Bettkante und betrachtete seine Beine.

»Komisch. Ich spüre meine Füße nicht mehr.«

»Vielleicht sind sie eingeschlafen«, sagte ich. »Mir schlafen öfter die Arme ein, wenn ich auf dem Bauch liege. Scheußliches Gefühl.«

»Ich wünschte, ich hätte eins. Ich habe überhaupt kein Gefühl in den Füßen«, wunderte er sich und fand das immer noch nicht dramatisch genug, auch ich nicht. Er hatte ja keine Schmerzen. Pinschi schoß um die Ecke ins Schlafzimmer direkt auf seinen Vater zu und streckte die Ärmchen aus, damit er ihn zu sich hochhob. Das gelang ihm, trotz einiger Anstrengung. Er fiel mit dem Jungen hintenüber ins Bett, Pinschis Hoppehoppereiter-Wunsch abwehrend.

»Jennifer!!! Hilf mir!!!!!« rief er.

Ich griff mir den zappelnden Jungen, und mit ihm unterm Arm rannte ich zum läutenden Telefon. Es war Inger. Sie wollte wissen, wie es Björn geht.

»Überhaupt keine Schmerzen, er spürt nur seine Füße nicht. Hat das was zu bedeuten?«

Inger überlegte einen Augenblick. »Hat er schon mal ähnliche Symptome gehabt?«

Mir fiel ein, daß er mit Pinschi im Arm beinah auf der Hausflurtreppe gestürzt wäre, weil sein rechter Fuß versagt hatte, oder war es der linke gewesen? Ich wußte es nicht mehr.

»Wann war das?«

»Vor ein paar Tagen.«

»Ich rufe Cassirer an«, sagte Inger, »ich hoffe, daß er noch am Vormittag vorbeikommen kann. Hat er Fieber?«

Ich rief Richtung Schlafzimmer: »Inger will wissen, ob du Fieber hast?« Nein, hatte er nicht.

Als ich ins Schlafzimmer zurückkam, hatte Björn ein Frühstückstablett auf dem Bauch, das ihm Lisa gebracht hatte, und Pinschi saß schon wieder neben ihm, mit mehreren Fingern im Johannisbeergelee. Gelee überall im Bett. Er schrie fürchterlich, als ich ihn zu Lisa in die Küche beförderte mit dem strikten Befehl, ihn von seinem Vater fernzuhalten. Dann kehrte ich zu Björn zurück.

»Inger ruft Professor Cassirer an. Sie hofft, daß er es noch schafft, bis Mittag vorbeizukommen.«

Als Björn einschlief, rannte ich zum Markt, um für Mamis Besuch einzukaufen. Inzwischen war es halb zehn geworden und alles schon wieder um Tausende von Mark teurer als am frühen Morgen.

Björn war wach, als ich nach Hause kam. »Wo warst du?« beschwerte er sich. »Du warst so lange fort!«

»Hast du Schmerzen?«

»Ich habe überhaupt gar nichts, bis hoch zum Knie nicht einmal mehr ein Gefühl in den Beinen.« Er sah mich besorgt an. »Was meinst du?«

»Wenn bloß endlich der Arzt käme!«

Ich rief Inger im Krankenhaus an, und man sagte mir, sie sei auf der Station. Ich sagte, es wäre sehr dringend.

Dann stieß ich meine Schuhe von den Hacken und legte mich zu Björn. »Komm näher«, sagte er, »ich brauch deine Wärme.«

Bisher waren wir mit seinen Beschwerden geradezu fahrlässig leichtfertig umgegangen nach dem Motto: Was kein Fieber auslöst und keine Schmerzen, kann nichts Gefährliches sein.

Das Warten auf den Arzt machte mich nun ganz verrückt. »Es gibt doch noch andere, warum ausgerechnet Cassirer. Der Arzt, der Pinschi geholt hat, war doch sehr gut, soll ich ihn anrufen?«

»Ja«, nickte Björn, »und sag ihm, er soll seine Hebamme mitbringen.«

Cassirer und Inger trafen mittags beinahe gleichzeitig ein. Da waren Björns Beine bereits bis zum unteren Beckenrand gelähmt. Der Arzt ordnete eine sofortige Überführung in die Cäcilienklinik an. Inger, die dringend in ihrem Krankenhaus zurückerwartet wurde, umarmte mich kurz. »Wir sehen uns heute abend« – und war fort, ehe ich sie noch etwas fragen konnte.

Nach zwanzig Minuten war der Krankenwagen vor der Tür und ich in Nöten. Ich hatte Lisa zum Bahnhof geschickt, um meine Mutter abzuholen. Wohin jetzt mit Pinschi? Ich mußte ihn mitnehmen. Er saß im Wagen auf meinem Schoß, neben der Bahre, auf der sein Vater lag, und produzierte sich geradezu unerträglich, wollte Hoppa machen, wieso machte Papi nicht Hoppa mit ihm? Björn schlug kurz die Augen auf und sagte müde: »Morgen, Pinschi, lieber morgen ...«

Dann die Cäcilienklinik in der Trautenaustraße. Björns Zimmer war schon vorbereitet. Vor lauter Eile hatte ich vergessen, einen Koffer mit Rasierzeug, Pyjama, Zahnbürste und Morgenrock mitzunehmen. Ich ließ mir ein Taxi besorgen und fuhr mit Pinschi wieder nach

Hause. Dort war inzwischen auch meine Mutter mit Lisa angekommen, die sie vom Bahnhof herbegleitet hatte. Ich stellte den grell protestierenden Pinschi in sein Ställchen, holte Björns Koffer und fuhr mit meiner Mutter in die Klinik zurück. Unterwegs versuchte ich ihr zu erklären, was mit Björn passiert war, ohne es selbst zu begreifen.

Man ließ uns nicht in sein Zimmer. Vom Korridor aus hörten wir ihn schwer nach Luft ringen, ja um Gottes willen, war die Lähmung denn schon so hoch gestiegen, daß sie die Lungen bedrängte? Ein Professor Fleischmann war bei ihm. Ich rannte im Flur auf und ab, weil ich Björns Röcheln nicht ertragen konnte, ohne an seiner Seite zu sein.

Endlich hatte der Professor seine Untersuchung beendet. Endlich ging die Tür auf, und er trat würdevoll auf mich zu. »Sie können jetzt hereinkommen, gnädige Frau, ich glaube ...«

Bevor er weiterredete, wußte ich, was er sagen wollte: »Ihr Mann ist auf dem Wege der Besserung.«

Der Professor sagte: »Ich glaube, es geht zu Ende.«

Das hieß: Jenny, dein Mann stirbt!

Björn war nicht mehr bei Bewußtsein. Er lag ruhig atmend da. Ich nahm ihn in meine Arme und atmete mit ihm mit. Nach wenigen Minuten reckte er sich wie erlöst. Plötzlich war sein Lächeln wieder da – amüsiert, überlegen, eben sein Lächeln.

Björn Jonasson war auf den Tag genau einundvierzig Jahre und drei Monate alt, als er am Abend des 6. Mai 1923 verstarb.

Ich habe es immer gewußt, von Anfang an, selbst in

unseren glücklichsten Momenten, daß er mich früh verlassen wird. Die Ehe auf Zeit, eine neue Frau, sein Freiheitsdrang – aber ein so plötzlicher Tod? Auf die Idee wären wir beide nicht gekommen. Uns ist nicht einmal Zeit geblieben, um voneinander Abschied zu nehmen. Da steh ich nun mit all meinen Fragen, und ich hab ihm auch noch soviel zu sagen ...

Da liegt Björn. Vielleicht ist er gar nicht tot, und die Ärzte irren sich.

Meine Mutter ist hereingekommen und will mich auffangen. »Mein Liebstes, ich wünschte, ich könnte dir den Schmerz abnehmen. Ich bin ja da, ich werde immer für euch dasein. Du und Pinschi, ihr kommt mit mir nach Hamburg ...«

Erst später, viel später, als ich wieder vernünftig denken konnte, erinnerte ich mich an ihre ersten Worte, als sie das Zimmer betrat. Sie hatte nur von uns gesprochen, von unserer Wiedervereinigung, anstatt zu sagen: Es ist furchtbar, du hast deinen Liebsten verloren und Pinschi seinen Vater.

Ich bitte sie, nach Hause zu fahren. Ich will alleine von Björn Abschied nehmen: Allein, verstehst du?

Mami zieht sich wortlos zurück.

Auf seinem Bettrand sitzend, halte ich seine noch warme Hand. Mein Kopf ist blind. Es fällt mir nichts ein als ... ich halte seine geliebte Hand. Wir sind zusammen.

Dann klopft es an die Tür. Jetzt kommen sie, um uns zu trennen, denke ich. Sie dürfen uns noch nicht trennen. Bitte, bitte nicht.

»Jenny?« In der Tür stehen Inger und Oskar. »Wir gehen auch gleich wieder ... aber wenn du willst, dann bleiben wir natürlich.«

Oskar zieht eine Wodkaflasche aus der Tasche seines Regenmantels und schaut mich unsicher an. »Nur für den Fall ...« In meiner Angst vor dem Aufwachen brauche ich dringend ein Betäubungsmittel. »Ja, bitte.« Aus der anderen Tasche holt er ein Glas und gießt es voll bis zum Rand. Inger steht am Fußende des Bettes und betrachtet ihren Bruder. Sie raucht eine Zigarette und stäubt die Asche in ihre hohle Hand. Mit tiefer, rauchiger Stimme sagt sie nachdenklich: »Er war immer Mamas Goldkind. Der Schöne. Der Sonnyboy. Der Sieger. Ich lief so nebenher als häßliche Ente. War immer eifersüchtig auf ihn.«

»Muß das jetzt sein, Inger«, mahnt Oskar besorgt.

»Ja. Muß«, schießt sie zurück. »Mit acht habe ich mir mal gewünscht, er läge in einem schönen weißen Kindersarg.« Ihre Stimme klingt plötzlich bewegt und wütend zugleich: »Ach, verdammt noch mal, der Junge ist erst einundvierzig! Das ist doch viel zu früh zum Sterben, ist ja kein Krieg.« Sie bricht in Tränen aus.

Wir stehen um sein Bett. Björn sieht schön aus, sehr edel. Er sieht aus, als ob er sich schlafend stellt und sich über uns lustig macht mit seinem mokanten Lächeln.

Dann kommt der diensthabende Arzt herein, er kennt Inger und bittet sie, mit ihm das Zimmer zu verlassen. Auf dem Flur haben sie eine kurze Unterredung. Oskar hat mir noch einen Wodka eingeschenkt.

Ich bestehe darauf, die Nacht über bei Björn zu wachen. Und niemand darf mich vertreiben. Es wundert mich, daß Mami und Inger, die sich noch nie begegnet sind, auf einmal so zusammenhalten in ihrem dringenden Wunsch, mich nach Hause zu bringen.

Der Abschied von meinem Liebsten wird mir leichter gemacht, indem man ihn vor mir aus dem Zimmer rollt. Dann waschen sich Inger, Oskar und auch Mama die Hände mit einem Desinfektionsmittel, und ich soll meine auch waschen, aber ich weigere mich, denn an meinen Händen ist noch die Berührung mit Björns Händen. Versteht denn niemand, was das für mich bedeutet? Nein, niemand. »Jetzt wird gewaschen, aber gründlich!« heißt es. Was ist bloß plötzlich mit meiner Verwandtschaft los. Wo ist ihre Trauer geblieben. Ich bemerke nur noch nervöse Sorge.

Wir nehmen gemeinsam eine Taxe. Inger fragt mich so nebenbei: »Pinschi ist ganz gesund, nicht wahr? Keine Erkältung? Kein Katarrh?«

»Doch, vorige Woche war er krank, aber nicht schlimm«, antworte ich.

Die Taxe hält vor unserer Haustür. Inger verspricht, morgen vorbeizuschauen. »Nimm eine Schlaftablette, hast du welche da?«

»Ich habe welche«, sagt Mami, und als wir die Wohnung betreten, will sie nicht, daß ich noch an Pinschis Bettchen gehe. »Laß ihn schlafen«, sagt sie. Im Schlafzimmer ist meine Betthälfte frisch bezogen, seine ist leergeräumt. Die ganze Zeit habe ich mich danach gesehnt, in Björns Bett zu kriechen, in der Hoffnung, ihm noch einmal nahe zu sein, seine Haut zu atmen, den Geruch seines Lavendelwassers, seines Haars auf dem Kopfkissen ...

Bis zu diesem Augenblick habe ich mich zusammennehmen können. Jetzt bricht meine Haltung entzwei. »Warum, warum habt ihr sein Bett abgezogen?« brülle ich.

»Wir haben es nur gut gemeint«, sagt Mami, »ich hab aus der Klinik Lisa angerufen, damit sie die Wäsche wechselt. Damit du nicht leidest, wenn du es siehst.«

»Aber ich will ja leiden!!!« schreie ich sie an. Da wacht Pinschi auf und brüllt mit, Lisa kommt im Nachthemd mit Umschlagtuch aus ihrer Kammer, Mami greift zum Telefonbuch, um die Nummer des Arztes, der im Parterre wohnt, herauszusuchen. Er eilt, notdürftig bekleidet, mit seiner Medizintasche herbei und gibt mir eine Beruhigungsspritze.

Als ich aufwachte, schien die Sonne ins Zimmer. Die linke Betthälfte neben mir war leer. Björn war fort. Er mußte längst im Büro sein.

Und dann traf es mich wie ein Keulenschlag: Björn war für immer fort!

Aus dem Sessel am Fenster erhob sich meine Mutter und nahm meine Verzweiflung in ihre Arme.

In dieser Morgenstunde des furchtbaren Begreifens machte sie mir den Vorschlag, sich scheiden zu lassen, um anschließend nur noch für mich und Pinschi dazusein. Alles sollte wieder so werden wie vor meiner Ehe. Ich war erschrocken. Wollte sie etwa den liebenswerten, sensiblen Simon, der sie seit 31 Jahren verehrte, der mich zur Welt gebracht hatte, Björns herzlich geschätzten Schwiegervater, wollte sie den einfach abschieben, um wieder ganz für mich und mein Kind dazusein? Sollte Joel für sie nur ein Lückenbüßer gewesen sein, solange ich mit Björn verheiratet war?

Ich sah ihn plötzlich am Flügel sitzen, im Profil mit

dem aufsteigenden Zigarettenrauch: »Jennifer Jonasson, das sage ich dir: Sollte ich plötzlich sterben, dann sieh dich nach einem lohnenswerten Mann um oder versuche, mit deinem Leben alleine fertig zu werden. Solltest du aber in die Abhängigkeit von deiner Mutter zurückkehren, dann habe ich umsonst mit dir gelebt!«

Er hatte recht. Ich mußte mein Leben mit Pinschi von jetzt an allein in die Hand nehmen!

Jeden Tag erschien von nun an Inger bei uns wegen Pinschis Erkältung. Dabei fehlte ihm gar nichts mehr. Er wurde schon mißtrauisch, wenn sie sein Zimmer betrat. Immer horchte sie ihn ab, brachte ihn mit einem Löffelstiel im Hals zum Würgen, und außerdem hatte sie von Natur aus kalte Finger.

Auch mich wollte sie täglich untersuchen. Sie ging mir langsam auf die Nerven, aber Mami sagte: »Nun laß sie doch, sie meint es ja nur gut.«

Jeden Tag fragte ich Inger: »Was hat er denn nun wirklich gehabt? Es muß doch endlich eine Diagnose seiner Krankheit geben.« Und Inger sagte: »Für ein abschließendes Ergebnis sind noch viele Laboruntersuchungen nötig, und die brauchen eben Zeit. Auf alle Fälle ist es eine sehr ausgefallene Sache. Aber in ein paar Tagen wissen wir Bescheid.«

*

Dann kam der Tag, vor dem sich Jenny so sehr gefürchtet hatte: die Trauerfeier im Krematorium. Bis zu dessen Eingang begleitete sie ein leuchtender, zwitschernder Frühlingstag.

Inger, die rechts neben Jenny Platz nahm, sagte zu Oskar: »Das Krematorium ist ausverkauft. Nicht mal mehr ein Stehplatz. Erstaunlich viele attraktive Frauen sind anwesend, findest du nicht?« Und Oskar, der sich mehrmals in den Reihen hinter ihnen umgeschaut hatte, berichtete ihr, wer mit Rang und Namen aus der Wirtschaft gekommen war, um Björn die letzte Ehre zu erweisen, wie man so sagt. Paula, die links neben Jenny saß, stritt sich leise mit ihrer Schwester Magda Kimmelstiehl.

Jenny selbst war benommen von den Beruhigungsmitteln, die sie geschluckt hatte. Sie schaute auf den Sarg, der kaum sichtbar war unter seiner weißen Blumendecke, umstanden von üppigen Kränzen – und immer noch kamen Blumengestecke dazu, breiteten sich aus wie eine Schleppe. Zuletzt betrat eine junge Frau im langen, schwarzen Cape die Halle. Wie eine Bühnenwitwe sah sie aus – oder wie eine böse Fee. Sie legte eine weiße Rose auf den Sarg, blieb einen Augenblick gedankenversunken stehen und verließ danach das Krematorium wieder.

Paula sah Jenny fragend an: »Kennst du die?«

»Das ist die Malerin Margo Schwarz.«

»Ja und?«

»Eine Faschingsbraut von Björn. Kluge Person und sehr begabt«, hörte Jenny sich sagen. »Ich kenne sie aus der Taverne.«

»Glaubst du, er und sie ...? Du weißt schon!«

»Mama, bitte! Ist das jetzt nicht völlig egal?« beendete Jenny ein für alle Mal das Geflüster.

Nach einem Orgelvorspiel trat der erste Redner, ein Kommerzienrat L., an das Pult rechts neben dem Sarg und breitete seine zahlreichen Manuskriptblätter sorgsam vor sich aus. Zwicker aufsetzen. Räuspern:

»Verehrte Trauergäste!

Wir verabschieden uns heute von einem ungewöhnlichen Mann: Björn Jonasson. Ich frage mich, wie es kommt, daß wir seit seinem Tode bei jedem, der mit uns über ihn spricht, eine so tiefe Erschütterung feststellen. Wie kommt es, daß Männer verschiedener Berufssparten und verschiedenen Charakters – Männer mit nüchternem Geschäftssinn und Spaß an harten Wortgefechten ebenso wie die Freunde musischer Gespräche, die Kumpane des leichten Genießens und goethischer Tollheiten ebenso wie die Grübler, die einen Rückhalt brauchten, daß sich alle dessen bewußt sind, durch seinen Tod einen unersetzbaren Menschen verloren zu haben. Dabei redete er niemandem nach dem Mund, haßte alles Verlogene, Unechte, Gekünstelte ...«

Jenny, die mit geschlossenen Augen dasaß, ohne ein Wort zu begreifen, weil ihre Gedanken ganz woanders waren, glaubte plötzlich Björns Stimme zu hören: »Komm, Jennifer, laß uns abhauen, wir sind auf der falschen Beerdigung. So wundervoll, wie der mich schildert, kann ich gar nicht gewesen sein.«

»... er konnte überzeugen, vermitteln, ausgleichen. Er war unbestechlich ...« das war schon der nächste Redner. »Er war nie falsch und nie feige ... seine charismatische Persönlichkeit ...« und dann erwähnte er »sein sorgloses, jungenhaftes Lachen ...«

Dein Lachen, dachte Jenny verzweifelt, ich möchte dich noch einmal lachen hören.

Jetzt vernahm sie ihren Namen: »Jenny Jonasson und

der kleine Björn, das große Glück, das er durch euch erlebt hat!«

Er durch uns? Wir durch ihn! dachte sie, was wäre aus mir geworden ohne Björn! Was bin ich ohne ihn ...

»... Selten hat einer das Leben so geliebt und bewußt genossen wie Jonasson.« Das war bereits der dritte Redner. »Er griff mit beiden Händen zu und nahm sich, was ihn freute. Von diesem scheinbar rücksichtslosen Mann ging dennoch so viel Zartgefühl aus, Wärme und Güte. Jonasson verstand, aus dem Leben eine Kunst zu machen. Er schenkte Glück, und er nahm sich Glück, und sein letztes großes Glück war sein rascher Tod, ohne zu ahnen, daß er sterben würde und, vor allem, welch entsetzliches Schicksal – lebenslanges Gelähmtsein – ihm dadurch erspart geblieben ist.«

Nach den vielen Reden nun auch noch der Pastor. Panik riß Jenny aus ihrem Tablettendämmer: Da vor mir, unter all den Blumen liegt Björn. Björn. Wir sind noch im selben Raum. Ich möchte zu ihm ...

Paula erriet ihre Gedanken und hielt sie fest.

Dann mußten sie aufstehen und beten. Für den Augenblick, da der Sarg in die Tiefe sinken würde, hatte die Familie einen Choral von Bach vorgesehen, aber Jenny hatte sich schließlich durchgesetzt: Die Orgel spielte leise: »Ach, wie ist's möglich dann, daß ich dich lassen kann ...«

Über dem Sarg schloß sich die gewölbte Tür. Björn war unwiderruflich und endgültig fort.

Paula wandte sich besorgt an Inger. »Was wird denn nun aus all den kostbaren Kränzen? Kaum sind wir hier raus, werden die doch weiterverkauft.«

»Keine Sorge, Frau Simon, das hab ich schon arrangiert. Die kommen auf den Dahlemer Waldfriedhof, auf das Grab unserer Mutter. Da wird ja auch seine Urne beigesetzt. Dann hat die liebe Bonnie ihren Goldjungen endlich wieder!«

Nachdem die Trauergäste, in einer Schlange langsam vorrückend, den Leidtragenden ihr Beileid ausgesprochen hatten, zog Jenny ihre Schwägerin beiseite: »Jetzt auch noch der Leichenschmaus mit all den Leuten, das steh ich nicht durch. Kannst du das für mich übernehmen? Bitte, Inger. Und sag auch meiner Mutter, daß ich allein sein möchte.«

Eilig verließ sie das Krematorium und stieg in das erste der davor wartenden Taxis.

»Bitte zu Pinschi«, sagte sie. Der Schofför schob das Trennglas zur Seite und musterte Jenny über die Schulter hinweg, man sah ihm seine Gedanken an. Schließlich fragte er: »Frolleinchen, nu saren Se ma, is Pinschi 'ne Kneipe, die ick zufällich nich kenne? Oder wat?«

Zehn Tage später – Jenny war gerade dabei, ihre Kondolenzpost zu beantworten – klingelte es plötzlich Sturm an der Tür. Paula ging öffnen und kam mit Inger zurück.

Der Kleine war, als er Ingers Stimme hörte, so schnell er konnte aus dem Zimmer gerobbt. Nicht schon wieder Löffelstiel im Hals!

Nun endlich erfuhr Jenny, was die Ärzte bereits am Abend von Björns Tod vermutet hatten: Er war an einer

Landryschen Paralyse gestorben, einer der schwersten Formen der Poliomyelitis, der Kinderlähmung, die sehr ansteckend ist und zumeist einen tödlichen Verlauf nimmt.

»Und das habt ihr vom ersten Abend an gewußt und mir nichts gesagt!« Jenny umarmte beide Frauen gleichzeitig. »Ich bin euch ja so dankbar dafür! Ich wäre ja verrückt geworden! Erst Björn und dann womöglich auch Pinschi zu verlieren, das hätte ich nicht überlebt.«

»Wir haben uns noch viel mehr Sorgen um dich gemacht«, sagte Inger, »du warst bis zum letzten Augenblick in engem Kontakt mit ihm ...«

Paula fuhr bald darauf nach Hamburg zurück. Auf dem Weg zum Bahnhof hielt sie Jennys Hand. »Weißt du, diese Inger ist eine bemerkenswerte Frau.«

»Das gleiche hat sie auch von dir gesagt«, versicherte ihr Jenny.

»Wirklich? Das freut mich.«

Dann bedankte sich Jenny noch einmal bei ihrer Mutter. »Was hätte ich ohne dich nur gemacht. Du warst wunderbar, Mami.«

Paula hatte begriffen, daß sie sich nicht wieder in Jennys Leben einmischen durfte. Zum Abschied sagte sie nur: »Wenn du mich brauchst, du weißt ja, ich bin immer für dich da.«

*

Beim Durchsehen von Björns Nachlaß fand Jenny eine kurze maschinengeschriebene Biographie über seine Eltern, die sie ihren eigenen Aufzeichnungen beilegte.

Darin stand, daß Wackels Jonasson, Björns Vater, ein Norweger, Witwer mit vier unmündigen Kindern, die alle biblische Namen trugen, und Kapitän einer Hamburger Schiffahrtslinie gewesen war. Auf einer stocksteifen Abendgesellschaft in Bremen lernte er die hochgebildete, aus einer angesehenen Architektenfamilie stammende Bonnie van Ronge kennen, eine melancholische Schönheit. Der Grund, weshalb sie mit dreißig, als sie Kapitän Jonasson begegnete, noch immer nicht verheiratet war, lag in einer frühen Liebe mit tragischem Ausgang begründet. Seither trug sie die Lethargie einer vom Glück verlassenen und zur Freude nicht mehr willigen Frau mit sich herum.

Dennoch gab es auch in ihrem Leben Momente, in denen sie sich vor einsamer Altjüngferlichkeit zu fürchten begann. In einem solchem Augenblick begegnete sie Jonasson, der dringend eine Stiefmutter für seine vier Kinder suchte. So kam es zu einer Vernunftehe zwischen den beiden.

Wackels strenges Sektentum, seine übersteigerte Bigotterie machten der nicht zur Betschwester neigenden Bonnie das Leben bald zur Hölle, und sie zählte die Tage, bis er wieder auf See war. Mit großen Passagierschiffen umfuhr er ohne Havarie drei Mal pro Jahr das stürmische Kap Hoorn auf dem Weg nach Chile. Aufgrund seiner Verdienste ernannte ihn seine Reederei zum rangersten Kapitän mit dem Titel Kommodore.

Bonnie hütete inzwischen ohne Zuneigung seine vier Kinder und gebar ihm in ihrer nur mit Widerwillen ertragenen Ehe den Sohn Björn, der ihr »Goldkind« werden sollte, und die Tochter Inger.

Mit den Jahren artete Wackels' strenge Frömmigkeit in religiösen Wahn aus. Mit Hilfe »schwarzer Pastoren« und seines eigenen Fanatismus versuchte er sein gottloses Weib in die Knie zu zwingen und mit der Bibel auf sie einzuschlagen. Voll Haß auf den Vater schützte Björn seine Mutter. Aus jener Zeit stammte seine strikte Abneigung gegen die Ehe und Pastoren, mit denen er bis zuletzt die Konfrontation suchte.

Bonnie Jonasson verließ den Kommodore schließlich mit ihren beiden schulpflichtigen Kindern. Wackels verlangte ihre sofortige Rückkehr. Als Druckmittel verweigerte er ihr jede Unterhaltszahlung, auch für die Kinder. Von da an lebten sie im pekuniären Notstand. Neben der Schule versuchte Björn durch Nachhilfestunden Mutter und Schwester zu unterstützen. Später nahm er jede Arbeit an, um sein Jurastudium zu finanzieren. Es waren Jahre bedrückender Enge, Jahre der Pfennigzählerei. Inger zog mit der Mutter nach Freiburg, wo Frauen zum Medizinstudium schon zugelassen waren; sie nahm eine reiche Kommilitonin aus Hamburg mit, dank deren Geld sie sich eine große Wohnung leisten und Zimmer an Studenten vermieten konnten.

In jedem ihrer Briefe an den geliebten Sohn beklagte sich Bonnie über ihr tristes Dasein als Zimmervermieterin und die Achtlosigkeit der jungen Leute, die all ihre Mühe für selbstverständlich nahmen und ihren Vergnügungen nachgingen, ohne sich Gedanken über ihre, Bonnies, Einsamkeit zu machen. Ihre Unfähigkeit, rationell zu wirtschaften, ihre Krankheiten, trüben Stimmungen, ihren Ärger über die früh emanzipierte Inger und ihre Liebhaber – alles teilte sie ihm mit und

erlaubte seinem Sohnesgewissen keine Verschnauf-
pause.

Im Jahre 1910 starb der Kommodore, ohne sich mit
seiner Frau versöhnt zu haben: Mit seinem Erbe und
dem, was ihr Björn, inzwischen Referendar in einer Berliner Anwaltskanzlei, an Geld schickte, konnte sie sor-
genfrei leben, ja, sich sogar einen kleinen Luxus leisten.
Aber ausgerechnet jetzt, wo ihre guten Jahre beginnen
sollten, wurde sie krank und starb an einer Lungenentzündung.

Für ihren Sohn Björn war Bonnies Tod der schlimmste Verlust in seinem ganzen Leben.

Jenny erinnerte sich, daß sie Björn einmal gefragt hatte, in welchem Jahr er seinen Freiheitsdrang entdeckt
habe. Ohne lange zu überlegen, sagte er: »1911. Damals
gab es einen besonders schönen Sommer. Ich war zum
ersten Mal frei von Sorgen ... Verpflichtungen – und völlig unabhängig. So was hatte ich noch nie erlebt.«

Jenny rechnete nach: Es war das Jahr, in dem seine
über alles geliebte Mutter im Frühjahr gestorben war.
Von da ab war Freiheit für ihn etwas Lebenswichtiges
geworden, das er nie mehr aufgeben wollte.

Nun hatte Björn seine Freiheit – ewig und grenzenlos
– irgendwo da oben im All.

Pinschi

Percha am Starnberger See, 16. August 23
Liebste Mami, nun sind wir endlich hier. Die Reise war
ein Alptraum. Unzählige Extrazüge im Angriff auf
München. Mit vier Stunden Verspätung fuhren wir endlich im Hauptbahnhof ein, von Regimentsmusik und
Hochrufen begrüßt. Ich kam mir vor wie Maria There-
sia in Begleitung ihres kleines Sohnes bei ihrer Ankunft auf dem Reichstag zu Preßburg. Der Jubel galt
den Sportlern, die zum jährlichen Turnerfest gekommen waren.

Mußte ich mir ausgerechnet diesen Tag zum Anreisen
aussuchen? Das Gepäck gab ich auf und zog mit Pinschi
von Restaurant zu Restaurant, bis wir endlich im Hotel
Wolf für 57 000 Mark ein Stück Fleisch eroberten, das erste Essen seit vier Uhr früh. Um zwei Uhr ging ein Zug
nach Starnberg. Es wurde Abend, bis wir in dem überfüllten Urlaubsort am nördlichen Seeufer ein Pensionszimmer gefunden hatten. Am nächsten Morgen flogen
wir wieder raus. Pinschi hatte auf der Chaiselongue Pipi
gemacht und die Schreibtischplatte mit einer Schaufel
bearbeitet. Ach, mein Gott, ich kann doch nicht pausen-
los auf ihn aufpassen, schon gar nicht im Morgengrau-
en, wenn er aufwacht und aktiv wird. Die Wirtin wollte
keinen materiellen Schadenersatz, sie bestand auf Raus-

schmiß, ein solides, zimmersuchendes Ehepaar im Rükken.

Es ist eben nicht einfach, mit so einem kleinen, lebhaften Knaben zu reisen. Ich lebe ständig in der Angst, daß er etwas anstellt. Manchmal ist er mir zuviel, aber heute früh hat er mich mit einem Kuß geweckt. Das tat so gut und gleichzeitig so weh, ach Björn, warum, warum ... Zur Zeit wohnen wir in einer Pension für neunzigtausend Mark pro Nacht. Ohne Frühstück ...

In Berlin hatte Jenny ab und zu im Quartett einer Pianistin namens Rothenstein Geige gespielt. Selbige ernährte ihre Familie, indem sie herumreiste und in Gemeindesälen und Aulen auf leicht verstimmten Klavieren genauso inbrünstig und virtuos spielte, als wären es Konzertflügel in einer Philharmonie. Natürlich trat sie auch in Privathäusern auf, zum Beispiel bei dem Ehepaar O., das am Starnberger See eine große Villa besaß und junge musische Talente förderte.

Mit einer Empfehlung von Frau Rothenstein stellte sich Jenny eines Tages bei ihnen vor und wurde herzlich aufgenommen. Komponisten, Sänger und Orchestermitglieder der Philharmonie kamen gern aus München, zumal das Musizieren in der Villa mit Schwimmen im See verbunden war. Noch nie hatte Jenny ein so gastliches Haus kennengelernt. Während sie am Ufer in der Sonne lag und sich mit Todesverachtung erholte (was blieb ihr anderes übrig?), flirtete Pinschi mit einer Opernsängerin und produzierte sich anschließend vor den Hausbesitzern auf der Terrasse, indem er knickebeinig umherlief und dabei »tieketorketieketorke« krähte. Ab und zu erinnerte er sich an seine Mutter, brachte ihr einen Regenwurm oder steckte ihr Gräser in die Nasenlöcher. Auch überfiel er sie mit einer Fülle von Fragen, die sie nicht beantworten konnte, weil sie sein Babychinesisch nicht verstand. Das machte ihn sehr ungeduldig.

Jenny fand bald eine Mansarde in einem Gutshaus. Von nun an trieb sich Pinschi in den Ställen herum – Hühner, Katzen, der Hofhund, Kuhmist und Pfützen, Pferdeäpfel sammeln und im Schweinefutter rühren, das war seine Welt. Er rannte den Kindern des Melkers hinterher, aber die wollten ihn nicht, er war ihnen noch zu klein. Auch der alte Hund hatte bald genug von seinen Belästigungen. Pinschi holte sich Beulen und blutige Knie bei seinen wichtigen Beschäftigungen, er klappte die Ohren zu, sobald ihn seine Mutter dabei zu stören versuchte, weshalb Jenny »Loisl, hol den Pinschi!« rief. Dann kam er brüllend angerannt, denn vor niemandem sonst hatte er Respekt außer vor Loisl, dem Puter, der unsagbar dümmlich und eitel mit drei Gänsen, seinen Ehrenjungfrauen, über den Hof zu stolzieren pflegte.

»Liebste Mami, die Nachmittage verbringen wir an diesem großen, gelassenen See mit seiner Alpenkette am Horizont. Sie zeigt sich zwar selten, aber wenn, dann ist ihr Auftritt so überwältigend wie der einer Primadonna, die sich rar macht«, schrieb Jenny an ihre Mutter. »Gestern feierte Herr O. einen runden Geburtstag. Es waren viele Gäste geladen, und wir Musiker, der Oratoriensänger Korn (bei dem ich Unterricht in Atemtechnik nehme), ein Bratschist, ein Flötist und ich, hatten ein kleines Konzert einstudiert. Weil der Geiger sich den Finger brach, hatte ich seinen Part übernommen. Pinschi hatten wir ausbruchsicher (dachten wir) bei der Köchin untergebracht. Doch einmal vergaß sie die Tür hinter sich zu schließen. Wir waren gerade in unser Spiel vertieft, als wir plötzlich die Aufmerksamkeit der Zuhörer verloren. Alle blickten auf den Gang zwischen den Stuhlreihen, dann sah auch ich ihn knickebeinig näherwackeln, wobei er sein ›Tieketorketieketorke‹ krähte. – Oh, Mami! Kannst Du Dir den Zorn meiner Kollegen vorstellen? Sie spielten verbissen weiter, ich fiedelte völlig abgelenkt, hatte statt der Noten vor allem Pinschi im Auge. Er wollte erst auf mich zuwackeln, änderte jedoch im letzten Moment die Richtung und streckte dem Komponisten Barth seine Ärmchen entgegen, damit er ihn auf seinen Schoß nahm. Der war sein Freund, zu dem hatte er mehr Zutrauen als zu seiner Mutter mit dem Prügel versprechenden Blick. Was er nicht wissen konnte: Die Musik, die er gerade mit seinem Tieketorke zerstörte, hatte Barth aus Anlaß dieses Geburtstags komponiert, und er war nun also auch nicht mehr sein Freund. Pinschi ließ sich sehr ungern von mir aus der allgemeinen Beachtung ziehen, er glaubte, der Beifall am Ende des Quartetts galt seinem eigenen Auftritt. Der Köchin tat es leid, daß er ihr entwischt war, aber sie hatte schließlich anderes an diesem Abend zu tun, als Kleinkinder zu hüten.

Nach Barths Komposition stand mein erstes Solo auf dem Programm. ›Der Tod und das Mädchen‹ von Schubert. Es war mein Gesangsdebüt in Bayern. Mir kam es so vor, als ob meine Stimme gequietscht hätte, als ich

›Rühr mich nicht an‹ sang. Es war eine Katastrophe. Der Hausherr, der sich das Lied gewünscht hatte, klatschte anhaltend, und noch ein Herr, der in den hinteren Reihen saß, half ihm dabei, den allgemeinen Beifall zu verlängern.

Ich bin in den Garten gelaufen, dorthin an den See, wo mich kein Lampionlicht erreichen konnte. Ich wollte allein sein. Wenn doch jetzt Björn dagewesen wäre, ich habe es mir selten so sehr gewünscht wie in diesem Augenblick der totalen Mutlosigkeit. Ich vertraute auch meiner Stimme nicht mehr, die Du, liebe Mami, als begnadet bezeichnest. Sie läßt mich im Stich, sie ist ein zu sensibles Instrument, ein Seismograph, der meine Befangenheit, jede Erregung akustisch aufzeichnet. Manchmal träume ich, ich stünde vor einem großen Publikum auf dem Podium und hätte nur ein kurzes Hemd an. Genau so ein Gefühl hatte ich heute beim Singen, nur eben war es meine Stimme, die das zu kurze Hemdchen trug. Sie entblößte meine Ängste, meine Scham, mich zu produzieren, während ich mir meiner Unvollkommenheit bewußt war. Ich wünschte, Björn hätte mir sein unbedingtes Selbstvertrauen vererbt.

Auf der Terrasse wurde inzwischen das Abendessen serviert. Pinschi schien endlich zu schlafen, sonst hätte man längst nach mir gerufen. Niemand vermißte mich. Dann hörte ich Schritte hinter mir und jemand fragte: ›Frau Jonasson? Liebe gnädige Frau‹ – und dann stellte sich der Mann vor, der mich gesucht hatte. Es war Graf D., der auf dem festlichen Diner der Chemiebosse in München mein Tischherr gewesen war. Anschließend hatte er uns auf sein Gut eingeladen.

›Sie haben damals einen tiefen Eindruck auf mich gemacht‹, gab er zu. ›Ich habe Ihren Mann um Sie beneidet.‹ Er wußte, daß Björn im Frühjahr gestorben ist. Damals war er gerade in Afrika, und er erfuhr es erst bei seiner Rückkehr im Juni. Erschütternd. So ein gescheiter, hochbegabter, faszinierender Mann, unfaßbar, viel zu früh. Er hätte oft an mich gedacht und vorgehabt, mir sein Beileid auszusprechen, aber wie das so ist: Man hat die besten Absichten, doch plötzlich kommt etwas dazwischen – und dann, von Moll zu Dur wechselnd, beglückwünschte er sich zu unserem unverhofften Wiedersehen im Hause O. Und ob ich die Absicht habe, in Bayern zu bleiben? Es würde ihm ein Vergnügen sein, mich in die Münchner Musikwelt einzuführen, er hätte die besten Kontakte zur Oper. Als wir bei diesem Thema angelangt waren, saßen wir bereits auf der Terrasse an einem Katzentisch, den man für uns aufgestellt hatte, weil alle übrigen Tische bereits besetzt waren. Ich gebe zu, es gefiel mir, endlich einmal wieder von einem sympathischen, kultivierten Mann auf einem Gartenfest bewundert und hofiert zu werden. Er fragte mich, ob mir nie die Idee gekommen sei, zur Oper zu gehen. Ich sagte, ich hätte Zweifel an meiner schauspielerischen Begabung, und er, beruhigend: Die hätten die wenigsten Sänger. Er sagte, von seiner Vorstellung geradezu hingerissen: ›Sie, liebe gnädige Frau, gertenschlank und langbeinig, Sie als Oktavian – der betörendste Rosenkavalier, der je die Bühne betreten hat –, und das Publikum wird Ihnen zu Füßen liegen!‹

Ich bedankte mich für die euphorische Darstellung

meiner knabenhaften Vorzüge und erzählte ihm, daß ich mehrmals auf Wunsch meines Mannes als Oktavian aufgetreten sei. Graf D. wollte wissen, wo, ich sagte ihm, auf Faschingsbällen in Berlin. Er muß wohl etwas Bedeutenderes als Antwort erwartet haben, fing sich aber rasch und meinte, daß es nun Zeit würde, dem Oktavianskostüm auch meine Stimme zu geben. Es mußte ja nicht gleich in München an der Oper sein. Augsburg und Nürnberg wären als Debüt wohl geeigneter. Ich gab ihm absolut recht. Da war bloß noch ein kleines, entscheidendes Problem.

Das räumen wir gleich aus dem Weg, versicherte er. Sein Optimismus machte ihn mir noch sympathischer. Ich sagte: ›Oktavian ist ein Sopran‹; und er: ›Auch Mezzosopran‹; und ich: ›Aber keine Altstimme. Ich habe einen weiblichen Baß.‹ ›Ja mei‹, sagte er, leicht ernüchtert – und hatte sofort eine Idee: ›Wissen Sie was? Schreiben wir den Oktavian halt auf einen Alt um!‹

Dennoch war es der erste Abend, an dem ich beinah, aber nur beinah meinen Kummer vergaß und meine Anziehungskraft auf einen Mann genoß, der mir vom ersten Tag unseres Kennenlernens an gefallen hatte. Den schlafenden Pinschi warf er sich später über die Schulter wie ein Teppichhändler seine Ware und brachte ihn im Fond seines Cabriolets unter, ohne daß er aufwachte. Unter einer Felldecke verschlief er das Ereignis einer nächtlichen Autofahrt in einem offenen Wagen.

Leopold D. fragte mich beim Abschied, ob er mich anrufen dürfte. Ich sagte ihm, daß er mich jeden Nachmittag im Haus am See erreichen könnte, wo der Sänger

Korn meine Atemtechnik verfeinerte. Allerdings sei ich mir nicht sicher, wie lange ich dort noch erscheinen dürfe mit dem unermüdlichen Pinschi.

Ich hing noch eine Weile aus dem Fenster, als D. bereits abgefahren war. So eine wunderbare Nacht mit friedlichen Geräuschen aus den Ställen, leisem Windrauschen und in der Ferne eine Zugpfeife, ein sehr einsames Geräusch. Vielleicht – im Laufe der Zeit und des langsamen Vernarbens der großen Wunde Björn – hoffe ich, noch einmal einem Mann zu begegnen, mit dem ich alt werden kann. Schon wegen Pinschi. Er hat die starke Persönlichkeit seines Vaters geerbt und seinen Einfallsreichtum. Er wächst mir noch eines Tages über den Kopf, er akzeptiert mich ja jetzt schon nicht mehr als Autorität, selbst wenn ich ihn versohle. Er brüllt, ohne eine Träne zu vergießen, und schaut mich hinterher frech an ... Ständig geht er auf der anderen Straßenseite, nie mit mir. Wenn ihm etwas nicht paßt, schmeißt er sich hin und schreit.

Ich stand eben einen Augenblick an seinem Bett und stellte mir noch einmal seinen Tieketorke-Auftritt während unseres Konzertes vor. Pinschi hat sehr viel von seinem Vater, auch seine Lust an teuflischen Scherzen. Erinnerst Du Dich, wie Björn bei ›Romeo und Julia‹ in der Balkonszene Papas Uhr bimmeln ließ und wir aus dem Theater flogen? – Tieketorke.

Gute Nacht, meine Mami, das war der längste Brief, den ich Dir je geschrieben habe. Ich bin jeden Tag dankbar dafür, daß es Dich gibt.

Dein Kind«

Zusammen mit dem Sänger Korn bereitete Jenny Liederabende vor und spielte im Quartett mit. Dann meldete
sich Leopold D. und lud sie zu einem Konzert auf seinem Gut ein. Die Gage sei überdurchschnittlich und das
Publikum kunstsachverständig, wie er versicherte. Und
Pinschi dürfe selbstverständlich mitkommen. Für Über-
nachtung sei gesorgt.

»Diesmal schließe ich ihn höchstpersönlich ein«, versicherte Korn, »damit er uns nicht noch einmal ein Konzert vermasselt.«

Dann kam das Telegramm mit der Absage. Leopold
D. mußte umgehend nach Windhuk. Sein Bruder war
tödlich verunglückt – und er sollte sich um die Farm der
Familie kümmern.

Ausgerechnet Windhuk! Warum nicht Bielefeld oder
Augsburg, das wäre doch näher. Aber Windhuk! Von da
kommt er so schnell nicht wieder her, ärgerte sich Korn,
und auch Jenny war enttäuscht.

Sie kehrte bald darauf mit Pinschi wieder nach Berlin
zurück.

Die folgenden Jahre waren nicht leicht für sie. Auch
nach dem Ende der Inflation verbesserte sich ihre Fi-
nanzlage nicht: Die Wohnung in Berlin, das Kindermädchen, die Gesangslehrer kosteten Geld, zuweilen mußte
sie auch ihre Konzerte selbst finanzieren. Das bedeutete, eine Aktie nach der anderen zu verkaufen. Die große
Karriere aber war bisher ausgeblieben. »Kein Wunder«,
sagte Detta, Pinschis Betreuerin, »wenn Sie immer nur

so trostloses Zeug singen von Hunger, Verlassenheit, Gram und dem Sensenmann. Die Leute haben selber Kummer genug, die wollen sich amüsieren. Die gehen lieber in 'ne Operette.«

Paula war nun wieder Jennys engste Vertraute, der sie schonungslos alles mitteilte, was sie erlebte. Nicht nur die erfreulichen Erlebnisse, auch ihre depressiven Stimmungen und beruflichen Enttäuschungen: mit allem belastete sie ihre Mutter. Meist war sie längst wieder obenauf, wenn ihre trostlosen Briefe in Hamburg ankamen und Paula in Aufregung versetzten, weil der arme Liebling sich so unglücklich fühlte.

In den Pausen zwischen Konzertreisen trieb es sie ruhelos in den Süden, immer begleitet von ihrem Beiboot Pinschi, das sich im Laufe der Zeit zu einem Lastkahn entwickelt hatte. Er war voller Temperament, unermüdlich fragend, und wenn sie nicht aufpaßte, riß er aus und war für Stunden in einem wildfremden Ort nicht aufzutreiben. Irgendwann kam er wieder, voller Bedauern, ihr Sorgen gemacht zu haben, aber er hatte inzwischen einen Fritz getroffen, eine Katze oder einen geduldigen alten Herrn, der seine Fragen beantwortet und unglaubliche Sachen erlebt hatte. »Sachen, gnä' Frau, kannst du dir gaa nicht vorstellen!« Eine Zeitlang nannte er seine Mutter »gnä' Frau« wie das Personal und die Herren, die ihr nachstiefelten.

Überall blieben sie nur ein paar Tage. Immer dann, wenn Pinschi Freundschaften geschlossen hatte, standen sie schon wieder auf einem Bahnsteig und warteten auf einen Zug, der sie weiter forttrug.

Manchmal wünschte er sich Geschwister. Seine Cousinen waren zu zweit, sie hatten feste Freundinnen, weil sie nicht ständig herumreisen mußten so wie er. Meist waren sie zwar zerstritten, aber immer traten sie als eine Einheit gegenüber den ständig wechselnden Erzieherinnen auf, selbst gegenüber den Eltern hielten sie zusammen. Einige Geschwister waren immer eine Macht. Und was wohl noch wichtiger war – zusammen mit Vater und Mutter bildeten sie eine Familie.

Pinschi hatte nur seine Mutter und manchmal die Großeltern in Hamburg. Auf die Frage, wo denn sein Vater sei, sagte er einmal nach kurzem Nachdenken: »Da war keiner – nein, ich kann mich an keinen erinnern.«

Jenny erzählte ihm daraufhin, daß sein Vater im Himmel sei. »Und kommt er wieder runter?« erkundigte er sich. Als sie mit einem Seufzer »Nein, nie mehr« sagte, bedauerte er das kurz und verlor das Interesse am verschwundenen Vater. Er war noch zu klein, um den Tod zu begreifen.

*

Das erste Erlebnis, das ihm in Erinnerung blieb, hatte Pinschi mit drei Jahren: Er steht auf einem Steg und fegt mit einem Reisigbesen Maikäfer in einen Teich.

Das war, wie ihm seine Mutter später erzählte, auf dem Gut des Grafen D., den er Onkel Poldi nennen mußte. An sich war der ganz nett. Wenn sie morgens ausritten, durfte er vor ihm im Sattel sitzen, aber Pinschi wollte nicht bei ihm, sondern bei seiner Mutter mitreiten.

Er war überhaupt den ganzen Tag hinter ihr her und

weigerte sich abends, ohne sie ins Bett zu gehen. Er sträubte sich mit lautem Gebrüll, das die Tanzplatten auf dem Grammophon übertönte. Also setzte man ihn in irgendeinen Sessel, bis ihm die Augen zufielen.

Meist wurde abends klassisch musiziert, aber Leopold D. war auch ein glänzender Jazzpianist.

Pinschi jedoch gefiel am besten die Blasmusik, die eines Abends zu einem urigen Hoffest aufspielte.

Er hatte seine Mutter schon lange nicht mehr so fröhlich erlebt. Sie lachte viel und küßte ihn zärtlich – anders zärtlich als sonst, das spürte so ein kleiner Junge: Ihre Gedanken waren nicht bei ihm ...

Und wie sie mit dem Poldi-Onkel tanzte! Am liebsten hätte ihn Pinschi in die Wade gebissen. Er war ja nicht der erste Mann, der versuchte, sich zwischen ihn und seine Mama zu drängen. Pinschi hatte Erfahrung im Vergraulen von »Onkels«: Er benahm sich einfach ganz furchtbar ungezogen.

✳

Die zweite Erinnerung aus diesen Wochen auf dem Land: Eine Katze hatte im Kuhstall Junge bekommen. Pinschi rannte sofort hin, als er davon hörte. Auf dem Rückweg trat er barfuß auf eine Wespe und humpelte kreischend herum auf der Suche nach seiner Mutter, damit sie den Schmerz aus seiner gepikten Sohle pustete. Doch sie war nicht da! Sie war mit Onkel Poldi weggefahren – mit dem Auto, mit dem offenen Auto, ohne ihm etwas zu sagen oder zu fragen, ob er nicht mitkommen wolle.

Die Mamsell machte ihm Umschläge und wollte ihn mit Griesbrei trösten, aber er schob schluchzend den Löffel fort: Griesbrei gegen Kummer!!

Als Jenny und Leopold nachts aus München zurückkamen, fanden sie ihn schlafend auf einem mottenzerfressenen Bärenfell neben dem alten Jagdhund, der pupte und schnarchte und so taub war, daß er sie nicht eintreten hörte. Auch Pinschi wachte nicht auf, weshalb er seine Vorwürfe erst am nächsten Tag loswerden konnte: 1. ihn mit seinem großen Wehweh allein zu lassen und 2. bald noch unverzeihlicher, ihn nicht mitzunehmen, wo er doch so gerne Auto fuhr!

Bis zu ihrer Abreise sorgte er dafür, daß seine Mutter und der Onkel kaum noch Gelegenheit hatten, sich ohne ihn zu sehen. Er klebte an ihren Fersen, damit er nie wieder vergessen werden konnte.

Auf der Fahrt nach München zum Hauptbahnhof fragte Leopold, ob Jenny nicht Lust hätte, im August mit ihm zu den Salzburger Festspielen zu fahren. Und ob Jenny Lust hatte!

Diesen Aufenthalt am Land hatte der eifersüchtige Pinschi ja gründlich »putt demacht«. Mit Salzburg war etwas Neues da, worauf sie sich freuen konnten. Dadurch wurde der Abschied leichter.

Pinschi wollte weder tschüs sagen noch dem Onkel zum Abschied ein Küßchen geben, wofür dieser allerdings Verständnis hatte.

»Aber nach Salzburg bringst du den Jungen lieber nicht mit«, meinte Leopold zum Schluß.

Der Zug fuhr an, Jenny schob nach dem Zurückwinken das Fenster hoch und sah auf ihren Sohn, der sich ihr gegenüber auf dem Sitz aalte. Er schien bester Stimmung: »Na, gnä' Frau?«

»Du warst mal wieder unmöglich, mein Sohn.«

»Ah geh«, sagte er auf bayrisch und benahm sich auf der Rückfahrt so musterhaft, daß die übrigen Mitreisenden ganz entzückt waren von diesem braven, bildhübschen Kind und ihn mit Bonbons und Keksen und Schokolade vollstopften, bis ihm speiübel war.

Daß er schöne schwarze Augen hatte und blonde Wellen und hübsch war, hörte er jeden Tag, und er empfand es als Vorteil. Er bekam von Fremden viel mehr geschenkt als weniger hübsche Kinder. Die Frage blieb, ob weniger hübsche Kinder noch mehr Prügel von ihren Eltern kriegten als er von seiner Mutter ...

∗

Salzburg! Die Festspiele mit Leopold D. Diese Vorstellung zog sich wie eine beschwingte Mozartmelodie durch das Notenblatt ihres Alltags. Nichts konnte Jennys Fröhlichkeit trüben. Und sie war ein bißchen verliebt. Verliebt in den Mann oder in ihren Wunsch, verliebt zu sein?

Ab und zu rief Leopold zur späten Abendstunde an, wenn er sicher sein konnte, daß Pinschi nicht dazwischenquasselte oder – auf die Gabel drückend – das Gespräch vorzeitig beendete. Es schien ihm viel Spaß zu machen, das Programm für diese gemeinsame Woche in Salzburg zusammenzustellen. Die täglichen Ausflüge ins Salzkammergut, die Einladungen zu Empfängen, die Opern und Theatervorstellungen, die nächtlichen Feste ... Alles hatte er genau arrangiert, nur gegen den möglichen Salzburger Schnürlregen war er machtlos.

Auch Jenny war indessen nicht untätig. Sie mußte wieder einmal eine Aktie verkaufen, um sich für Salzburg passend einzukleiden. Lilli Schönberg übernahm die Auswahl der Garderobe und lieh ihr ihren Weißfuchs für nackte Schultern an kühlen Abenden. »Natürlich brauchst du auch ein Dirndl, wenn du tagsüber mit deinem Landgrafen eingeladen bist. Aber das kaufst du besser da unten«, empfahl sie.

Lilli freute sich auf Jennys Salzburgtage so, als ob sie selbst hinfahren würde.

*

Man konnte beinahe zusehen, wie Pinschi wuchs. Inzwischen trug er Hosen für Fünfjährige und war mal gerade erst dreieinhalb Jahre alt. Auf Anraten des Kinderarztes meldete ihn Jenny bei einem Major von Bismarck zum Turnunterricht an. Da stand er nun auf seinen jede Körperproportion sprengenden langen Beinen – ein staksiges Storchenjunges zwischen lauter gleichaltrigen Erpeln. Dieser Größenunterschied führte oft zu Mißverständnissen. Man behandelte Pinschi wie einen Fünfjährigen, dabei hatte er doch noch immer den Verstand eines Jungen von dreieinhalb.

Jenny war gerade beim Packen ihres Koffers für Salzburg, als Pinschi sich schnatternd, mit hochrotem Fieberkopf auf ihren Bettrand setzte und sie hustend und klagend ansah. Einer der »Erpel« in Major von Bismarcks Turnverein hatte die Masern eingeschleppt und an die übrigen Buben verteilt, leider auch an Pinschi. Jenny holte das Thermometer. Neununddreißigacht. Sie rief den Kinderarzt an und seufzte: »Adieu, Leopold, es wäre zu schön gewesen.«

»Aber Frau Doktor, ich bin doch da. Ich bin gelernte Krankenschwester, Sie können wirklich fahren«, beruhigte sie Detta, das Kindermädchen.

Trotzdem. Jenny packte ihre Koffer wieder aus. Sie hätte keine ruhige Minute in Salzburg gehabt bei dem Gedanken, Detta alle Verantwortung für den masernkranken Pinschi aufgeladen zu haben, während sie sich amüsierte.

In den letzten Jahren hatte sie sich auf nichts so sehr gefreut wie auf diese Reise. Aber vielleicht hatte es auch sein Gutes so, zumindest war es vernünftiger, aber genau das hatte sie einmal nicht sein wollen. Nicht vernünftig, sondern fröhlich, unbeschwert, verliebt. Es sollte eine Episode bleiben, an die sich beide gern zurückerinnern würden, mehr war nicht geplant. Außer der gegenseitigen erotischen Anziehungskraft und Liebe zur Musik hatten sie keine Gemeinsamkeiten. Jenny war ein Großstadtmensch, sie eignete sich nicht als Gutsherrin. Und wenn Leopold einmal heiraten würde, so sollte es doch eher ein junges Mächen aus bayerischem Landadel sein, wenn möglich recht gebärfreudig.

So rief Jenny ihn an, um ihm zu sagen, daß sie leider wegen Pinschis Masern nicht kommen könne ...

Für einen Mann, der sich seine Masern in der Dorfschule geholt und – sobald das Fieber nachließ – aus dem Schlafzimmer getürmt war, um im Teich Kaulquappen zu fangen, war Jennys Absagegrund ein Schock.

Hatte sie eigentlich eine Ahnung, was er mit großer Mühe, hilfsbereiten Freunden und ziemlich viel Geld für sie in Salzburg alles arrangiert hatte? Und nun das. Wegen Masern!

Jenny hörte aus seiner Stimme nicht nur grenzenlose Enttäuschung, sondern auch Ernüchterung.

»Ja, da kann man halt nix machen«, sagte er kühl und wünschte ihr gute Besserung für ihren armen, kranken Sohn.

Sie spürte, es war zu Ende. Leopold D. würde sich nicht mehr bei ihr melden.

Hannes

Im Frühjahr 1927 reiste Jenny nach Rom, um ihre Freundin Sascha, eine Bildhauerin, zu besuchen. In ihrem nahe der Piazza Navona gelegenen Atelier unterm Dach gab es eine Besuchermatratze, auf der sie schlafen konnte, sobald die letzten abendlichen Gäste gegangen waren.

Hier in Rom, auf der Spanischen Treppe, stellte ihr Sascha am Ostersonntag, vier Jahre nach Björn Jonassons Tod, einen jungen Kunsthistoriker vor: Johannes Herburg.

Er hatte ein paar Stufen über ihnen gehockt und mit Freunden einen Panettone, einen Osterkuchen, zerpflückt und aufgegessen. Als er aufstand, um Teigkrümel und Hagelzucker von seiner Hose zu klopfen, bemerkte ihn Sascha und rief ihn an: »Ciao, Hannes!«

Ihm gefiel die junge Frau mit den lebhaften Rappenaugen an ihrer Seite auf Anhieb. Über die vollbesetzten Stufen balancierte er zu ihnen hinunter. Sascha stellte vor: Hannes Herburg – Jenny Jonasson.

Er wischte seine klebrigen Kuchenfinger an der Hose ab, bevor er Jenny die Hand gab. Später sagte er zu ihr: »Ich verstehe nicht, warum in diesem Augenblick nicht alle Glocken Roms geläutet haben.«

Also Mami,

er ist ein heller, jünglingshafter Mann, Stipendiat an der Biblioteca Hertziana. Diese Ehre wird nicht jedem Kunststudenten nach seinem Studium zuteil. Nun ja, er besitzt nicht die starke, charismatische Persönlichkeit eines Björn Jonasson, auch nicht seinen messerscharfen Verstand und seine erotische Ausstrahlung. Aber ich bin noch nie einem Menschen begegnet, dem ich auf Anhieb Herz und Vermögen anvertrauen würde, so bestürzend anständig und zuverlässig wirkt er auf mich. Leider ist er fünf Jahre jünger als ich, doch das stört nur mich, ihn überhaupt nicht.

Ach, Mami, Allerliebste, jetzt weiß ich, warum ich so plötzlich und dringend nach Rom fahren mußte. Stell Dir vor, ich wäre nicht gefahren und hätte somit nicht zur gleichen Zeit wie Hannes auf der Spanischen Treppe gesessen und ich hätte nicht bei Sascha gewohnt, die uns einander vorgestellt hat! Aber bei ihr zieh ich jetzt aus und such mir eine billige Pension. Sie hat einen neuen Liebhaber und braucht die Matratze ...

Und nun erzähl mir ganz schnell, wie geht es unserem Wonneproppen? Benimmt er sich anständig?

Eure Jenny

Pinschi ging es gut, und er benahm sich in der Tat anständig. Warum sollte er sich auch schlecht benehmen. Die Großeltern taten ja alles, um ihn zu erfreuen. Opa Simon ging mit ihm in Hagenbecks Tierpark, sie machten gemeinsam Hafenrundfahrten oder fuhren mit einem Dampfer die Elbe runter bis Wedel, wo Joels

Schwester Rebecca wohnte, die ihnen »gefillte Fisch« kochte. Manchmal ruderten sie durch verträumte Alsterkanäle, während Paula, mit dem Notizbuch in der Hand, ihre fünf Mietshäuser kontrollierte. Der Verwaltung derselben widmete sie all ihren überschüssigen Tatendrang, seitdem sie sich nicht mehr um Jennys Gesangskarriere kümmern durfte.

Ständig gab es Ärger mit Portiers und Mietern. Die Reparaturen hörten nie auf. Schimmel, Rost, Schwamm, Rohrbrüche, Wohnungsbrände, Ratten und Kakerlaken, ein unverhoffter Puff in der Wohnung einer Gewerbelehrerin. Hochwasser führte in den auf Pfählen gebauten Häusern nahe der Binnenalster zu Überschwemmungen. Selbst in den Beletagen schoß das Modderwasser in den Toiletten hoch.

Um den Ärger mit verstopften Klos zu vermeiden, vermietete Paula vorzugsweise an »Hundertfünfundsiebziger«, wie Homosexuelle nach dem Paragraphen im Strafgesetzbuch genannt wurden. Die warfen keine Binden ins Klosett und machten auch sonst keine Schwierigkeiten, um nicht unnötig aufzufallen.

Ab und zu nahm Paula ihren Enkel mit, wenn sie Renovierungsarbeiten überwachte. »Das wirst du alles mal erben, min Seuten, auch die viele Arbeit und den Ärger, den solche Häuser machen. Daran kannst du dich gar nicht früh genug gewöhnen.«

Das wollte Pinschi auch nicht, um Gottes willen. Ihm waren Großmutters Streitereien mit Portiers, Handwerkern und Mietern zuwider.

*

Jenny hatte ihren Rom-Urlaub für zwei Wochen geplant. Paula und Joel Simon rechneten fest damit, daß sie nach 14 Tagen ihren Sohn wieder abholen würde. Er war ja ein wirklich liebes Kind, nur so wißbegierig und ungeduldig, jeden Tag mußte man ihm etwas Neues bieten. Das machte 14 Tage mit ihm zu einer anstrengenden Zeit. Und als sie schon erleichtert ihrer Rückkehr aus Rom entgegensahen, schickte Jenny ein Telegramm des Inhalts: »Bleibe eine Woche länger – Stop – Liebe Euch – Stop – Jenny.«

Die Großeltern waren ratlos, was sollten sie noch alles mit Pinschi unternehmen; und Pinschi selbst war auch sehr ratlos, wie er die Großeltern weiterhin beglücken könnte. Sein Reservoir an gutem Benehmen war inzwischen restlos erschöpft.

Als Anlage zu Jennys täglichen Erlebnisberichten an Paula war immer auch ein Briefchen an ihn enthalten. Eines Tages bat er seine Großmutter, ihm auch die vier engbeschriebenen Seiten vorzulesen, die an sie selbst gerichtet waren. Da mußte Paula notgedrungen zur Erfinderin werden, denn jede Zeile handelte von Johannes Herburg und vom Aufblühen ihrer Liebe im frühlingshaften Rom. Seit Björns Tod hatte Jenny nie wieder so oft das Wort Glück benutzt.

»Aber bitte, bitte, erzähle Pinschi nichts von ihm«, schrieb sie. »Ich muß die beiden sehr umsichtig zusammenführen. Es kann ja sein, daß Hannes, versponnen in seiner Liebe zu mittelalterlichen Skulpturen, überhaupt kein Verständnis für lebendige Buben hat und Pinschi ihn aus Eifersucht ablehnt, was dann? Du lieber Gott, was dann? Eure sehr besorgte Jenny«

Als Hannes zum ersten Mal zu Besuch nach Berlin kam, geriet Jenny unter Druck. Einen fremden Mann, der in ihrer Wohnung übernachtete, nahm Pinschi gerade noch hin. Wenn er denselben jedoch in Mamis Schlafzimmer antreffen sollte – sie dachte lieber gar nicht erst weiter ... Es blieb nichts anderes übrig, als Pinschi zu entfernen. So brachte sie ihn in ein Knabenheim am Schwielowsee, da war er schon zwei Mal in den vergangenen Jahren gewesen.

Es regnete Blasen und Strippen, als sie ihn dort ablieferte. Er sah absolut nicht ein, weshalb er in dieses nasse Exil abgeschoben wurde, er hatte doch nichts verbrochen. Das Alter, in dem er sich aus Protest auf den Boden warf und brüllte, war vorbei. Nun durchlebte er eine empfindsame Phase, war leicht gekränkt und nachtragend. Im Heim verweigerte er jedes Mitspielen, sogar das Baden im See, als der Regen aufhörte. Wenn Jenny anrief, weigerte er sich, mit ihr zu sprechen.

Hannes gab ihm völlig recht. So durfte man einen Jungen nicht behandeln. Und außerdem wollte er ihn kennenlernen, bevor er nach Rom zurückfuhr. Jenny mußte im Heim anrufen und sagen, daß ein Herr Herburg ihren Sohn abholen würde, weil sie selbst nicht kommen könne. Jenny bezeichnete Hannes' Alleingang als Wahnsinn, der Junge würde nie und nimmer mit einem Fremden mitgehen.

Gegen Mittag läutete das Telefon. Pinschi war dran. »Wir essen gerade Würstchen mit Kartoffelsalat!« krähte er in den Hörer.

»Wo seid ihr??«

»Weiß nicht. Irgendwo am See. Hannes will dich noch sprechen.«

Der klang genauso vergnügt wie ihr Sohn. »Das hat auf Anhieb mit uns geklappt. Aber wir haben gerade beschlossen, daß er von jetzt an Björn gerufen wird. Er ist schließlich ein großer Junge, kein Pinschi mehr!«

Hannes Herburg war ein Ästhet. Sein Schönheitssinn und Stilgefühl müssen Schweres durchgemacht haben, als er zum ersten Mal Jennys Berliner Wohnung betrat. Sie beherbergte noch immer das zusammengestückelte Mobiliar aus Notzeiten und diese grausigen Schinken an den Wänden aus Großvater Bärs »Kunstsammlung«. Jenny hatte sich längst an ihren Anblick gewöhnt und übersah sie urteilslos. Mode und Inneneinrichtung interessierten sie sowieso nicht. Hauptsache, ihr Flügel war gestimmt.

In ihren Briefen aus jener Zeit erwähnt sie nichts von ihren öffentlichen Auftritten als Sängerin, nur einmal schrieb sie an Paula, daß sie ihre Atemtechnik jetzt von dem bekannten Oratoriensänger Erb verfeinern ließe. Auch Pinschi, Verzeihung, Björn wurde dem Meister zwecks besserer Atmung ausgeliefert. Er stellte sich dabei an, als ob ihm die Lungen verbogen würden. Selten soviel gehustet, und dazu schwindlig im Kopf. »Lieber atme ich wie Kraut und Rüben, aber das nicht noch mal«, schimpfte er und trollte sich aus dem Unterricht.

＊

Als Hannes Herburg wieder in Rom war und lange Berichte über seinen Tagesablauf und seine Arbeit schickte, mußte Jenny diese ihrem Sohn vorlesen. Er war sehr stolz auf seinen neuen Freund.

Sie selbst stellte bald fest, daß Hannes anscheinend außerhalb der Realität lebte. Politik interessierte ihn überhaupt nicht, es sei denn, es handelte sich um diejenige, die Päpste zu Zeiten der Renaissance betrieben hatten.

»Hitler beunruhigt dich? Aber Jennychen, nun mach dir mal keine Gedanken wegen seines Rassenwahns. Der kommt doch nie und nimmer an die Macht, und wenn, schau dir Mussolinis Faschismus an. Mit dem kann man ja auch leben. Natürlich haben die Italiener eine geradezu begnadete Art, nichts so bitterernst zu nehmen wie wir, sich selber auch nicht. Ihnen fehlt unser Gemüt. Während wir unter unserer Charakterstärke leiden, ziehen sie sich geschmeidig aus der Verantwortung, und niemand nimmt es ihnen übel.« Und schon griff er beredt in die italienische Historie, da kannte er sich aus, und ließ Jenny mit ihrer Zukunftsangst allein.

Die zunehmende Judenhetze berührte Hannes selbst nicht. Er stammte aus einer alten pommerschen Familie. Sein Vater war Diplomat gewesen, und seine Vorfahren waren arisch bis ins Mittelalter zurück; auch seine Mutter hatte einen »reinrassigen« Stammbaum. Beide lebten nicht mehr.

✳

Im Mai 1929 heirateten Jenny Jonasson und Dr. Johannes Herburg. Auf dem Doktor hatte Jenny bestanden. Keine Ehe ohne beruflichen Abschluß. Die Hochzeitsfeier fand im Dachgarten des Berliner Edenhotels statt.

Mit diesem Schwiegersohn war Paula einverstanden. »Als ob ich einen Sohn dazubekommen hätte!« meinte sie. Hannes brachte ihr ja auch die Achtung und Zuneigung entgegen, die sie bei Jonasson so vermißt hatte.

Nach all den Jahren des Herumziehens mit seiner temperamentvollen, ihre Gefühle auslebenden Mutter hatte Björn nun den in seine Forschungen versponnenen Hannes, der nie müde wurde, seine vielen Fragen gewissenhaft zu beantworten. Er war endlich ein beruhigtes Kind mit Mutter und einem jungenhaften Vater, der ihn mit dem frischen Stolz des Neubesitzers als »mein Sohn Björn« vorstellte. Die Vorsilbe »Stief« haben beide nie benutzt.

*

Wenn Hannes in Rom arbeitete und sie ihn begleitete, nahm Jenny den Jungen aus der Schule, damit sie sich nicht trennen mußten. Das waren geschenkte Wochen, bewußt erlebt und im Gedächtnis bewahrt. Jeder Brief an Paula endete mit dem Wunsch: »Wir wären vollkommen glücklich, wenn Du jetzt bei uns sein könntest, in diesem auch von Dir so geliebten Rom.«

Da wurde Paula das Herz schwer. In den Jahren nach Bergensers Tod waren Mutter und Tochter durch Italien gezogen, mal hier-, mal dahin; sie nannten das Bildungsreisen und wollten immer zurückkehren, statt dessen kam dann der Erste Weltkrieg.

Paula war mittlerweile Ende Fünfzig, sie fühlte sich noch viel zu jung für ein Rentnerdasein. Sie hatte Fernweh nach dem lang entbehrten Süden und vermißte das

Zusammensein mit der Jugend. Aber sie konnte den zuckerkranken Simon nicht allein lassen. So lebten sie zurückgezogen und sparsam vor sich hin.

Die guten Jahre waren vorbei. Die Weltwirtschaftskrise, der Börsenkrach in New York, der sich auf Europa ausgedehnt hatte, der allgemeine Niedergang verschonten auch Paula nicht. Die großen Luxuswohnungen in ihren Häusern standen leer, die kleinen Mieter konnten nur noch stotternd oder überhaupt nicht mehr zahlen. Und ständig standen Handwerker vor der Tür mit Rechnungen in der Hand. Ach, Italien, wie gern noch einmal Italien ...

Die Verelendung der Massen erreichte 1932 einen neuen Höhepunkt. Es gab fast sechs Millionen Arbeitslose, deren ohnehin nicht ausreichende Unterstützung wie alle anderen sozialen Hilfen noch einmal um 23 Prozent gekürzt werden sollten, weil der Staat pleite war. Und an allem war angeblich der Jude schuld, der als Karikatur mit riesiger Krummnase hämisch von Plakaten grinste, die Männer mit Hakenkreuzbinden am Arm an Hauswände klebten. Darunter stand: »Juden raus!«

Die Menschen sehnten sich nach einem Führer, der sie aus ihrer Misere herausholte und ihnen Arbeit gab und Brot und eine Zukunft für ihre hungrigen Kinder. In dem Österreicher Adolf Hitler sahen sie jene Hoffnungsgestalt. Im Juli 1932 siegte seine Nationalsozialistische Deutsche Arbeiterpartei mit 37 Prozent der Stimmen. Nationalsozialisten und Kommunisten lieferten sich Straßenschlachten. Schlägertrupps der SA demolierten jüdische Geschäfte und verprügelten ihre Besitzer.

In Hamburg schossen Kommunisten in einen Demonstrationszug der NSDAP, wobei es siebzehn Tote gab. Man sprach vom Hamburger Blutsonntag, genannt nach dem Petersburger Blutsonntag von 1905, als etliche tausend Arbeiter aufmarschierten, um dem Zaren eine Bittschrift zu überreichen, und tausend von Regierungstruppen niedergemetzelt wurden.

Paula und Joel sahen sich tief besorgt an, nachdem sie die Nachricht in der Zeitung gelesen hatten. »Glaub mir«, fürchtete Joel, »das Massaker schiebt man wieder uns Juden in die Schuhe.«

»Ich bin keine Jüdin«, widersprach Paula heftig. »Meine Schwester und ich sind gleich nach der Geburt getauft und von meiner Mutter christlich erzogen worden. Na gut, ich habe einen jüdischen Vater. Dafür kann ich doch nichts.«

»Nein, dafür kannst du nichts«, gab Joel zu, »niemand kann etwas für seinen Vater, aber es hat dich auch niemand gezwungen, gleich zweimal einen jüdischen Mann zu heiraten.«

Paula spürte die leise Genugtuung in seiner Stimme und verließ wütend den Raum.

Als sie sich später im großen Flur begegneten, sagte Joel: »Es tut mir leid, Polly.« Polly war ihr Kindername gewesen. So lange kannte er sie schon. Und Paula sagte: »Ja, mir auch, Joel. Aber was sollen wir machen, es ist nun mal unser Schicksal. Du hast es nur leichter als ich: Du bist ein gläubiger Jude, der zu seinem Judentum steht. Ich bin eine gläubige Christin, kann aber noch so inbrünstig in meiner Kirche beten, ich werde dadurch nicht arischer. Und das nehme ich meinem Schicksal so übel. Und vor allem mir selbst. Wenn ich so zurückdenke, ich habe in meinem Leben einen Fehler nach dem anderen gemacht ...«

»Einen Fehler wirst du bald los sein«, sagte Joel Simon auf dem Weg ins Schlafzimmer.

Sie wußte, daß er sich selbst damit meinte. Als sie sich später zu ihm ins Bett legte und an seinem Nichtschnarchen merkte, daß er noch wach war, suchte sie im Dunkeln seine Hand, an der bereits der kleine und der Ringfinger fehlten, die als Folge seiner schweren Zuckerkrankheit amputiert worden waren.

Joel war ihr dankbar für diese Geste. »Wir haben schon viel miteinander erlebt, Polly.«

»Ja, Joel. Sehr viel.«

Joel sagte nach einer Weile: »Weißt du, wann ich angefangen habe, dich zu lieben? Das war in einer Konditorei bald nach deiner Hochzeit. Ich kam herein, um Kuchen zu kaufen, und du saßest an einem kleinen Tisch und stopftest Torte und einen Roman in dich hinein, am Stuhl hing dein Kapotthütchen. Du wirktest wie ein allein gelassenes, hilfloses Kind.«

»Du hast mir nie erzählt, daß du mich in der Konditorei gesehen hast«, sagte Paula, gerührt von der Vorstellung dieser jungen Person, die sie selbst einmal gewesen war.

∗

Im Oktober 1932 reiste Hannes noch einmal nach Rom, um in der Biblioteca Hertziana zu arbeiten, unter anderem über den Einfluß Giambolognas auf die Cinquecento-Plastik.

Er lebte in einer anderen Welt. Und wenn er mit allerhöchster Erlaubnis Mussolinis Arbeitszimmer im ersten Stock des Palazzo Venezia besichtigen durfte, so interessierte ihn dabei weniger der Duce selbst als die kostbaren Mantegnafresken, die bei der Renovierung seiner Residenz entdeckt worden waren. »Du brauchst hier nur zu kratzen, um ein verborgenes Wunderwerk zu entdecken«, schrieb er euphorisch an Jenny und erkundigte sich anschließend: »Was wird nun eigentlich in Deutschland? Man hört hier nur Ungefähres. Hitler ja. Hitlers Besprechung mit Hindenburg. Hitler nein. Was soll das alles? Vor ein paar Tagen berichtete man im Kino über den Berliner Verkehrsstreik. Da hat man den Eindruck gewonnen, Berlin bestehe nur noch aus Zusammenrottungen, Krawallen und Schupos mit Gummiknüppeln ...

Heute abend findet in einem Palazzo ein Kostümfest statt, und ich muß hin. Ach, wenn Ihr, meine beiden Liebsten, doch schon hier wärt! Euer Hannes.«

Mitte Dezember wollten auch Jenny und Björn nach Rom fahren, um mit ihm das Weihnachtsfest zu feiern und Ende Januar gemeinsam nach Berlin zurückzukehren. Sie war gerade beim Packen, als es läutete: Inger Hofer, ihre Schwägerin, stand vor der Tür. Die beiden hatten sich seit Jahren nicht gesehen. Inger war 1926 von Oskar geschieden worden, ihre Ehe hatte seit Jahren nicht mehr funktioniert. Sie ging danach nach Boston an ein medizinisches Forschungsinstitut, das sie inzwischen leitete. Ihre älteste Tochter studierte Biologie, die jüngere sollte bis zum Abitur in einem Schweizer Internat bleiben.

Das Wiedersehen mit Inger berührte Jenny sehr. Es

schien ihr, als wäre mit ihr etwas vom großen Björn hereingekommen, seine Art zu reden, sein Lachen, Gesten – früher waren ihr diese Ähnlichkeiten nie aufgefallen. Auf einmal war die Sehnsucht nach ihm wieder da.

»Ach, laß dich noch mal umarmen!«

Inger sah sie prüfend an. »Bist du nicht glücklich?«

»Was heißt glücklich? Sagen wir lieber, ich habe Glück. Ich habe den liebsten, anständigsten Mann von der Welt. Und Björn hat den besten Vater. Die beiden lieben sich. Schade, daß er nicht da ist. Sie haben heute Weihnachtsfeier in der Schule. Magst du einen Tee oder lieber Kaffee?«

Inger überlegte mit einem Blick auf die Uhr. »Können wir nicht gleich zum Rotwein übergehen? Ich habe wenig Zeit, aber für ein Glas reicht es gerade. Wir haben früher immer Rotwein in der Taverne getrunken. Was war eigentlich an der so schön, daß es uns dort hinzog wie einen Dackel in sein Körbchen?«

»Es gab da immer Wein, auch in Notzeiten«, sagte Jenny.

Während sie Flasche, Gläser und Korkenzieher zusammensuchte, wanderte Inger rauchend durch die Wohnung.

»Hier hat sich viel verändert. Lauter edle Möbel«, stellte sie fest, »und so ein Haufen Heilige an den Wänden.«

»Hier wohnt jetzt eben ein Kunsthistoriker, der unseren schlechten Geschmack ausgemistet hat«, antwortete Jenny.

Sie tranken sich zu. »Auf die alten Zeiten! Ich war schon sechs Jahre nicht mehr in Berlin.«

»Hast du manchmal Heimweh?«

»Hatte ich, und wie«, sagte Inger beim Anzünden einer Zigarette. »Aber seit ich hier bin, bin ich froh, daß ich nicht mehr in Deutschland leben muß. Da ist etwas Bedrohliches, Aggressives in der Luft. Diese Lastwagen mit lauter Uniformierten drauf. Diese Hetzplakate, und was die Leute einem so erzählen. Oskar ist ja sehr begeistert von diesem Hitler. Was hältst du von ihm?«

»Von Hitler? Frag mich lieber, was ich von Oskar halte. Der hat den Verkehr mit uns eingestellt ... Hitler haßt die Juden. Und Oskar weiß, daß ich bloß zur Hälfte von der bevorzugten germanischen Rasse bin. Also hat er mich aus seinem Telefonbuch gestrichen.«

Inger schüttelte ungläubig den Kopf. »Der Oskar – ein Antisemit? Kann ich mir nicht vorstellen. Aber vielleicht ist seine zweite Frau daran schuld. Heute vormittag war ich in meinem alten Krankenhaus. Die jüdischen Ärzte machen sich große Sorgen um ihre Zukunft.«

Sie sah Jenny bedauernd an. »Man weiß so wenig von deutscher Politik in den Staaten. Es ist zu weit weg.«

»Schon Rom ist zu weit weg«, sagte Jenny. »Das merke ich an den Briefen meines Mannes. Drei Seiten über eine von ihm entdeckte Piranesi-Büste und zwei Fragen zur hiesigen politischen Lage. Manchmal regt mich seine Sorglosigkeit so auf, sein Desinteresse an aktuellen Themen. Dann werde ich wütend und halte ihm den großen Björn vor. Wie weitsichtig der gewesen ist.«

»Verkläre ihn nicht allzu sehr, meine Liebe. Wer weiß, wie er sich heute verhalten würde.« Inger sah auf ihre Uhr. »Ich hab noch mehrere Dates. Morgen fahr ich ja schon nach Lausanne, meine Kleine besuchen. Schade, daß deine Männer nicht hier sind. Hast du wenigstens Fotos von ihnen?«

»Nebenan auf dem Flügel.«

Sie gingen ins Musikzimmer hinüber. Inger nahm ein gerahmtes Bild in die Hand und staunte. »Das ist der kleine Pinschi? Der sieht ja aus wie vierzehn – so ein langer Lulatsch.«

»Er wird im Januar zehn. Und das ist Hannes«, sagte Jenny zu dem zweiten Bild. Inger betrachtete es lange. »Sehr sympathisch, aber sag mal, der ist jünger als du?«

»Und er sieht auch noch viel jünger aus, als er in Wirklichkeit ist«, bedauerte Jenny, die langsam Gewichtsprobleme bekam.

Der Abschied war ziemlich überstürzt, denn seit zwanzig Minuten wartete bereits die nächste Verabredung auf Inger. Sie versprachen sich, einander von jetzt ab regelmäßig zu schreiben.

∗

Am 20. Dezember trafen Jenny und Björn in Rom ein, von Hannes mit frisch gepflückten Rosen und all seiner seit Wochen angehäuften Sehnsucht und Liebe empfangen. Auf dem Weg zu der kleinen Villa, die er für die Dauer ihres Aufenthaltes gemietet hatte, ließ er das Taxi an einem Postamt halten und kündigte seiner Schwiegermutter telegrafisch an: »Ich hab sie wieder, ich hab sie wieder, endlich sind sie da. Kuß Hannes.«

Das Haus, das er für seine Familie ausgesucht hatte, lag nahe der Via Flaminia am Hang. Kunsthistoriker, die bei ihnen vorbeikamen, um sie zu begrüßen, meinten, beim Anblick des burgartigen Kubushauses mit seinen Terrassengärten, Steintreppen und Gittertüren fühle man sich ins 12. Jahrhundert zurückversetzt. Die Zentralheizung schien jünger zu sein, war aber machtlos gegen die gruftartige Kälte im Innern, weshalb die Donna, die jeden Morgen zum Heizen kam, gleich beim ersten Mal für Jenny und Björn zwei weiße Mönchskutten zum Wärmen mitbrachte. Hannes wohnte in der Hertziana und besuchte sie an den Abenden, an denen sie einmal nicht eingeladen waren.

Im Garten blühten Rosen, und der Mimosenbaum stand kurz davor. Meist rauschte der Regen ums Haus, sobald aber die Sonne schien, zog mit ihr der Frühling ein.

In Rom erinnerte Jenny nichts an das bevorstehende Weihnachtsfest. Die Markthändler hatten wie immer wahre Kunstwerke aus Obst und Gemüse kreiert. In den Torbögen der Metzger baumelten Würste und Schinken. Es wurde nur von allem mehr angeboten als sonst, besonders gerupfte Puter und Blumen. Kein Marktbesucher ging ohne Sträuße nach Hause. Nirgends gab es Kugeln und Lametta zu kaufen, niemand spielte gefühlvolle Lieder. Weihnachten war hier ein fröhliches Fest ohne Sentimentalitäten und Rührung. Und die Bescherung fand erst am 6. Januar statt, an dem Tag, an dem die Heiligen Drei Könige dem Jesuskind ihre Gaben gebracht hatten.

✳

Statt Tannen bestückte Hannes einen großen Ilexzweig mit Kerzen und hatte im Hause mächtig eingeheizt, damit sie den Heiligen Abend ohne Kutten feiern konnten. Von der Deckenwölbung hing ein Mispelkranz um eine kleine Laterne. Christsterne leuchteten rot aus tönernen Gefäßen. Jenny hatte Pasteten, die der Römer »sospiri« nennt, besorgt und dazu Wein aus den Albaner Bergen, denn sie erwarteten zwei deutsche Kunsthistoriker mit ihren Frauen. Einer von ihnen veröffentlichte später einen Artikel über diese römische Weihnacht, in der er auch den Besuch bei Herburgs schilderte: »Im Innern des Hauses trat uns ein anmutiger, blonder Knabe in heller Kleidung entgegen, das Glas voll dunkelroten Weines in den seligen Händen. Nicht Christus schien heute geboren, sondern Dionysos auferstanden zu sein.«

Hannes hatte einige Mühe, den weinseligen Dionysos Björn in sein Bett zu bringen, bevor sie mit ihren Gästen zum Besuch der mitternächtlichen Christmette aufbrachen.

27. 12. 1932

Liebe Mami und Joel,

heute sind wir die hohe breite Treppe nach Aracoeli auf dem Kapitol hinaufgestiegen, um das goldene, wunderspendende Bambino in seiner Krippe zu bewundern. Jeden Abend bis Epiphanias wird es mit endlosen Zeremonien und langer, feierlicher Prozession zu Bett gebracht. Vor der Krippe ist eine Art Rednertribüne aufgebaut, die in rascher Folge von Kindern bestiegen wird, die dem goldenen Jesuskind ihre Wünsche mitteilen.

Lauter kleine dunkelgelockte Römer mit ausdrucksvollen Gesichtern. Sie reden frei und natürlich, begleitet vom Schwung ihres ererbten Gestenreichtums. Neben mir stand sprachlos und steif mein blonder Sohn. Ich glaube, wir hätten Gäule vorspannen müssen, um ihn auf diese Rednertribüne zu ziehen, und wenn uns das gelungen wäre, hätte er vor Verlegenheit keinen Piepser herausgebracht.

An sich sollte man so einen kleinen Preußen für ein Jahr in den Süden schicken, damit er seine Hemmungen verliert.

28. 12. 32

Meine Mami,

stell Dir vor, Hannes' Kollegen sind hingerissen von Björns frühreifem Verstand für Kunstgeschichte. Sie sehen in ihm einen begabten Nachfolger, den großzügig zu fördern sich lohnt, weil er noch viel zu jung ist, um ihnen ihre Posten streitig zu machen.

Hannes in seinem Vaterstolz nimmt Björn überallhin mit. Auch in Museen. Da stehen denn unsere Kunsthistoriker über eine Stunde vor einem einzigen Bild, haken sich an einem Detail fest, verlieren vor lauter Einzelheiten den Gesamtüberblick, sind ganz sicher, daß der Junge gebannt ihren Diskussionen folgt, und überlegen nicht, was sie von ihm verlangen: Ein noch nicht zehnjähriges Kind muß vor einem einzigen Madonnengemälde eine Stunde lang stillstehen und den hochgestochenen Expertendiskussionen zuhören, ohne etwas zu verstehen.

Björn langweilte sich unbeschreiblich, bis er im gemalten Wiesengrund um jene Madonna aus dem sechzehnten Jahrhundert einen kleinen Salamander entdeckte.

»Guck mal, Papi«, freute er sich, »so einen haben wir auch im Garten.«

Hannes machte »pscht«, und der Redner schaute mißbilligend, weil er durch diese Unterbrechung seinen Endlosfaden verloren hatte. Und keiner würdigte Björns Entdeckung auch nur eines Blickes.

Als die Herren Doctores ihn am nächsten Tag in Tivoli aufforderten, mit ihnen die Fresken in S. Silvestro zu betrachten, kniff Björn und trödelte lieber mit mir durch die in Sonne getauchte Stadt.

Von Tivoli fuhren wir durch die wunderbare Landschaft nach Subiaco. Es war Sonnabend und somit Markttag. Unzählige schwarze Schweine quiekten. Die Landbewohner in ihren alten, pittoresken Trachten kamen auf Eseln in die Stadt geritten. Ihre Füße berührten fast die Erde.

Zu Goethes Zeiten mögen sie nicht anders ausgesehen haben.

Apropos Goethe. Heute waren wir auf dem protestantischen Friedhof nahe der großen Cestiuspyramide. Ursprünglich war er ein Stück Land, das Papst Pius VII. dem preußischen Gesandten Wilhelm von Humboldt schenkte, damit er dort seine beiden in Rom gestorbenen Söhne begraben konnte. Das war Anfang des 19. Jahrhunderts. Von da ab wurden alle Nichtkatholiken, also die »Ketzer«, bei Nacht hier beigesetzt. Und nicht einmal ein Kreuz durfte man auf ihren Gräbern errichten.

Zu ihnen gehörte Goethes Sohn August. Auf seinem Grabstein steht

>>Goethe filius

patri antevertens

obilit<<

– >>Goethes Sohn starb, dem Vater vorangehend.<< Den Text soll der große Meister im Jahre 1830 selbst formuliert haben. Nicht einmal den Vornamen seines August hielt er für erwähnenswert. Aber sich selbst bringt er gleich zwei Mal in der Grabinschrift zur Geltung!

Deine Jenny

2. 1. 33

Silvester feierten wir in der Hertziana. Noch einen Januar lang dürfen wir in Rom bleiben.

Bei einem deutschen Priester vom Campo Santo Teutonico hat Björn täglich Lateinunterricht; ebenso unermüdlich wie unersättlich durchstreift er mit mir die Stadt und die Historie. Aber ohne Museen – davon hat er genug.

6. 1. 33

Heute, am Dreikönigstag, waren wir auf der Piazza Navona. Dieser Platz ist gewissermaßen der Festsaal der Römer, im Augenblick ihr großer Weihnachtsmarkt.

Was Björn hier am stärksten beeindruckt hat, war eine Episode am Rande: Ein Junge von ca. acht Jahren bettelte mich an. Ich sagte >>No, niente.<< Aber mit großer, tragischer, echt römischer Geste wies er auf seine zerrissenen Stiefel und zerlumpten Kleider, dicke Tränen liefen über sein hübsches Gesicht. Was sollte ich machen, ich schenkte ihm einen Soldo. Im Nu hopste er fröhlich und aller sozialen Nöte ledig auf eine Bude zu, räumte aus seinen Hosentaschen eine ganze Anzahl weiterer Soldi und erstand dafür eine Wasserpistole. Als ich ihm gegenübertrat, steckte er die Pistole schnell in den Mund und sah mich kühl an, als ob wir uns nie begegnet wären.

Irgendwie imponierte mir sein überzeugendes Rührstück und seine Rotzfrechheit. Ich mußte lachen, das wiederum empörte meinen Sohn.

»Der legt dich rein, und du findest das auch noch komisch. Stell dir vor, ich hätte so was gemacht! Du hättest mich glatt vermöbelt.«

»Nö, warum? Du kämst ja erst gar nicht auf die Idee, so was zu machen.«

Wenn er das Wort korrupt schon gekannt hätte, dann hätte er mich nach dieser Bemerkung bestimmt dafür gehalten.

Unser Sohn lebt in einer behüteten Welt. Anstand, Treue, Ehrlichkeit, Korrektheit, Pünktlichkeit, dazu erziehen wir ihn.

Wie aber würde er es mit all diesen lobenswerten Eigenschaften auf die Schnelle zu einer Wasserpistole bringen?

Ecco!

28. 1. 33

Allerbeste Mami,

die Koffer sind halb gepackt, eine Abschiedsparty nach der anderen läßt uns kaum Zeit zum Nachdenken. Heute vormittag bin ich mit Björn zur Villa Sciarra gewandert, einem Barockschlößchen aus dem 18. Jahrhundert. Alle Bäume und Büsche sind in der Form von Vögeln zurechtgeschnitten, und zwischen ihnen stolzieren lebendige weiße Pfauen. Sie leben zwischen noch blühenden Rosen und schon duftenden Mimosenbäumen, zwischen Kameliensträuchern und herrlichen Barockstatuen.

Von hier oben hatten wir noch einmal einen grandiosen Blick über Rom im blassen Licht der Wintersonne. Selbst Björn wurde angesteckt von meiner Abschiedsmelancholie. Am liebsten würden wir für immer hierbleiben.

Eines Tages werden wir ganz nach Rom übersiedeln, versprach mir Hannes, als wir an diesem Abend, von einem Empfang kommend, vor der Fontana di Trevi standen. »Hier wollen wir alt werden!«

Dies ist mein letzter Brief aus Rom. Wenn es überhaupt einen Grund gibt, mich auf die Heimkehr zu freuen, so ist es der Gedanke, Dir, meine Liebste, und unserem Opa wieder nahe zu sein.

Deine Jenny

»Sara«

Am 30. Januar 1933 ernannte Reichspräsident Hindenburg Adolf Hitler, den Führer der Nationalsozialisten, zum Reichskanzler und beauftragte ihn mit der Regierungsbildung.

*

Ab 1935 existieren keine Briefe und Tagebuchaufzeichnungen mehr. Möglich, daß Jenny aus Furcht vor einer Hausdurchsuchung durch die Geheime Staatspolizei alles Geschriebene vernichtet hat, vielleicht ist alles auch bei einem der Bombenangriffe auf Berlin mitsamt der Wohnung verbrannt.

Aber die Kopie eines Briefes an Inger Hofer, den sie ihr zum Dank für ein Care-Paket nach dem Krieg geschrieben hat, ist erhalten geblieben:

9. August 1945

Liebste Inger, laß Dich herzlich umarmen für Deine Briefe und all die Köstlichkeiten.

Wir sind sofort drüber hergefallen. Meine Großmutter pflegte von Leuten wie uns zu sagen: »Denen kann man das Vaterunser durch die Rippen pusten.« In den letzten Jahren haben Hannes und ich zusammen 25 Kilo abgenommen, das ist ein halber Zentner. Aber wir fühlen uns wunderbar. So leicht (und nicht wegen der Gewichtsabnahme) und frei! Befreit von der ständigen Angst, verhaftet zu werden.

Ich kann wieder öffentliche Verkehrsmittel benutzen, in Theater, Kinos, Restaurants gehen, kann überall ohne Todesangst meinen Paß vorzeigen. Auf einmal kennt man uns wieder und lädt uns ein und wünscht sich von uns eine Bescheinigung, daß man niemals Nazi gewesen ist. Hannes darf wieder in seinem Beruf arbeiten und mein Sohn Björn ab nächstem Jahr Medizin studieren. Bis dahin arbeitet er in einem Krankenhaus.

Du möchtest also genau wissen, wie es uns in den Jahren, in denen wir uns nicht mehr schreiben konnten, ergangen ist. Ich fange lieber früher an, mit einer Zeit, als wir uns zwar noch schreiben konnten, ich aber wegen der Zensur nicht mehr schreiben durfte, wie es uns in Wahrheit erging. O Gott, das wird ein sehr langer Brief, und er wird alles noch einmal aufwühlen. Aber vielleicht ist das gut so. Es geht nicht, daß man das, was weh tut, verdrängt, um seinen Seelenfrieden zu retten.

Ich beginne also mit dem Jahr 1935, in dem Ende September die sogenannten Nürnberger Gesetze verkündet wurden. Sie dienten »zum Schutze des deutschen Blutes und der deutschen Ehre«. Das hieß, Juden durften keine Arier mehr heiraten oder eine Beziehung mit ihnen unterhalten, und entsprach damit dem Gesetz Moses, das ebenfalls jedem Juden die Ehe mit einem Andersgläubigen verbietet.

Damals wurde auch bestimmt, wer Jude ist und wer »Mischling« ersten oder zweiten Grades. Wer drei jüdische Großeltern hatte, galt als Jude, dazu gehörte ich. Meine Mutter hatte einen jüdischen Vater und war beim Inkrafttreten der Nürnberger Gesetze mit einem Juden verheiratet, damit galt sie auch als »Volljüdin«.

Mein bis in Raubritterzeiten zurück arischer Hannes wurde von der Partei aufgefordert, sich von mir scheiden zu lassen. Als er sich strikt weigerte, seine rassenschänderische Ehe aufzugeben, verlor er seine Stellung im Kaiser-Friedrich-Museum. Als Kunsthistoriker von gutem Ruf wurde ihm noch ein halbjähriges Stipendium in Rom zugestanden. Danach war er nur noch ein Mensch zweiter Klasse, ein noch junger Mann ohne Anstellung, Verdienst und Arbeitslosenunterstützung. Ein Außenseiter wie wir. Ich fühlte mich schuldig, weil er meinetwegen seine Karriere und gesellschaftliche Zukunft geopfert hatte, und beschwor ihn so lange, sich von mir zu trennen, bis er eines Tages wütend wurde. Ob ich im Ernst glaube, er würde mich und Björn, seine liebsten Menschen, seine Familie, verlassen? Was wäre denn sein Leben ohne uns!? Niemals erwähnte er, was aus mir geworden wäre, wenn er einer Scheidung zugestimmt hätte: Ich nehme an, ich wäre eines Tages in Auschwitz gelandet.

Hannes, ein Ästhet, ein Versponnener, ein Sensibelchen, der seinen Erkältungen unendlich viel Fürsorge zukommen ließ – wer hätte ihm jemals soviel Tapferkeit, Charakterfestigkeit und Mut zugetraut, wie er im Ernstfall bewiesen hat. Er gehört zu den stillen Helden.

Anbei ein Foto von meinem Sohn. Im Biologieunterricht, wenn es um Rassenkunde ging, wurde er von seinem Lehrer als nordisch-germanischer Idealtyp vorgeführt. Die Klasse, die es besser wußte, feixte, verriet ihn aber nicht.

Da er ein »Mischling« war, durfte er die Oberschule mit dem Abitur beenden. Für das Medizinstudium versagte ihm die Partei aber die Zulassung mit der Begründung, aufgrund seiner jüdischen Abstammung sei er auf deutschen Universitäten unerwünscht. Für die Uni war er zu jüdisch, fürs Militär jedoch war er arisch genug, um später in Rußland für Großdeutschland zu kämpfen. (Er war übrigens genauso ungern Soldat wie schon sein Vater im Ersten Weltkrieg.)

Mein Stiefvater starb im November 36, zwei Wochen bevor die Gestapo kam, um ihn abzuholen. Wir versuchten meine Mutter zu überreden, ins Ausland zu gehen. Sie weigerte sich strikt. Ein Leben in der Emigration erschien ihr unerträglich. Lieber nahm sie Schikanen, Entbehrungen und mögliche Verfolgung auf sich als Einsamkeit in der Fremde. Sicherheitshalber überschrieb sie Hannes und Björn ihre Häuser, damit sie nicht als jüdischer Besitz enteignet werden konnten.

Wir hatten früher einen großen Bekanntenkreis gehabt. Auf einmal aber wurden wir nicht mehr eingeladen. Immer mehr »Freunde« vollführten Kunststücke der Entschuldigung, um uns auf der Straße nicht die Hand geben zu müssen. Mein Vetter Hans Kimmelstiehl, der selbst ein »Vierteljude« war, kündigte uns die Verwandtschaft auf und bemühte sich, waghalsige Heldentaten für die Nazis auszuführen, um dadurch zum »Ehrenarier« ernannt zu werden. Bei irgendeinem riskanten Unternehmen kam er um; schon möglich, daß die Partei ihn erledigt hat, um nicht mehr mit seiner knechtischen Unterwürfigkeit konfrontiert zu werden.

Das Attentat auf den deutschen Legationssekretär Ernst vom Rath im Jahre 1938 in Paris, ausgeführt durch den siebzehnjährigen Herschel Grünspan, nahmen die Nazis zum Anlaß für ihren bisher größten Judenpogrom, die sogenannte »Reichskristallnacht« vom 9. November. Warenhäuser und Synagogen brannten. Juden wurden verhöhnt, mißhandelt und ermordet. Zehntausende kamen in Konzentrationslager. Da die zerstörten Geschäfte zum Teil Ariern gehörten, die sie an Juden vermietet hatten, mußten noch in Deutschland verbliebene Juden die gewaltige Summe von einer Milliarde Reichsmark für die Reparatur der Schäden aufbringen. Meine Mutter verlor dadurch ihr Bankvermögen und alle Wertgegenstände.

Hitler wünschte sich ein judenfreies Deutschland und bald darauf auch eine judenfreie Ostmark, wie Österreich hieß, seitdem es unter dem Jubel seiner Bevölkerung ins Deutsche Reich eingegliedert worden war.

1938 durften wir Deutschland noch einmal verlassen. Hannes war zu einem Kongreß der Kunsthistoriker nach London eingeladen worden. Was für ein herzerwärmender Empfang. Was für ein Wiedersehen mit längst emigrierten Kollegen von Hannes, mit Schriftstellern und Musikern, die wir aus Berlin und Rom kannten. »Bleibt doch hier«, beschworen sie uns, »eine bessere Gelegenheit zur Emigration kriegt ihr nie wieder.«

In England boten sich Hannes berufliche Chancen, außerdem wurde er vom Courtland Institute für mehrere Vorlesungen nach Amerika eingeladen, wo sich wiederum neue Möglichkeiten für ihn ergeben würden.

Ich werde nie die Nacht vergessen, in der wir beide in unserem Londoner Hotelzimmer aufrecht in den Betten saßen, Kette rauchten und hin und her überlegten, ob wir sollten oder nicht. Hannes war dafür, lebte auf bei der Vorstellung, in England und den Staaten endlich wieder arbeiten zu dürfen; dazu der beglückende Gedanke, Björn könnte im Ausland studieren.

Gegen fünf Uhr früh lüfteten wir das verräucherte Zimmer, fest entschlossen auszuwandern. Ich sollte gleich hierbleiben, während Hannes unsere Wohnung auflösen und das Wichtigste nach England schicken würde. Björn sollte in Norwegen die Verwandten seines Vaters besuchen und uns von dort aus nach London folgen.

Unser wunderbarer Plan scheiterte jedoch an der Weigerung meiner Mutter mitzukommen: Sie habe uns zwar ihre Häuser überschrieben, aber wenn wir Deutschland verließen, enteigneten uns die Nazis, und der ganze Besitz, für den sie sich jahrzehntelang aufgeopfert habe, wäre verloren. Sie hing an diesen Häusern mit einer unerschütterlichen Haßliebe, und sie hätte immer wieder eine Entschuldigung gefunden, um nicht auswandern zu müssen.

Uns war ein Leben in Freiheit wichtiger als Besitz. Dennoch konnte ich Deutschland nicht verlassen, das lag an dieser »Nabelschnur, stark wie die Ankerkette eines Hochseedampfers« (wie Björn sich einst ausgedrückt hatte), die mich an meine Mutter band.

Und so kam alles, wie es kommen mußte.

1939 erhielten wir Nichtarier neue Pässe. Von nun an hieß ich Jenny Sara Herburg, und meine Mutter hieß Paula Sara Simon. Durch ein großes »J« im Ausweis wurden wir sichtbar als Juden gebrandmarkt.

Im selben Jahr marschierten deutsche Truppen in Prag ein, besetzten das Memelland, eroberten Polen. Bisher hatte Europa tatenlos zugeschaut. Aber das war nun zuviel. England und Frankreich traten in den Krieg ein.

1940 marschierten deutsche Truppen in Norwegen ein, und Frankreich wurde besetzt. 1941 folgte schließlich der Überfall auf Rußland »zur Beschaffung neuen Lebensraums«, wie es offiziell hieß.

Selbst ehemalige Antifaschisten gerieten in den Sog des permanenten Siegens. Unkenrufe, die an Napoleons Fiasko im riesigen russischen Reich erinnerten, an den Rückzug der trostlosen Reste seiner einst stolzen Armeen, wurden ignoriert. Das konnte Großdeutschland heute nicht mehr passieren!

Aber zurück zu uns. Meine Mutter in Hamburg mußte auf jede Hilfe im Haus verzichten, seitdem man ihre alte Trude angezeigt hatte, weil sie trotz Verbots noch immer bei der Jüdin Simon putzen ging.

Mami in Hamburg, wir in Berlin. Wenn sie erkrankte, kam ein jüdischer Arzt zu ihr ins Haus. Wer aber sollte sie pflegen und für sie einkaufen?

Seit ich einen Paß mit dem Stempel »J« hatte, durfte ich kein öffentliches Verkehrsmittel mehr benutzen und nur noch in Hannes' Begleitung reisen. Er zeigte seinen Paß vor und sagte: »Meine Frau hat ihren vergessen.« Ich wundere mich noch heute, wieso keiner der Kontrolleure je mein Herz hat schlagen hören.

Theater, Konzerte, Kinos, Museen etc. durften wir seit Jahren nicht mehr besuchen. Man hatte uns auch das Radio fortgenommen. Umgang pflegten wir hauptsächlich mit Menschen, die sich in derselben prekären Lage befanden wie wir.

Erinnerst Du Dich noch an Lilli Schönberg, unsere Trauzeugin? Sie wechselte oft ihre Liebhaber, aber niemals die Freunde, die sie einmal in ihr Herz geschlossen hatte. Lilli wurde in Hungerzeiten zu unserem Schutzengel. Jede Woche tauchte sie einmal mit voller Tasche bei uns auf, in der sich all das befand, was sie auf Galadiners vom Buffet gestohlen hatte. Sie sagte, ihr Amigo sei ein italienischer Diplomat. Ich glaube manchmal, ihr tat unsere Freude gut, wenn sie ihre mitgebrachten Schätze auf unseren Küchentisch häufte. Und ausgerechnet in unserer Freundschaft muß sie die menschliche Geborgenheit gefunden haben, die sie in ihrem sonstigen Leben vermißte. Sie war eine ein wenig exzentrische, amüsante Partygängerin und gleichzeitig ein anhängliches, liebebedürftiges, herrenloses Hündchen.

Im Herbst 41 mußten alle nicht emigrierten oder ins KZ abtransportierten Juden einen auf der linken Brustseite ihres Kleidungsstückes fest angenähten gelben Stern tragen. Alle ab sechs Jahren! Mir zog sich das Herz zusammen, wenn ich so einen kleinen Kerl verängstigt über die Straße huschen sah, der sich bemühte, seinen Stern hinter einem Buch oder einer Tasche zu verbergen.

Für meine Mutter war der Einkauf ihrer karg bemessenen Lebensmittel zu bestimmten Tageszeiten in einem bestimmten, für Juden zugelassenen Geschäft ein Spießrutenlauf. Sie mußte immer warten, bis alle Arier vor ihr abgefertigt worden waren. Einmal, auf dem Heimweg, flogen ihr Steine hinterher.

Im Juni 1942 erhielt Mami ein Einschreiben von der Gestapo. Es betraf ihre Deportation nach Theresienstadt, die offiziell als »Wohnsitzverlegung« bezeichnet wurde. Sie mußte einen »Heimeinkaufsvertrag« unterzeichnen und für Wohnung, Verpflegung und ärztliche Betreuung ihr offiziell noch verbliebenes Vermögen abliefern.

Bei dem ersten Hamburger Transport nach Theresienstadt handelte es sich vor allem um Juden über fünfundsechzig, denen man ein gepflegtes Altersghetto versprach. Zuvor mußte Mami aus ihrem Haus, in dem sie 40 Jahre gelebt hatte, in ein sogenanntes Judenhaus in der Wohlersallee umziehen. Dort erhielt sie ein Kämmerchen, das wir mit ein paar ihrer Möbel so wohnlich wie möglich einzurichten versuchten. Sie teilte sich die Wohnung mit mehreren jüdischen Artistinnen vom Zirkus, lauter lieben Menschen, die meine Mutter von trüben Gedanken abzulenken versuchten. Wenn sie dort hätte bleiben können, wie glücklich wären wir gewesen.

Fast jeden Tag schaute ein Herr Weinberg bei ihr vorbei und brachte ein kleines Präsent. Parfum, einen Gedichtband, eine halbe Tafel Schokolade. Robert Bergenser, mein Vater, und Siegfried Weinberg waren einst enge Freunde gewesen.

Daß Weinberg bisher vom Abtransport verschont geblieben war, hatte er seinem Eisernen Kreuz I. Klasse, das ihm im Ersten Weltkrieg verliehen worden war, und seiner österreichischen Tapferkeitsmedaille in Gold zu verdanken. Er mußte auch keinen Stern tragen und zögerte die Flucht in die Schweiz zu seinem Sohn von Tag zu Tag hinaus. Ich werde nie unsere nachdenklichen Gespräche zu dritt in Mamis Zimmerchen vergessen, mit der grauen Dämmerung vor dem Fenster zum Hinterhof. Die ruhigen Stimmen der beiden alten Leute, als ob sie die Gegenwart nicht mehr erschüttern könnte. Sie lebten in der Vergangenheit. Im Nebenzimmer hörte man die Artistinnen. Manchmal lachten sie, manchmal schluchzten sie herzzerreißend, und manchmal sangen sie schwermütige Lieder.

Ich habe in diesem schäbigen Haus nie ein unfreundliches Wort gehört. Einer nahm Rücksicht auf den anderen und bemühte sich, ihn in seiner Hilfsbereitschaft noch zu übertreffen. Die Zeit des Auflehnens gegen das bevorstehende ungewisse Schicksal schien vorüber.

Hannes hielt sich zwischendurch wieder in Berlin auf. Einmal, als ich ihn abends anrief, war Björn am Telefon. Björn, mein Junge, war zu Hause, und ich saß in Hamburg fest. Mit dem großen »J« in meinem Ausweis hatte ich keine Chance, allein nach Berlin zu fahren, um ihn noch einmal zu sehen. Seine militärische Ausbildung als Infanterist war beendet. Am nächsten Tag sollte er nach Kiew verlegt werden und von dort an die Front.

Während des Telefonierens mußten wir ständig damit rechnen, abgehört zu werden, darum sagte er nur: »Hannes hat mir alles erzählt. Bitte umarme Großmama von mir. Ich freu mich auf den Tag, an dem wir alle vier wieder zusammensein werden.«

Es war für mich einfach zuviel auf einmal: Mami wartete auf ihre Deportation, und mein einziger Sohn kam an die Ostfront.

Per Postkarte wurde meiner Mutter wenig später mitgeteilt, daß sie sich am 19. Juli 1942 in der Volksschule Schanzenstraße einzufinden hätte. Es war soweit.

Hannes kam aus Berlin. Mami war heimlich zu einer öffentlichen Telefonzelle gelaufen (für Juden verboten), um ihm mitzuteilen, daß sie eine »kleine Reise« antreten müsse. Er hatte noch am selben Morgen versucht, alte Freunde, die inzwischen hohe politische Positionen einnahmen, um Hilfe für seine Schwiegermutter zu bitten – jedoch umsonst. Das hatten wir uns von vornherein gedacht, aber man mußte doch alles menschenmögliche unternehmen!!

Ich half meiner Mutter beim Packen: Bibel, Kleidung, Wäsche, Bettzeug, Handtücher, ein paar Kosmetika und ein kleines Fotoalbum, damit sie uns immer bei sich hatte. Das war alles. 50 Kilo durfte sie mitnehmen. Unsere Gefühle hatten wir fest angeleint, damit sie uns nicht verzweifeln ließen. Meine Mutter wollte es so.

Dennoch drehte ich ab und zu durch und heulte, sie selbst aber verlor nicht einmal die Fassung. Ich wünschte, ich hätte ihre Kraft und auch etwas von ihrer Härte geerbt. Nur so konnte sie wohl auch mit ihrer ausweglosen Lage fertig werden.

Am Abschiedstag fuhren wir in die Wohlersallee. Mamis Gepäck stand bereits vor dem Haus, zusammen mit dem der Artistinnen und dem anderer Abreisender. Bei seinem Anblick beschlichen mich Zweifel, ob sie ihren kleinen Besitz auch wirklich in Theresienstadt erhalten würde.

Sie empfing uns in ihrem Zimmer – schmal, in einem grauen Taylor-made und weißer Seidenbluse, den Hut in der Hand, um ihre frisch eingedrehte Frisur nicht zu zerdrücken.

Sie sah aus wie eine gepflegte ältere Dame, die nach Marienbad zur Kur fährt. Wir standen in dem kleinen Raum, in dem sie sechs Wochen lang auf diesen Tag gewartet hatte, und sahen uns um. »Hast du alles? Paß? Geld? Hast du es auch gut versteckt?« Wir saßen da und warteten. Jede Stunde war ein Abschied mehr.

Mami betrachtete einen Augenblick lang das Biedermeierbett aus Mahagoni, in dem schon meine Ururgroßmutter geschlafen hatte, meine Großmutter gestorben war und meine Mutter geboren wurde. Ihre wenigen Möbel sollten versteigert werden. Ich versprach ihr, jeden Preis zu bieten, um ihr das Bett zu erhalten.

Dann wurde es Zeit, wir mußten gehen. Hannes verschloß die Zimmertür und lieferte den Schlüssel bei der Polizei ab. Ich ging mit meiner Mutter zur Haltestelle, ihr Lebensmittelpaket für die Reise tragend. Weil es ihr letzter Weg in Hamburg war, erlaubte die Reichsregierung den Juden, mit der Straßenbahn zu fahren, selbstverständlich aber nur auf der Plattform.

Während Mami auf die Straße schaute, sagte sie beiläufig: »Ida Wolf hat mir eine Nachricht zukommen lassen. Sie muß auch nach Theresienstadt, und weißt du was? Ihre Tochter fährt mit, obgleich sie nur Mischling ersten Grades ist. Die beiden können nicht ohneeinander leben.«

Hatte Mami etwa erwartet, daß auch ich ...? Nein, bestimmt nicht. Und dennoch werde ich mir ein Leben lang Vorwürfe machen, daß ich sie allein habe fahren lassen!

Hannes erwartete uns schon vor der Schule, dem befohlenen Sammelplatz. Er überreichte Mami eine Teerose und ein kleines Päckchen von Herrn Weinberg und sagte: »Gerade eben ist er fort, er wollte unseren Abschied nicht stören.« (Wir haben nie wieder von ihm gehört.)

Dieses Herumstehen auf dem Platz vor der Schule; unsere hilflosen Gespräche; nur nicht daran denken, daß wir uns vielleicht nie wiedersehen werden.

Und dann war es soweit. Wir verabschiedeten uns, Mami steckte mir einen Brief in die Jackentasche. Danach ging sie rasch durch die Tür ins Innere der Schule, ohne sich noch einmal umzusehen.

In ihrem Brief schrieb sie:

19. 7. 42

Mein über alles geliebtes Kind, meine Jenny, sei nicht traurig. Ich komme wieder, sobald der Krieg zu Ende ist. Wir müssen nur beide ganz fest daran glauben. Und bis dahin werden wir in Gedanken jeden Tag zusammen sein. Wie sagte doch einmal Dein erster Mann: Die Nabelschnur zwischen dieser Mutter und ihrer Tochter ist so stark und unzerreißbar wie die Ankerkette eines Hochseedampfers. Damals ärgerte mich der Ausspruch, weil er sarkastisch gemeint war. Heute glaube ich, er hat damit recht gehabt. Wir werden für immer untrennbar verbunden sein. Grüß mir den lieben Jungen und Hannes. Gott schütze Euch, meine lieben drei.

Mami

In den folgenden Nächten wachte ich von meinem eigenen Schreien auf. Hannes hatte es schwer, mich zu beruhigen, und vor allem – wegen der Nachbarn – zum Schweigen zu bringen. Jede Nacht träumte ich, wir stünden vor der Volksschule in der Schanzenstraße und sagten uns Lebewohl. Ich versuche, meine Mutter zu umarmen, aber meine Arme greifen ins Leere ... und dann ... schon weit entfernt, sehe ich sie durch das Schultor gehen, ohne sich noch einmal umzusehen ... Soweit der Traum, und hinterher eine schlaflose Nacht, in der ich darüber nachgrübelte, warum sie sich wirklich nicht mehr umgeschaut hat. Sie wußte doch, daß ich da heulend stand und auf ein letztes Winken wartete. War sie von mir enttäuscht, weil ich sie allein fahren ließ? War es die Verbitterung über ihr Schicksal? Oder hatte sie nicht mehr die Kraft aufgebracht, sich noch einmal nach uns umzusehen?

Ich überraschte Hannes eines Tages mit der Mitteilung, daß ich zur Gestapo, oder wer immer dafür zuständig war, gehen wollte, um mir eine Besuchserlaubnis für Theresienstadt zu besorgen. Er hielt mich für wahnsinnig. »Ja, glaubst du denn im Ernst, die lassen dich da je wieder raus?«

»Glaubst du etwa auch, Mami kommt nie mehr zurück?« fragte ich in höchster Sorge.

Er wußte es nicht. Wir kannten niemanden, der mit

solchen Transporten zu tun hatte. Wir kannten allerdings auch niemanden, der bisher zurückgekommen war.

Das enge Zusammenleben mit meinem arbeitslosen Kunsthistoriker führte manchmal zu Krisen. Ein Beispiel: Ich hörte nichts von meiner Mutter, auch von Björn war seit vierzehn Tagen keine Nachricht gekommen, dazu der tägliche Ärger: Ich hatte den Kopf voll realistischer Sorgen – und Hannes hörte mir nicht einmal zu, weil er plötzlich auf einer seiner Medaillen »Alfonso den Verschraubten« millimetergroß im Schlachtengetümmel entdeckt zu haben glaubte. Da platzte mir der Kragen. Hinterher tat es mir so leid, daß ich ihn vor Wut einen weltfremden Spinner nannte. Dabei hatte er sich ja nur mit seinem Beruf beschäftigt, den er meinetwegen nicht mehr ausüben durfte.

Fünf Monate wartete ich verzweifelt auf eine Nachricht von meiner Mutter. Zu Weihnachten endlich kam die erste Karte. Sie schrieb, es gefiele ihr in Theresienstadt, ihre Gedanken seien ständig bei uns. Jeden Monat dürfe ich ihr ein Päckchen von einem Kilo Gewicht schicken. Das war bei Gott wenig, dennoch viel für uns, die wir wesentlich weniger Lebensmittelmarken erhielten als die arische Bevölkerung und keine Beziehungen hatten.

Zudem erholte sich Hannes nur schwer von einer lebensgefährlichen Lungenentzündung, an der er erkrankt war, und brauchte dringend Kalorien. Björn lag verwundet in einem Lazarett, bei seiner Länge von fast zwei Metern wog er nicht mal mehr fünfzig Kilo! Ich wußte in dieser Situation wirklich nicht, wem von den dreien ich meine Zuteilungen zuerst geben sollte. Und vor allem wußte ich damals nicht, wie sehr meine Mutter in Theresienstadt gehungert hat ...

Dann die Schlacht um Stalingrad. Als die 6. Armee Ende Januar 1943 gegen Hitlers Befehl kapitulierte, waren von 250 000 Soldaten nur noch 90 000 am Leben, die sich zu Fuß nach Moskau und in die jahrelange Gefangenschaft schleppten. O Napoleon! Kurz zuvor waren die Alliierten in Afrika gelandet. Das bedeutete die Wende in diesem Krieg, den Anfang vom Ende für Hitlers Großdeutschland.

Bis auf die Untergetauchten war Deutschland durch Emigration, Deportationen und Selbstmorde inzwischen »judenfrei«. Nun begann man sich stärker für die durch einen arischen Partner geschützten »Schädlinge« zu interessieren. Durch die zunehmenden Luftangriffe wurden immer mehr Menschen obdachlos. Man benötigte dringend Wohnungen und Mobiliar für die Ausgebombten.

Selbstverständlich durfte ich nicht in unseren Luftschutzkeller. Wenn es uns nicht gelang, rechtzeitig zu einem weiter entfernten öffentlichen Bunker zu laufen, hockten wir in unserer Wohnung im zweiten Stock, umgeben von Wassereimern, Feuerpatschen, Äxten. Alle Fenster standen offen, damit sie nicht durch den Luftdruck der Minen zerbarsten. Zuerst kroch die Kälte herein, dann hörte man das dumpfe Dröhnen der schwerbeladenen Bomber, das Heulen der Luftminen, das Krachen, das Splittern der Einschläge, das Feuerprasseln. Manchmal hockten wir in diesem Inferno eng umschlungen auf den Küchenfliesen und sprachen ein letztes Gebet wie zum Tode Verurteilte ... Hannes ließ mich keinen gefährlichen Augenblick allein. O mein Gott, ohne mich wäre er längst Museumsdirektor gewesen!

Am Morgen nach so einem Angriff fuhren Gestapo-Leute durch Straßen mit schweren nächtlichen Bombenschäden auf der Suche nach den »Lemmingen«, den bisher versteckten, inzwischen schutzlos herumirrenden Juden. Meist hatten sie keinen Erfolg dank Menschen wie Lilli Schönberg und der Gymnastiklehrerin Gora, die einen Freund bei der Gestapo hatte, der sie rechtzeitig unterrichtete, wenn eine »Aktion« bevorstand. Gora hatte einen gut funktionierenden Nachrichtendienst eingerichtet, durch den innerhalb kurzer Zeit alle Untergetauchten rechtzeitig gewarnt werden konnten.

Seit 1944 haben wir nirgends länger als ein paar Tage bei hilfsbereiten Menschen übernachtet. Manche kannten wir gar nicht, nur ihre Adressen. Abends fuhr Hannes in unsere halb ausgebombte Wohnung, um den Briefkasten zu leeren. Wir hofften auf Nachrichten von Björn und fürchteten uns vor einem Schreiben der Gestapo an mich, in dem stand, daß ich mich an dem und dem Tag zu der und der Stunde an dem und dem Ort einzufinden hätte. Was das bedeutet hätte, war mir klar.

Wenn keine »Aktion« gegen Juden geplant war, wohnten wir, immer in Angst, wieder zu Hause zwischen unseren Trümmern.

Eines Tages stand plötzlich Walther Busch vor der Tür, Du kennst ihn, Inger, er war Björns engster Schulfreund. Immer wenn er in Berlin zu tun hatte, meldete er sich bei uns. Diesmal gab er uns die Adresse seiner Cousine Heike, sie hatte einen Gasthof in der Nähe von

Steinhagen. Er sagte, sie wüßte Bescheid, wir könnten ihr vertrauen.

Wir waren Walther für seine Unterstützung sehr dankbar, aber noch mochten wir uns von Berlin nicht trennen, denn Björn war mittlerweile in einem Lazarett in Potsdam, inzwischen nicht mehr als Patient, sondern als Sanitäter. Wenn er Urlaub hatte, trafen wir uns. Nach einem besonders schweren Bombenangriff auf Berlin kam er per Anhalter aus Sorge um uns von Potsdam nach Berlin und tauchte nachts überraschend bei uns auf.

Katastrophenzeiten verstärken die Liebe zueinander und das Zusammengehörigkeitsgefühl. Eine Umarmung signalisiert nicht nur Zuneigung, sondern ist auch ein Ausdruck des Sich-aneinander-Festhaltens und -Aufrichtens. Wir hatten uns noch!

Die Russen rückten in breiter Front Richtung Westen vor. Die Alliierten landeten in der Normandie, ihre Luftangriffe skelettierten die Städte. Unsere Wohnung war inzwischen stark zerstört, die Wand zum Schlafzimmer fehlte, unser Flügel hing angesengt zur Hälfte in der unteren Etage. Schutt, Scherben überall, dazu der Brandgeruch. Unsere Möbel verschwanden, in der Küche gab es keinen Kochtopf mehr – wer etwas brauchte, klaute es sich eben, die Wohnungstür war leicht zu öffnen. Uns interessierte vor allem der Briefkasten. Immer noch war kein Schreiben von der Gestapo gekommen, dafür erzählte uns unsere Nachbarin, daß schon mehrmals verdächtige Gestalten in Ledermänteln an unsere Tür gebummert hätten, weil die Klingel nicht mehr funktionierte.

Die Wohnungen der Freunde, bei denen wir übernachten durften, waren inzwischen ebenfalls zerstört oder auf einen einzigen bewohnbaren Raum zusammengeschrumpft. Sie nahmen uns auf, aber am nächsten Morgen spürten wir ihre Erleichterung, wenn wir wieder gingen.

Es wurde Zeit, daß wir Berlin verließen. Noch einmal trafen wir uns kurz mit Björn. Jeder Abschied war vielleicht ein Abschied für immer.

Dann fuhren wir nach Steinhagen zu Walther Buschs Cousine Heike. Mitten in der Nacht fanden wir ihr unbeleuchtetes Gasthaus am Waldrand, trauten uns kaum zu läuten, tippten nur so ein bißchen auf die Klingel. Nach einer Weile sahen wir durch die Türscheiben eine Taschenlampe die Treppe herunterleuchten. Schlüsselrasseln, und dann stand sie vor uns in einem geblümten Morgenrock, einen blondweißen Zopf über der Schulter, ein blankes, freundliches Gesicht. Ein Mensch.

Heike wußte sofort, wer wir waren. Walther hatte uns genau beschrieben. Sie bot uns ein Zimmer an, das einen Tag zuvor eine westpreußische Flüchtlingsfamilie geräumt hatte, die nach Braunschweig weitergereist war.

Eine blankgeputzte Küche mit laut tickender Uhr. Rührei auf selbstgebackenem Brot. An diesem Tisch sollt Ihr so manche Flasche getrunken haben, liebe Inger. Heike erinnerte sich noch an Dich und Björn, an Walthers damalige Freundin – ihr wart zu sechst und sehr lustig. »Nichts wie Blödsinn im Kopf«, sagte sie. Beim gemeinsamen Bettenüberziehen erfuhren wir, daß ihr Mann in Stalingrad gefallen war. Mit einem der letzten Flieger hatte er ihr einen Abschiedsbrief mit seinem

Ehering geschickt. Der Sohn war in amerikanischer Gefangenschaft, ihre Tochter betreute Kriegswaisen.

Wir wußten in der kommenden Zeit nicht, was in der Welt vor sich ging. Lebten total isoliert. Heikes Radio war kaputt. Zeitungen gab es nicht auf dem Land. Da mußten wir schon 10 Kilometer nach Steinhagen gehen, um welche am Bahnhof zu kaufen. Wir unternahmen aber lieber lange Spaziergänge im Wald, wobei uns Heikes Hund begleitete. Der Krieg war verloren, es konnte sich nur noch um Wochen handeln bis zur Kapitulation. So oft es ging, telefonierte ich mit meinem Sohn. Er war wegen der vielen Verwundeten im Kampf um Berlin Tag und Nacht im Einsatz. Die Russen hatten den Osten der Stadt bereits besetzt.

Ich sagte: »Junge, sieh zu, daß du einen Verwundetentransport nach Westen begleiten kannst. Du mußt da raus, bevor die Russen dich erschießen oder als Gefangenen verschleppen. Spiel um Himmels willen im letzten Moment nicht noch den Helden!«

Und während wir noch telefonierten, fuhr ein Mercedes auf den Hof. Ihm entstiegen vier Gestapo-Leute und forderten Logis.

Ich hörte vom Fenster aus, wie Heike sagte, daß sie ihre Flüchtlinge nicht ausquartieren könne, die seien hier offiziell eingewiesen worden. Doch das war den Ankömmlingen egal: Dann sollten sie eben zusammenrücken, bis vier Zimmer frei waren. Auch sie wußten, daß der Krieg verloren war, aber noch waren sie die Herren und lebensgefährlich für jemanden wie mich mit einem großen »J« im Paß. Ich verließ darum nicht mehr unser Zimmer.

Alkohol und Lebensmittel hatten sie ausreichend mitgebracht. Schon vormittags fingen sie an zu saufen. Anschließend torkelten sie in den Wald und schossen auf alles, was sich bewegte. Das einzige, was sie dabei trafen, war Heikes Hund. Er war sofort tot.

Na und? Das war eh ein Mischling. Seine Mutter habe Rassenschande getrieben. Über den Witz wollten sie sich halb totlachen. Heike, die für sie kochen mußte, bedauerte, daß es um diese Zeit keine Knollenblätterpilze im Wald gab, sonst hätte sie die Kerle schmackhaft vergiftet, denn der Hund war das einzige gewesen, das ihr von ihrem gefallenen Mann geblieben war.

Nachmittags schliefen sie ihren Rausch aus, und abends wurde weitergetrunken. Sie grölten durchs Haus und belästigten die Flüchtlingsfrauen. Sie klopften auch an unsere Tür, und weil wir nicht öffneten, hämmerten sie mit den Hacken dagegen.

Es gibt einen Moment nach Jahren der ständigen Unsicherheit und Gefahr, wo die Nerven das Klopfen an eine Tür nicht mehr ertragen. Ich beschwor Hannes: »Morgen, ganz früh, wenn die Männer noch schlafen, verlassen wir das Haus und fliehen weiter!«

Wir packten unsere Reisetaschen und gingen so gegen sechs auf Zehenspitzen die Treppe hinunter, um uns von Heike zu verabschieden und unsere Rechnung zu bezahlen. Als wir die Küche betraten, saßen um den Tisch Soldaten! Britische! Heike und ihre polnische Hilfe schenkten ihnen gerade Tee ein. Sie guckten kurz auf, als wir hereinkamen, sahen unwichtige Zivilisten – und drehten uns wieder den Rücken zu.

»Guten Morgen«, rief Heike uns entgegen. »Möchten Sie auch eine Tasse echten englischen Tee?«

Sie erzählte uns, daß die Gestapo-Männer noch in der Nacht verschwunden und die Engländer vor einer halben Stunde eingetroffen waren. Der Krieg war also zu Ende. Die Angst war zu Ende. Niemand interessierte sich mehr für das »J« in meinem Paß! Wir hatten überlebt!!

Ich sah mich nach Hannes um. Er, der nie geklagt und nie seine Angst gezeigt, der mir immer geholfen hatte, stark zu sein und durchzuhalten – jetzt, wo alles vorüber war, brach er in Tränen aus.

So, Inger, nun kennst Du die ganze Geschichte. Daß unsere Berliner Wohnung noch bei einem der letzten Bombenangriffe draufging, schrieb ich wohl schon, oder nicht? Hier in Hamburg, bei den mörderischen alliierten Luftangriffen im Juli 43, verloren wir drei unserer fünf Häuser. Aber was ist das schon, wenn man bedenkt, daß bei diesen infernalischen Feuerstürmen 40 000 Menschen ums Leben kamen.

Wie viele Millionen mögen wohl der Krieg und Hitlers Rassenwahn umgebracht haben? Ein einzelner Toter zählt da gar nicht mehr – außer für denjenigen, der ihn geliebt hat und um ihn trauert.

Meine Mutter ist aus Theresienstadt nicht zurückgekommen.

Liebe Grüße, auch an Deine Mädels

Deine Jenny

✳

Paula Sara Simon, verwitwete Bergenser, geborene Bär, war zusammen mit ca. 800 jüdischen Senioren am 19. Juli 1942 vom ehemaligen Hannöverschen Bahnhof in Hamburg aus nach Bauschowitz im »Protektorat Böhmen und Mähren« gebracht worden. Dort endete der Zug. Die zweieinhalb Kilometer nach Theresienstadt mußten sie mit ihrem Handgepäck zu Fuß zurücklegen.

Josef II. von Österreich, Sohn Maria Theresias, hatte den Ort Anfang des 18. Jahrhunderts als Militärstadt mit großen Festungsanlagen erbaut und zu Ehren seiner Mutter, der Kaiserin, Theresienstadt genannt. Bis zur deutschen Okkupation hieß der Ort Terezín, er lag am kleinen Fluß Eger, 60 Kilometer von Prag entfernt.

Früher lebten hier 7000 Menschen, Militärs und Zivilisten, in Kasernen und Privathäusern. Als Paula dort hinkam, waren es bereits 40 000. Die Enge war fürchterlich, 1,6 Quadratmeter Wohn- und Schlaffläche für jeden KZ-Insassen. Die Sanitäranlagen waren vorsintflutlich und natürlich nicht für zigtausend Menschen eingerichtet.

Die Ankömmlinge wurden in den Kasernen und ehemaligen Zivilhäusern, Blocks genannt, untergebracht. Paula mußte zusammen mit 79 anderen Frauen in einen Block ziehen. Ihre Ernährung bestand aus zum Teil verdorbenen Lebensmitteln und Wassersuppen. Jeden Tag starben bis zu 150 Insassen, die meisten an Darmentzündung und Unterernährung. Dank ihrer handarbeitlichen Fähigkeiten verdiente sich Paula durch Wäscheflicken und Strümpfestopfen zusätzliche Essensrationen,

aber die reichten nicht aus, um das ständige Hungerge-
fühl zu besänftigen. Auch die Päckchen nicht, die Jenny
schickte.

✳

Im ersten Rücktransport Überlebender aus Theresienstadt, der im Sommer 1945 in Hamburg eintraf, spürte
Jenny eine alte Dame auf, die zufällig im selben Block
wie ihre Mutter gelebt hatte und sich gut an sie erinnern
konnte. Sie beschrieb Paula Simon als eine stille, höfliche, zuweilen verbittert wirkende Frau, die wenig Kontakt zu ihren Leidensgenossinnen suchte. Aber sie fehlte
bei keiner kulturellen Veranstaltung. Es waren ja genügend jüdische Künstler aus Deutschland, Österreich und
der Tschechei nach Theresienstadt deportiert worden,
die Theaterstücke, Cabarets und musikalische Soiréen
organisierten.

Die Festung war zum damaligen Zeitpunkt schon
kein Altersghetto mehr, sondern diente als KZ und Zwi-
schenstation auf dem Weg in die Vernichtungslager. Es
kamen auch viele Familien mit ihren Kindern. Darunter
befand sich ein achtjähriges Mädchen, das Evi hieß und
aus Krems stammte. Es erinnerte Paula an ihre kleine
Jenny. Sie freundete sich mit ihm an, spielte mit ihm, erzählte ihm Märchen, sie sangen Lieder zusammen, und
vor allem erhielt Evi ihre Extrarationen fürs Nähen und
den Inhalt von Jennys Lebensmittelpäckchen. Paula erhielt dafür Umarmungen und Küsse. Allein schon die
Freude, wenn Evi ihr lachend, mit ausgebreiteten Armen entgegengelaufen kam, machte das Leben im

Ghetto erträglicher. Sie hatte jemanden zum Liebhaben, und Evi störte es nicht, daß sie von der netten alten Dame »Jenny« genannt wurde. Wenn Paula nach einem Treffen mit dem Kind in ihren Block zurückkehrte, zog sie sich nicht wie sonst still auf ihr Bett zurück, sondern berichtete lebhaft von ihrer über alles geliebten Tochter Jenny, von ihrer wunderschönen Stimme, von der verzweifelten Sehnsucht nach ihr ...

Im Winter 43/44 holte sie sich bei einer Innentemperatur um den Gefrierpunkt eine Bronchitis und mußte ein paar Tage im Bett bleiben. Als es ihr wieder besserging, machte sie sich auf die Suche nach Evi, um ihr ein paar Backpflaumen aus Jennys Päckchen zu bringen, aber sie war nicht mehr da. Niemand hatte gewagt, ihr zu sagen, daß inzwischen wieder eine Deportation in ein Vernichtungslager stattgefunden hatte.

Paula, die inzwischen zum Skelett abgemagert war, verlor nun auch ihren Durchhaltewillen. Sie legte sich ins Bett und gab sich auf. Ein evangelischer Pastor war bei ihr, als sie starb.

Jenny schrieb später an die Memorial-Gedenkstätte in Theresienstadt, das nun wieder tschechisch Terezín hieß, und erhielt folgenden Brief:

Sehr geehrte Frau Herburg,
    zu Ihrer Anfrage betreffend das Schicksal Ihrer Mutter Paula »Sara« Simon teile ich mit, daß sie im Ghetto Theresienstadt gestorben ist und am 16. 3. 44 eingeäschert

wurde. Die Opfer aus jener Zeit fanden ihr Grab in der Eger (Ohře), weil im November 1944 von den Nazis angeordnet wurde, den Inhalt von ca. 22 000 Urnenbeuteln in den Fluß auszuschütteln. Das ist leider alles, was ich Ihnen mitteilen kann.

Mit freundlichen Grüßen

V. S.

Die Eger fließt in die Elbe, und die Elbe fließt durch Hamburg, und somit, dachte sich Jenny im stillen, ist Mami doch noch zurückgekommen ...

Stazione Termini

Erst 1953 besuchte Jenny wieder Berlin. Sie kam allein, weil Hannes zu einem Treffen mit Kunsthistorikern nach Florenz gereist war. Björn holte sie vom Flughafen Tempelhof ab. Als sie den jungen Mann auf sich zukommen sah, mußte sie an den klapperdürren Studenten in zu kurzen Wehrmachtshosen denken, diesen Ritter von der hungrigen Gestalt, der sie ab und zu in den ersten Nachkriegsjahren in Hamburg besucht hatte. Weil zwischen Westberlin und Westdeutschland die sowjetisch besetzte Zone lag und Passierscheine nur schwer zu kriegen waren, reiste Björn damals schwarz über die Grenze, einmal im Löschwasser des Tenders einer Dampflok und beim nächsten Mal unter Zuckersäcken in einem amerikanischen Militärtransporter versteckt. Jedesmal hatte Jenny Qualen ausgestanden, wenn er seinen Besuch ankündigte, aus Sorge, russische Grenzer könnten ihn erwischen. Denn im Grunde war dieser Riese gar nicht zu verstecken; irgendein Teil von ihm ragte entweder oben drüber oder unten heraus.

Nach dem Ende der Hungerjahre hatten sich dann allmählich zusätzliche dreißig Kilo wohlproportioniert über seine Länge verteilt und einen höchst ansehnlichen jungen Mann aus ihm gemacht.

Auf dem Weg zum Parkplatz erzählte Jenny ausführlich von ihrem Flug und was es dabei zu essen und zu trinken gegeben hatte.

»Wo willst du zuerst hin?« fragte er sie, während sie in seinen altersschwachen Vorkriegsopel stiegen.

»Das kommt darauf an, wieviel Zeit du hast.«

»Ich habe bis Montag früh dienstfrei.«

Seit dem Staatsexamen arbeitete Björn in einem Westberliner Krankenhaus und bereitete sich auf seinen Facharzt vor. Er wollte Internist werden.

Weil das Wetter so gut war, beschloß Jenny, ins Grüne zu fahren. »Die Stadt gucken wir uns morgen an. Ach, Junge«, sie legte kurz die Hand auf seinen Arm, während er den Motor startete, »ist das schön, nach so vielen Jahren wieder mit dir in Berlin zu sein. Weißt du was? Fahr zum Grunewald. Wir gehen zum See.«

Es war ein Weg, den sie oft mit dem großen Björn gegangen war, später kam Pinschi dazu. Es war in ihrer glücklichsten Berliner Zeit gewesen.

Björn fragte sie nach den Hamburger Häusern. Jenny sagte, das erste von den drei wiederaufzubauenden sei bald bezugsfertig – und ansonsten wolle sie wenigstens an diesem Wochenende nicht an sie erinnert werden. »Die sind noch mal mein Sargnagel.«

Björn fuhr über den Hohenzollerndamm und übers Roseneck bis zum Waldrand. Dort stiegen sie aus, und nach ein paar Schritten sagte Jenny beglückt: »Sand, Kiefernnadeln, staubige Schuhe – das ist Grunewald!« Sie hängte sich bei ihm ein. »Erzähl mir, was hättest du gemacht, wenn ich heute nicht gekommen wäre.« Natürlich war das eine indirekte Form zu fragen: Hast du endlich eine Freundin? Seit ihr Björn früher ein für alle Mal

erklärt hatte: »Hör zu, ich kenne Frauen, ich bin stink-
normal, und wenn die Richtige kommt, bist du die erste,
der ich sie vorstelle«, wagte sie sich nicht mehr offen an
das Thema.

»Nun«, sagte er, »ich hätte mich gründlich ausgeschlafen und dann gearbeitet.«

»Du gehst kaum auf Partys, du tanzt nicht – du treibst
keinen Sport, du bist bloß strebsam.« Das begriff Jenny
einfach nicht.

»Andere Mütter wären selig, wenn sie strebsame Söhne hätten«, gab er zu bedenken.

»Ich bin ja stolz auf dich, ich frage mich nur manchmal: Wann bist du eigentlich jung? Wir haben früher die
Nächte durchgetanzt und ...«

»O Gott, jetzt fängst du schon wieder von euren Roaring Twenties an«, unterbrach er sie, »die Platte kenne
ich.«

»Das waren noch nicht die Roaring Twenties. Das waren die schweren Nachkriegsjahre und die Zeit der Inflation. Wir hatten einen ungeheuren Nachholbedarf an
Vergnügungen nach dem Ersten Weltkrieg. Dein Vater ...«

»Ja, ich weiß, der war ein leichtes Huhn!«

Nun wurde Jenny wütend: »Suchst du Streit? Wer hat
dir überhaupt eingeredet, daß er ein leichtes Huhn war
und ein – ein ›charakterloser Frauenheld‹? So hast du ihn
doch auch schon genannt.«

»Na, hör mal, welcher anständige Mann bietet einer
Frau an, sie nur für ein Jahr zu heiraten?« empörte er
sich.

»Das war meine Idee, nicht seine. Er wollte nie heiraten, ich aber wollte ein Kind von ihm, weil ich ihn liebte. Dein Glück, sonst wärst du gar nicht auf der Welt.«

Björn war leicht verunsichert: »Aber Omi hat doch gesagt ...«

»Ach, meine liebe Mutter war das also. Hat sie dir auch erzählt, daß er mich betrogen hat? Natürlich hat sie das. Mami hat ihn gehaßt.«

»Ich würde meine Frau nie betrügen«, versicherte Björn.

»Das ist sehr anständig von dir. Trotzdem, mein Schatz, wünschte ich mir manchmal für dich, du hättest ein bißchen von der Leichtlebigkeit deines Vaters geerbt.«

Nun standen sie am Seeufer. Triefende Hunde schleppten Stöckchen aus dem trüben Wasser.

»Wollen wir einmal um den See gehen?« fragte Björn.

»Gerne.« Es war Sonnabend, zahlreiche Spaziergänger kamen ihnen entgegen. Voll mütterlichen Stolzes stellte Jenny fest, wie viele Frauen ihren Sohn interessiert musterten, und wehe, eine schaute ihn nicht an, dann war sie beinahe gekränkt. Björn in seiner Uneitelkeit bemerkte die weibliche und zuweilen auch männliche Aufmerksamkeit gar nicht, die ihm zuteil wurde.

Er fing noch einmal von seinem Vater an. »Ich habe neulich ein Foto von Jonasson gefunden, das du mir mal gegeben hast. Danach haben wir keine Ähnlichkeit.«

»Äußerlich wenig«, gab Jenny zu.

»Was hab ich überhaupt von ihm geerbt?«

»Nun – seine Intelligenz, seinen Ehrgeiz, seine schnelle Auffassungsgabe, seinen Gerechtigkeitssinn, seine Unbestechlichkeit, sein enormes Gedächtnis, und außerdem bist du genauso ein Individualist wie er.«

»Das hab ich nicht gewußt«, gab er nachdenklich zu.

»Du hast mich auch nie nach ihm gefragt«, sagte Jenny und steuerte auf einen Baumstamm zu, um sich zu setzen.

»Weißt du, Mutter, ich hab dir immer übelgenommen, daß du Hannes, dem du unendlich viel verdankst, so oft hast spüren lassen, was für ein toller Mann dein erster war.« Er blieb besorgt vor ihr stehen und betrachtete ihr gerötetes Gesicht. »Geht's dir nicht gut?«

»Doch, doch, alles in Ordnung.«

Er nahm ihre Hand auf und fühlte ihren Puls. »Mutter – der rast ja. Wie hoch ist dein Blutdruck? Wann bist du das letzte Mal beim Arzt gewesen?«

»Vor ein paar Wochen.«

»Und wie hoch war er da?«

»Zwohundert zu hundertzwanzig. Aber ich habe jetzt ein fabelhaftes Mittel.«

Als er dann auch noch das Ergebnis ihres EKGs wissen wollte, wurde ihr seine Fragerei lästig. Nebenbei, sie hatte seit Monaten keins machen lassen, aber das brauchte er ja nicht zu wissen.

»Du fährst nicht nach Hamburg zurück ohne eine gründliche Untersuchung in unserer Abteilung. Am besten stationär. Ich will gleich nachher anrufen ...« Während er sprach, war er unablässig vor ihr auf und ab gegangen. Sie sah ihm vom Baumstamm aus dabei zu, bis ihr der Kragen platzte.

»Junge! Verdirb uns nicht den schönen Tag. Es geht mir gut. Wirklich. Mich schmerzt bloß mein Hühnerauge!«

Sie brachen den Seerundgang ab und trödelten durch den Wald zum Auto zurück.

»Ich bring dich jetzt in deine Pension. Um halb acht hole ich dich wieder ab. Mach dich hübsch, Mutter, und laß dein Portemonnaie zu Hause. Das ist meine Einladung.«

Doch Jenny hatte keine Lust, sich auszuruhen, sie war viel zu aufgeregt, wieder in Berlin zu sein, und überlegte, wen sie inzwischen anrufen könnte. Beim Durchblättern ihres Notizbuches stellte sie fest, daß es hier keine Bekannten mehr gab, die sie gern wiedersehen würde. Außer Lilli Schönberg – wenn sie noch lebte. Jenny hatte nach dem Krieg intensiv nach ihr geforscht; aber niemand wußte, wo sie abgeblieben war. Lillis Wohnung war durch eine Sprengbombe zerstört worden, sie selbst damals verschwunden. Verbrannt, verschüttet, eingesperrt, umgebracht oder noch rechtzeitig aus dem Kessel Berlin getürmt, wer konnte das schon sagen. Vielleicht schob sie auch gerade den Rollstuhl eines greisen Millionärs über die Croisette. Bei Lilli war alles möglich ...

Punkt halb acht holte Björn sie ab. In einem neuen Restaurant am Kurfürstendamm führte sie der Ober an den vorbestellten Tisch mit drei Gedecken. Jenny sah ihren Sohn fragend an, während sie sich setzten. Er grinste. »Du hast mich heute noch gar nicht gefragt, ob ich eine Freundin habe, ich meine eine, die ich dir vorstellen möchte.«

»Sag bloß, du hast!«

Björn schaute zur Tür des Lokals und erhob sich. »Da kommt sie!«

Und Jenny hatte plötzlich heftiges Lampenfieber.

»Ist es was Ernstes?«

»Ja, und wie! Wir wollen heiraten!!«

»Und das konntest du mir nicht früher sagen?«

»Nein«, schmunzelte er, »es sollte ja eine Überraschung sein.«

Er ging ihr ein paar Schritte entgegen. Sie war sehr attraktiv, blond, ein sportlicher Typ mit klugen, blauen Augen und genauso nervös vor dieser ersten Begegnung wie Jenny selbst.

Björn strahlte: »Mutter, das ist Ellen.«

Ellen Roeder war erst vor zwei Monaten als Assistenzärztin auf die Station gekommen, auf der auch Björn arbeitete. Es muß die große Liebe auf den ersten Blick gewesen sein.

Auch jetzt am Tisch waren sie zeitweise völlig ineinander versunken – Jenny schaute solange in die Speisekarte.

Im Laufe des Abends merkte sie, daß beide die gleichen Interessen und die gleiche Zielstrebigkeit besaßen. Sobald sie Fachärzte waren, wollten sie eine Gemeinschaftspraxis aufmachen. Vielleicht in Hamburg, hoffte Jenny mit zwei Hintergedanken: Sollte es Enkelkinder geben, so wuchsen sie in ihrer Nähe auf, und zweitens mußte Björn ihr dann den Ärger und die Arbeit mit den Häusern abnehmen. Schließlich erbte er sie ja einmal.

Ellen konnte nicht genug Anekdoten aus Björns Kinderleben hören. Sie selbst war Ende des Krieges mit ihrer Mutter aus Schlesien nach Bayern getreckt und schließlich in Traunstein gelandet, wo die Mutter immer noch lebte.

Gegen Mitternacht brachten die beiden Jenny zu ihrer Pension. Björn versprach, sich um einen guten Kardiologen in Hamburg zu kümmern und einen Termin für sie auszumachen.

»Und da gehst du auch hin, verstanden? Ich hätte dich zu gern bei uns unter Kontrolle, aber du mußt ja unbedingt am Montag zurück.«

Später, in ihrem Zimmer, beim Auskleiden, dachte Jenny an seinen Vater. Tja, Björn. Nun haben wir doch noch eine Tochter bekommen, die Ellen heißt.

In der Nacht träumte sie von ihm. Sie lagen nebeneinander in einem Ruderkahn und schaukelten auf einer großen Pfütze aus flüssigem Phosphor. Das machte der Schein des langsam steigenden Mondes auf dem Schwielowsee. Das Wasser gluckste gegen die Planken. Sie waren jung und sehr verliebt ...

Kaum war sie wieder in Hamburg, erhielt Jenny einen Anruf aus Florenz. Gegen das viele Rauschen und Piepsen in der Leitung hörte sie Hannes anbrüllen: »Ich habe hier noch drei Tage zu tun. Was hältst du davon, wenn du mich abholst, und wir fahren gemeinsam nach Rom. Besorg dir schnell ein Visum und Devisen!« Vor lauter Aufregung und Glück, Rom wiederzusehen, fiel ihr die neue Schwiegertochter erst ein, als er bereits eingehängt hatte.

Hannes saß in Florenz in der Hotelhalle, mit starrem Blick auf die Drehtür. Vor lauter Nervosität klopften seine Finger ein Stakkato auf die Glasplatte des vor ihm stehenden Tisches. Wo war Jenny? Warum kam sie nicht? Seit zehn Minuten wartete ein Taxi vor der Hoteltür, um sie zum Bahnhof zu bringen. Wenn sie nicht in den nächsten Minuten zurückkam, verpaßten sie den Zug nach Rom!

In eben diesem Augenblick drehte sie sich, mit Tüten beladen, durch die Tür und winkte ihm fröhlich zu. Er stürzte ihr entgegen und schob sie durch die Tür auf die Straße zurück zum Taxi. Ein Page wartete bereits draußen mit dem Gepäck. Innerhalb der nächsten halben Minute war alles verladen, und sie befanden sich auf dem eiligen Weg zum Bahnhof.

»Wo warst du bloß so lange?« fragte Hannes, an ihre Pünktlichkeit gewöhnt.

»Einkaufen«, sagte sie aufgekratzt, »früher habe ich das gehaßt, dabei macht es soviel Spaß! Drei Paar todschicke Schuhe habe ich gekauft – und billig für unsere Verhältnisse. In Hamburg hätte ich das Doppelte dafür bezahlt. Leider war die Auswahl für mich begrenzt. Welche Italienerin hat schon Größe vierzigeinhalb! Sportschuhe kriegte ich bloß in der Herrenabteilung. Und dann habe ich noch eine beige Handtasche gekauft. Soll ich sie dir mal zeigen?«

»Später.« Hannes winkte ab, »im Zug haben wir genug Zeit zum Angucken.«

»Und ein wunderschönes Seidenkostüm habe ich auch gekauft. Für die Hochzeit von Björn und Ellen. Aber weißt du was? Vor drei Jahren hatte ich Größe 38, jetzt paßt mir nur noch 42. Und das ist alles deine Schuld!«

Hannes dachte, er hörte nicht richtig. »Wieso meine? Sag mal, hast du was getrunken?«

»Klar, nach dem Schuheinkauf auf irgendeiner Piazza

einen Campari, und im Modesalon haben sie mir einen Prosecco angeboten – mit Nachschenken.«

»Und wieso bin ich schuld, daß du zugenommen hast?« wollte er wissen.

»Weil du mich zu kritiklos liebst. An deiner Seite kann ich alt, fett und schiech werden, du merkst das gar nicht«, hielt sie ihm vor.

Er lachte. »Sei doch froh, Liebste.«

»Ich will aber nicht alt, fett und schiech werden. Du siehst ja bald wie mein Sohn aus. Du hast nicht mal eine Falte zugenommen. In Rom esse ich nur noch saure Äpfel.«

»... mit Spaghetti«, ahnte er.

Sie hielten vor dem Bahnhof. Von diesem Augenblick an begann eine Hetzjagd. Taxi bezahlen. Gepäckträger rufen. »Der Zug nach Rom?«

»Ist abfahrbereit. Den schaffen Sie nicht mehr.« Hannes wollte schon aufgeben: »Dann bleiben wir eben noch hier«, aber Jenny wollte ihn unbedingt erreichen.

Sie eilten durch die Bahnhofshalle, durch die Sperre auf den Bahnsteig. Die Türen waren bereits geschlossen. Der Stationsvorsteher wollte gerade die Kelle heben, als er das Trio – Mann, Frau, Träger – anhecheln sah. Er wartete so lange, bis sie eine Waggontür aufgerissen hatten und eingestiegen waren. Das Gepäck flog ihnen hinterher. Das Trinkgeld für den Träger, der auf dem Trittbrett des anfahrenden Zuges mit ausgestreckter Hand verharrte, fiel fürstlich aus, weil er in der Eile den großen Schein nicht mehr wechseln konnte – und das auch gar nicht wollte.

»Immerhin«, keuchte Jenny, »wir haben es geschafft.«

Nun mußten sie selbst ihr Gepäck durch drei vollbesetzte Waggons bis zur ersten Klasse schleppen.

Nach dieser Strapaze war Jenny recht schweigsam. Sie hatte Kopfschmerzen, ihr Gesicht war gerötet. Wenn sie nur wüßte, in welches Gepäckstück sie ihr Blutdruckmittel gestopft hatte. Hannes mußte suchen. Er holte ihr auch ein Glas Mineralwasser aus dem Speisewagen, damit sie das Medikament einnehmen konnte.

Danach schaute sie aus dem Fenster auf die vorbeiziehende Landschaft und schlief ein. Als sie aufwachte, blätterte er in einem Kunstkatalog.

Jenny streifte einen Schuh ab und stupste ihn leicht mit dem bestrumpften großen Zeh. Er legte sein Buch zur Seite und schaute sie liebevoll an.

»Du hast lange geschlafen«, sagte er, und dann: »Weißt du, ich habe gerade daran gedacht, daß es über zwanzig Jahre her ist, daß wir zum letzten Mal zusammen in Rom waren. Januar 33. Unsere letzte sorglose Zeit.«

»Sie war es ja schon nicht mehr, wir taten bloß so als ob. Aber daß es mal so schlimm kommen würde – so grauenvoll –, wie es dann gekommen ist, das haben wir uns nicht vorgestellt. Konnten wir auch nicht. Dazu reichte unsere Phantasie gar nicht aus.« Jenny klappte die Armlehnen hoch, um sich ausstrecken zu können. »Es gab Zeiten, da hätte ich nicht gedacht, daß wir eines Tages wieder wie zivilisierte Menschen und dazu noch ganz allein in einem Abteil nach Rom reisen würden. Es geht uns ja so gut, Hannes. Wir haben einen rundum gelungenen Sohn, er hat die richtige Frau gefunden ...«

»Auf die bin ich maßlos gespannt.«

»Sie wird dir bestimmt gefallen. Nur schade, daß Mami das alles nicht mehr miterleben kann. Sie wäre jetzt achtzig ...« Jenny streckte ihre Hand zu ihm hinüber und berührte ihn sanft. »Und wir haben uns, mein Hannes.«

»Lieb, daß du das sagst.«

Er hatte seiner ängstlichen Seele Heldenhaftes abverlangt für Jenny, dabei immer wissend, daß sie ihn nie so lieben würde wie Björn Jonasson, aber dafür hatte dieser ihm seinen Sohn hinterlassen, der ihn wie einen Vater liebte. Immer waren sie eine Familie gewesen, die eng zusammenhielt.

Plötzlich fiel Jenny etwas ein: »Björn hat mich noch daran erinnert – etwa 25 Kilometer vor Rom folgt der Zug einer Biegung: Links sieht man die Albaner und die Sabiner Berge, rechts taucht sekundenlang die Kuppel von St. Peter auf. Jedes Mal, wenn wir früher nach Rom fuhren, um dich zu besuchen, haben wir auf diesen Augenblick gewartet.«

»... und dann hast du gesagt: ›Jetzt sind wir wieder zu Haus.‹ Er hat es mir erzählt.«

»Kurz vorher kommt ein Ort mit einem langen Doppelnamen, wo Garibaldi mal gekämpft hat. Weiß der Teufel, gegen wen.«

Hannes wußte es. »Gegen die Franzosen und die päpstlichen Truppen.«

»Von da an müssen wir uns ans Fenster stellen.«

Welch eine Spannung, welch ein Aufwand wegen dieses ersten Sekundenblicks auf die Peterskirche, bevor sie Rom erreichten – und dennoch so wichtig für ihr Gefühl der Heimkehr nach 20 Jahren.

Sie hatten nur eins nicht bedacht: Es war längst dunkel, als der Zug sich jenem Ausblick näherte, und es regnete in Strömen.

Jenny rollte sich zur Wand, um noch ein wenig zu ruhen. Hannes suchte in sämtlichen Taschen nach seinem Paß; dann zählte er seine Devisen.

Der Zug näherte sich der Stadt, fuhr aus der Landschwärze ins vereinzelte Licht der Vorstädte, verlangsamte sein Tempo, fuhr schließlich dampfend und zischend in die Helligkeit der Endstation. Aus dem Lautsprecher deklamierte ein Bariton:

»ROMA! STAZIONE TERMINI!«

Auf dem Gang drängten die Reisenden mit sperrigen Koffern dem Ausgang zu. Hannes stand auf und holte ihr Gepäck aus den Netzen, darunter ihre modischen Tüten. Jenny und Mode – das amüsierte ihn.

Vor ihrem Fenster fand lautstarke Wiedersehensfreude statt. Eine ganze Familie mit feingemachten Bambini war erschienen, um angereiste Verwandte zu begrüßen.

Jenny schlief noch immer. Hannes rüttelte sanft an ihrer Schulter, rief mehrmals ihren Namen. Ihr Schweigen wurde ihm unheimlich. »Jenny«, rief er laut, »wach auf! Wir sind in Rom! Jenny!!! Bitte, wach auf –!« Angst packte ihn, Entsetzen, Panik. Er hatte schon mal gehört, daß Menschen im Schlaf ... Aber doch nicht Jenny, die sich gerade in Florenz drei Paar Schuhe ...

»Hilfe«, er riß das Gangfenster herunter. Der Bahnsteig hatte sich inzwischen geleert bis auf zwei Beamte, die den Zug kontrollierten und sich jetzt ihrem Waggon näherten. »Schnell, meine Frau braucht einen Arzt«, rief er ihnen zu.

Die Männer trennten sich. Der eine lief, um Hilfe zu

holen, der andere stieg in den Wagen und folgte Hannes in das Abteil, in dem Jenny noch immer zu schlafen schien. Er nahm ihre Hand auf, fühlte aber keinen Puls. Dann drehte er ihr Gesicht ins Licht und hob ihr Augenlid.

Danach zog er seine Mütze ab und wandte sich dem fassungslosen Hannes zu. Nahm Haltung an und erklärte mit Tremolo in der Stimme und mit einer jener dramatischen römischen Gesten, die Jenny früher so entzückt hatten:

»La Signora è morta!«

Nachwort

Es muß gegen Ende 1944 gewesen sein, als ein Bekannter meine Mutter anrief und fragte, ob sie bereit wäre, ein Ehepaar für eine Nacht in unserem Haus in Berlin-Wannsee aufzunehmen. Es war nicht das erste Mal, daß wir jemand beherbergten, der aus politischen oder rassischen Gründen untertauchen mußte.

Meine Mutter bezog also die Gästebetten. Als ich spätabends, durch einen Fliegeralarm aufgehalten, nach Hause kam, sah ich in unserem Wohnzimmer im Flackerlicht rasch herunterbrennender Kriegskerzen ein hochgewachsenes, sehr schlankes, gutaussehendes Paar, das sich gerade von meiner Mutter verabschiedete, um schlafen zu gehen.

Wir haben uns nur kurz unterhalten. Sie sagten, daß sie am nächsten Morgen Richtung Hamburg weiterreisen wollten.

Als ich um fünf Uhr früh das Haus verließ, um meinen Pflichtdienst in der Munitionsfabrik anzutreten, schliefen sie noch. Ich habe beide nie wieder gesehen.

Die meisten Menschen, die ich in jenen Jahren kennenlernte, habe ich längst vergessen. Diese Dame – Jenny Herburg – blieb mir immer in Erinnerung. Ich kann nicht einmal sagen, warum sie so einen starken Eindruck auf mich gemacht hat. Sie ließ sich einfach nicht vergessen.

Viele Jahre später lernte ich ihren Sohn Björn kennen. Nicht ohne Hintergedanken gab er mir Tagebücher und Briefe seiner Mutter sowie das Fragment einer Familienchronik mit der Begründung, es wäre doch eigentlich schade, wenn das auf dem Dachboden seines Hauses verstauben würde.

Das fand ich auch, nachdem ich alles gelesen hatte. Und so entstand, basierend auf diesen Unterlagen, mein Roman: »Jennys Geschichte«.

KONSALIK
ROMAN

DER
HYPNOSE
ARZT

BASTEI
LÜBBE

Als der Hypnosearzt Stefan Bergmann nachts zu einem
Notfall gerufen wird, ahnt er nicht, daß die bevorstehende
Begegnung sein Leben verändern soll. Am Unfallort trifft
er den verletzten Investment-Banker Thomas C. Lindner,
der in Monte Carlo zu Hause ist. Zum Dank für die Hilfe
lädt Lindner den Arzt nach Südfrankreich ein, wo Bergmann dessen Frau kennenlernt. Maria fasziniert den
Mediziner vom ersten Augenblick an, und er spürt, daß
ihre Ehe nur ein Geschäft ist. Lindner selbst hat bloß
eine Leidenschaft: Macht. Als der Manager den Arzt zur
Mitarbeit an seinem neuesten Projekt – einer Hypnose-
klinik für Manager und Industrielle – auffordert, läßt
Bergmann sich darauf ein, zumal auch Maria ihn darum
bittet. Zu spät erkennt er, daß er in ein Räderwerk von
Korruption und Intrigen geraten ist ...

ISBN 3-404-14549-6

BASTEI
LÜBBE

Barbara Noack

Eines Knaben Phantasie hat meistens schwarze Knie

Die schönsten Kindergeschichten von der beliebten Autorin selbst gelesen

Nur wenige Schriftsteller bringen Kindern soviel Interesse und Anteilnahme entgegen. Mit viel Sympathie werden gescheite und lustige Geschichten erzählt, die nicht nur Spass machen, sondern auch Wegweiser sein können für eine liebevolle Erziehung.

DIE LANGEN MÜLLER AUDIO-BOOKS

Besuchen Sie uns im Internet unter http://www.herbig.net